东方历史评论 10

东京时光

许知远 主编　李礼 执行主编

ORIENTAL
HISTORY
REVIEW

贵州出版集团
贵州人民出版社

图书在版编目（CIP）数据

东京时光 / 许知远主编 . –– 贵阳 : 贵州人民出版
社 , 2018.4
　（东方历史评论丛书；10）
　ISBN 978–7–221–14137–8

　Ⅰ . ①东… Ⅱ . ①许… Ⅲ . ①名人－生平事迹－中国
－民国 Ⅳ . ① K820.6

中国版本图书馆 CIP 数据核字 (2017) 第 098010 号

东京时光

许知远 / 主编　　李礼 / 执行主编

出 版 人　苏　桦
选题策划　陈　滔　祁定江
责任编辑　潘　乐　陈思宇
出版发行　贵州人民出版社（贵阳市观山湖区会展东路 SOHO 办公区 A 座）
印　　刷　北京温林源印刷有限公司
版　　次　2018 年 4 月第 1 版
印　　次　2018 年 4 月第 1 次印刷
印　　张　15.5
字　　数　250 千字
开　　本　787mm×1092mm　　1/16
书　　号　ISBN 978–7–221–14137–8
定　　价　45.00 元

目　录

topic ｜ 专 题

明治帝国下的东京都

撰文：史蒂芬·曼斯菲尔德（Stephen Mansfield）

翻译：张舒

"日本的灵魂和西方的文化"，在这样的标语的感召下，民治帝国的东京成了一个完全不同的城市，一个彻头彻尾的混血儿。

一个崭新的时代

《大日本帝国宪法》（又称《明治宪法》）颁布于 1889 年 2 月 11 日。它在物质层面上的影响微乎其微，却在社会心理上带来了重大的转变。尤其是对商人阶级而言，他们之前也许在经济上收获颇丰，但是这一群体的社会声望和自尊心相对较低。如今，他们从富裕却卑微的社会地位带来的羞愧中解脱出来。出生于日本桥的剧作家长谷川时雨描绘了她父亲在明治宪法公布时感受到的释然之情："这是过往耻辱的终结，抹去了他们这些江户市民多年来背负的羞耻感。"像秽多(eta) 这样的贱民群体也从悲惨的处境中获得解放。然而，这种羞耻感的影响太过深远，仅仅签署一部宪法无法将它简单抹去。

这个崭新的时代向外国列强抛出了橄榄枝，拥护者迅速聚拢在天皇身边。《日本陆路邮递时报》在 1869 年 1 月 13 日这一期对于这项不同寻常的形势变化做了如下评论：

（天皇是）大日本帝国近乎神一样的存在，高高在上，即使在王公贵族的眼里也无比神圣。十二月，他征求了开明贵族的意见，参考了君主立宪制国家的准则，准备开始接收外国政府和机构的驻日代表。尽管几年前的法律还规定对（进入日本的）外国人是"人人得而诛之"，现在他们已经可以放心踏上日本"神圣"的领土了。

天皇在他为之所生的使命中找寻到自己。他的地位在新秩序中十分明确：一个神圣的统治者，体现传统道德的复兴，同时还被期待成为明治进步学说的象征，做出贤明哲学王的典范，将这个民族引领至文明世界的最前列。任何迟疑和保留在早期明治天皇的雄心和乐观中都会烟消云散。其中一个典型的振奋人心的标语是"日本的灵魂和西方的文化"，它意味着将精练的抽象学说和物质主义结成丰硕的成果。

到了 19 世纪 70 年代早期，大多数日本人竞相追赶着，不顾一切地投入到获取西方知识和技术的行列中。他们抛弃了坚守过去或是再现过往的念头。尽管遭遇到一些困难，新的政府还是开始努力去改造东京人的行为举止和文化习惯，比如说，为避免伤害西方人的感情，禁止在公开场合裸体；禁止在街道上生火，在河里清洗脏碗碟，以及在商店前的排水沟里尿尿。日语中，尿壶和邮箱相似的写法制造了不少困惑，曾有人目睹了一行农民参观团误将邮筒当作了公共的尿壶。和此前的德川前辈一样，明治权贵不习惯于不加约束的享乐。他们谴责作家的作品不够高尚，认为作家应该放弃低级趣味的生活话题，追求更加虔诚和爱国的主题。

和封建、前现代日本相关的惯例和惩罚逐渐被废除。明治维新中废除的严酷刑罚有：木桩火刑、十字架钉刑、严刑逼供和犯人刺青。此外，公共场合也不再允许展示罪犯的头颅，不过在此之前，还是有少数外国摄影师记录下了这一骇人的场景。

城市的改观

人们对西化的理解还需时日，但是诸如红砖建筑、马车和高顶礼帽这些演出道具却已迅速登上了历史舞台。几场国家博览会之后，西方激起的潮流、时尚以及便利蓬勃发展。这些博览会在上野公园举办，它们展示了现代化的机械、精密装置和仪器。时代和展品常变常新，但是江户总有它自己专属的展览会。1757年由平贺源内组织的展览是一个值得纪念的大事件，它在千代田区汤岛圣堂这座孔庙的场地上举办，展示了珍稀鸟类、贝壳和植物。江户总是善于将商业、信仰和艺术结合起来。

一幅歌川广重的版画描绘了市民新年假期在霞关的山坡上放风筝的场景。放风筝在江户的下层人士中一直很受欢迎。据说当他们将风筝高高地放飞在武士阶的头顶时，会感受到一种虚幻的优越感。这张版画顶部的风筝上用粗笔写着一个汉字，是负责出版这套版画系列出版商名字的第一个字，用这种方式这家公司巧妙地给自己做了广告。

在明治时期的盛况中，真正全新的是博览会的立意，它是彻彻底底现代的、城市的。在活动开始前，分发给参展商的传单郑重提示不要陈列鱼类、异国鸟类、稀缺植物或是古老的艺术作品。1877年，在上野公园举办的第一届国家工业博览会主要集中在制造、冶金、机械、农业以及园艺等领域，尽管如此，还是有人以参展江户时期露天集市的思路，成功在展览中混入了一个十英尺高的糖制珍宝船。

如果说东京的早期游客会为这座城市的规模和无计划的扩张感到惊诧，他们同样会被它的安静所震撼。或许是机械的匮乏，或许是缺少马车在鹅卵石路上行走时发出的嘚嘚声，才造就了这座乡野气的城市的宁静氛围。货运车是人力的。在明治早期的那些年，东京甚至没有带轮的交通工具。偶尔能够看到载客的牛车，也仅有京都的皇室成员才能使用。市民出行一般靠步行，即便是到东海道这类长途旅行也是如此。如果能够负担得起，有些人也会骑马或坐一种叫作"日本轿"的简易轿子，它挂在一根杆子上，需要依靠轿夫的肩膀来获得平衡。

日本人新发明了一种叫作黄包车的交通工具，它非常适用于东京狭窄的街道和小巷。为了照顾西方人情感，人力车脚夫必须要裹上更多的衣服，在此之前他们通常只会裹一道传统的缠腰布。许多人力车的背后装饰着图案，这些图案明显受到妓院艺术的影响。当局规定，这些新式交通工具的所有者必须要去掉更具挑逗性的装饰。人力车的突然出现预示了轿子的落幕，仿佛是在一夜间轿子就消失匿迹了。

混血之城

东京看上去成了一个完全不同的城市，一个彻头彻尾的混血儿。这在个体建筑上表现得最明显，而不是那些整体重建的区域。无论在外人看来这些独立的设计有多么怪诞，它们都是现代的风向标。筑地旅馆是一个为西方人建造的旅馆，也是明治早期位于两个世界中间的一个聚会场所，它是新的、混合风格建筑的绝好范例。这个建筑比较短命，幸运的是，它已被摄影家、画家和版画雕刻商人满怀热情地记录了下来。在这些作品中我们可以看到一座日本公园、城堡的塔楼和风铃，它们和欧式家具、上下推拉窗以及游廊相互斗艳，后者让人隐约联想起英国统治下的印度。如果说这是西式建筑，那也是属于人们永远不会在西方碰到的类型。这样的建筑呈现出一种既要向未来前行，又不愿完全抛弃过去的混合情感。阵内荣信，一位城市形态学者，写下这样的话语：

> 这个时期的许多建筑杰作反映了需求的多样性。从这些需求中，衍生出一种新旧价值的混合体，它既对西式结构加以赞赏，认为它预示了一个新的时代，又不愿抛弃对城堡建筑的信任，认为城堡象征着一种稳定的社会身份——这两种价值相互依存。

1872 年的一场烈火摧毁了银座和筑地。自此以后，权贵们开始相信，木质结构建筑应该被砖瓦一类的防火材料所取代。每隔一段时期，凶猛的火势就会将城市的一个部分吞噬成为灰烬。我们可以通过詹姆斯·兴斯顿两卷本的旅行日志《澳大利亚人在国外》，查阅到相近时期发生在浅草地区一场大火的记载，以此理解这些火灾的凶残程度。当兴斯顿乘坐人力车来到吉原时，他突然发现自己身处的街道处处堆满了尸体，这里充斥着救火人员和担架手的呼号：

> 到处散落着焦土，还有冒着烟、正在慢慢燃烧的木头灰烬，一阵风吹过，原本将熄的暗红色火光又化成一道亮色火焰。烧得焦黑的砖瓦房商店和仓库伫立在这幕可怕的场景中，显得格外突出，看上去就像是一只巨型怪兽正在地狱一样燃烧着的地方站岗放哨。这些烟尘对于眼睛来说无疑是种煎熬，它们变得格外机警且泪水涟涟。泪水刚好遮住了整个街区的火势。从指缝中看出去，就像是火焰和烟尘的荒野……

不论场面多么恐怖，向来务实的东京居民总会把这些灾难看成一个急需对城市加以改造的机会。银座的重建，在当时以"炼瓦城"或"砖城"而得名，是由一个叫托马斯·J·沃特斯的英国工程师监督完成的。这里的建筑、街道和人行道的灵感来源于伦敦摄政街。在建筑学上，这段时期常被称作"英国时期"。项目完工时，这个区域几乎有上千座砖瓦建筑，可惜的是没有一个保存到现在。

在一条主街和几条后街上集中了如此多的西式风格建筑，这种奇观景象吸引了大量的目光。1874年，越来越多的游客到此观光，同年，这个国家的首批煤气灯出现在银座道路两旁。三年后，歌舞伎剧院也用上了煤气灯照明。灯光除了驱开阴影之外，或许也驱散了一些气氛。日本引入煤气灯比欧洲城市晚了60余年，所以日本的煤气灯照明是一个相对短暂的经历。

很少有人愿意在银座的砖瓦结构中生活或工作。在极度潮湿的夏季，不像木质建筑会促进空气流通，砖墙建筑反而会困住空气。被忽视的室内角落不久就成为霉菌的寄生所和蜈蚣的巢穴。越来越多声誉良好的租客搬走后，这些建筑住进了街头艺人、马戏团演员、杂耍者、变戏法的人，还有一些带着跳舞的熊和猴子的巡演小丑，这些建筑由此经历了一段艰难岁月。不过建筑的外观还是给人留下了深刻的印象，从正面瞭望出去，可以看到樱桃树、枫树和柳树沿着大街排列成行，比期待中更像一条枝叶繁茂、国际化的林荫大道。

尽管有这些缺陷，这个崭新的银座变成了日本现代性的橱窗。外国人可能更难被说服一些。在伊莱莎·鲁哈玛·赛得摩尔几乎被忘却的作品《日本的黄包车岁月》中，这个曾经在 19 世纪 80 年代过渡时期的日本居住了三年的美国人如此写道：

> 这不是人们梦想中的江户，也不是一座西洋的城市。它的灰泥墙壁、木质房梁、耀眼的商店橱窗，还有廉价仿制品的气息确实让人感到沮丧。在这么大的一座城市里有很多角落，古怪，难以预期，改良的脚步尚未涉足这里。不过，它们足够日本，是对其余地方的补充。

从那些离开东京迁居国外的居民口中，人们也会听到类似评价。几十年过去，原先的协调状态发展成为一种混血风格，这无疑让一些深受古典思想熏陶的国外游客在情感上难以接受。旅行指南作家菲利普·特瑞在描述这个地区 20 世纪 20 年代的情景时，对它加以斥责："整体上缺乏威严，个体性有失高贵和简洁，这种大杂烩式的结构最大的特点是便利，而不是适宜或节制。"尽管有这些缺陷，这些重建的建筑将银座变成了商业和城市休闲的中心。

波士顿婆罗门 [1]

香水瓶一旦打开，它的精华就消失了。当张伯伦写下"古老的日本就像一只牡蛎——打开它就意味着杀死它"的词句时，他无疑是正确的。古老的日本出乎意料地触动了一群来自新英格兰的美国学者、艺术收藏家、美学家和贵族，他们厌烦了美国的浮夸风格，在日本的文化遗产——佛教仪式、神道教的纯净、禅的苦行、武士道以及美学式的教养——当中他们发现了和自己的清教徒祖先

---

[1] 译注：该词首次出现于 1860 年的《大西洋月刊》上，特指新英格兰地区的上层清教徒名门望族。

相近的价值。

在这些被东京吸引的波士顿人中，爱德华·莫斯——著名的大森贝塚的发现者，如今已和东京帝国大学动物学教授这一称谓牢牢地联系在一起。讽刺的是，当时大多数日本人急于埋葬过去，并且允许西方人将价值不菲的作品运到欧洲和美国，而莫斯却打算将考古学这项保存遗产的学问推介到日本来。

感受到老日本的消散，以及日本人自身不愿保存它的消极状态，莫斯在推动皮博迪埃塞克斯学院和波士顿美术馆这些机构收集重要的日本藏品上，做出了卓越的贡献。同样也有一些私人收藏家，比如说伊莎贝拉·斯托亚特·加德纳和富有的波士顿医生威廉·比奇洛，后者差不多买下了数千件日本艺术品。摩尔的同事，也是他的伙伴，来自波士顿的欧内斯特·费诺罗萨被认为是当时首屈一指的日本艺术专家。费诺罗萨后来皈依了佛教，并且在政府圈子里精力无限地进行游说，希望有识之士能够在日本人疯狂追逐一切西方事物的情势下保存好日本艺术。19世纪80年早期，他结识了一个极其出众的日本人，此人名叫冈仓天心。

冈仓天心的英语非常流利，有一件轶事证明了这个杰出的人在语言上的伶俐和机智。在纽约的街道上他曾经被一个家伙搭讪，这个人以为自己能够通过中伤冈仓和他那些穿着传统日本服饰的朋友们来制造笑料。这个人问道："你们这些人是什么佬，中国佬，日本佬还是爪哇佬？"冈仓立即回答道："我们是日本绅士，但是不知道你是个什么子？洋鬼子，驴子还是猴子？"T.S.艾略特在他的诗作《小老头》中，将冈仓描绘成一个高大的形象。他身着正式的日本和服，站在波士顿的一家私人艺术馆中，对着提香的画作鞠躬。

冈仓的论点是，日本是亚洲缺一不可的组成部分。"亚洲的理想只有一个"，他和福泽谕吉让日本"脱亚入欧"的观点正好向左。作为《东方的理想》一书的作者，冈仓对于盲目投入西方文化的怀抱而不惜损害日本艺术的行为感到毛骨悚然。在他影响深远的著作《说茶》一书中，他说："教化和启蒙都无法给日本带来一个真正的文明，它所带来的只有物质主义，这是应该加以远离的。"

冈仓的艺术天赋，和英国人约翰·拉斯金一样，都是无可指摘的。冈仓和费诺罗萨最杰出的成就，则是于1889年参与筹办政府背景的东京美术学校，它位于谷中，重点是对远东艺术进行研究并予以操练。现代画家菱田春草、横山大观，还有一批代表新的日本画风格的艺术家都是这个学校的光荣成果。此外，这个学校还为青铜铸件、传统的金属加工和制陶术等领域培养出了大量的从业者。

后来转行成为作家的百万富翁帕西瓦尔·罗威尔曾在作品中表达过住在一座东方都市中所拥有的狂喜之情，但这绝非所有有教养和良好品味的波士顿人的一致感受。哈佛历史学家亨利·亚当抱怨过东京让人近乎窒息的夏日酷热和令人作呕的粪便地："东京真是糟透了"，他不满地哼道，"不过是一大堆村落而已，它们一块块地散落在这片平坦的国度上；根本没有合适居住的屋子，也没有下水通道来缓解千百万人露天厕所的恶臭。"

人类的排泄物是一件有利可图的商品，在城市边缘的郊区农场，人们用它来做种植新鲜蔬菜的复合肥料。来自武士家庭的粪便要比普通人家的卖价更高，因为有理由认为他们拥有更好的饮食。富裕的农民和村庄的首领一般垄断了收购大名住所粪便的特权。受这些有毒气体影响最深的是住在隅田川河岸两旁的居民，每天的粪便都是从船上进行运输的，货品的气味让它们的运输变得无处藏匿。

杰出的日本人

除了"波士顿婆罗门"之外，还有大量如同冈仓天心一样著名的日本志士居住在东京。其中一位是这个时代最著名的人物，西化的强烈鼓吹者，作家和教育家福泽谕吉。他是东京学院的创始人，这座学院最后发展成为庆应义塾大学。他是一个独立的思想家，一个激烈的批评者。深受英国功利主义的影响，他推动自由思想实验，开启政治辩论，是现代教育的开创者。他的一生很短暂，但是影响很大。福泽谕吉的画像现在印在日本票面金额最高的一万元钞票上。

福泽早先一直在学习荷兰，后来他很快地转向英国，并且作为一个翻译家赢得了声誉。这项技能让他于 1860 年作为随员陪同使节访问美国。两年后，他加入了前往欧洲的官方代表团，并于 1867 年再次出访美国。他的第一部著作《西洋事情初编》让他成为西方事务的一个重要专家。为了反驳德川家族为了合法化自身的威权统治引用的儒家社会秩序观点，他在著名的文字《劝学篇》中如此写道：

> 天不生人上之人，也不生人下之人。这就是说天生的人一律平等，不是生来就有贵贱上下之别的。

由福泽创办的学术机构庆应大学，连同早稻田大学和东京帝国大学一起，构成了西化的神经中枢。这里的言论环境自由，人们可以谈论平均主义和支持妇女的权利。最精当地总结了明治时期最早一批人的抱负的关键词是：文明开化（"文明和启蒙"）。这是福泽在他的著作中创造的词汇。如果不是文化的，那就一无是处。

作为明治文学的领军人物之一，森鸥外毕业于东京帝国大学医学院，他是所谓"自我小说"的一个早期支持者。这种小说和忏悔日记体相似，不久以后它便成为日本浪漫主义和自然主义运动作家们交流情感所热衷的方式。这些作家面临的处境，是个体在面对明治宪法要求的更高的国家利益时所具有的从属地位。这项宪法的颁布看上去粉碎了许多艺术家和知识分子的希望，他们原本以为人权运动能够为有创造力的人表达异见提供帮助。然而，森鸥外的观点和自然主义不同，更接近夏目漱石，他倾向于在文学和科学中努力创造出一种秩序，来帮助这个理性和智慧的角色获得提升，以此置身于明治时期最具代表性的新老碰撞的混乱之中。

这一时期小说中的东京地名具有一定的重要性。它把叙事性的描述转化为类似于城市旅行指南的东西。在森鸥外的作品《雁》中，我们读到：

> 冈田每天散步，大体都有固定路线。从寂静的无缘坡下来，绕过注入染蓝川混浊流水的不忍池（位于东京上野公园）北侧，悠游漫步到上野山，然后通过松源、雁锅所在的大街，以及狭窄而热闹的仲街（东京烟花巷的街名），穿过汤岛的天神庙……从红门出来（东京大

学的正门漆红色，故称红门），沿着本乡街走，打粘糕铺"泽屋"前经过，一群人立在那里看两个男人用奇怪的姿势打糕。然后他继续前行，进入神田的明神神社境内。

如今我们依然可以在城市的这片区域中勾画出一条旅行路线。要想找到两个男人所在的打粘糕铺恐怕要困难一些，但是原先的红门还在那里，就在神田神社旁边，人们更熟知的是无缘坡的神田明神。不过，就在森鸥外写下后面的文字时，发生了一些变化：

> 在我写作的时节，无缘坡南侧是岩崎的邸宅，还没有像今天那样用一堵高大的土墙围着，只是垒了一道高矮不齐的石头墙。羊齿草和笔头菜从布满青苔的石头缝里探了出来。我不曾进过岩崎的邸内，现在也还不了解石头墙上方那边，是块平地还是小坡。

森鸥外描写的高墙还在，它将大宅和行人阻挡开。不过这块场地和邸宅如今已对公众敞开。这间邸宅是明治混合主义的又一里程碑，它是为岩崎弥太郎——工业巨头三菱帝国创始人之子而建。这座建于1896的宅子距上野公园的荷花池只有几分钟路程。和那时许多宏伟建筑一样，这个宅子出自约西亚·肯德尔之手。木制的方格天花板、雕花立柱支撑的入口门廊、镶木地板、石质壁炉，以及日本最早的西式卫浴，这一切共同唤起了一个特权的世界。占主导地位的是詹姆斯一世时期的风格，但可以从中找到更多西方设计样式的踪迹：二层柱廊会让人联想起用于宾夕法尼亚乡村建筑中的爱奥尼亚风格，内部装饰的主题来源于伊斯兰教。离开主楼，一半哥特一半瑞士乡村农舍的深色木质建筑是台球室。肯德尔用雕花立柱来支撑入口的门廊，与此同时搭配了殖民地风格的游廊和黄金浮雕的壁纸。整个房间采用燃气动力蒸汽散热器，这是中央供暖的早期形式。这些精巧的装饰超越了普通东京居民的想象。作为典型的跨文化习俗的一天，每当家庭成员从房间的一个区域进入到另一个区域，会随之在日式和西式的鞋帽进行更换。拥有壮丽却又制造混乱的风格集合，这间邸宅是世纪末东京折中主义的最佳范例。

新文明

由前武士阶层转变而成的寡头统治者很快引入了具有深远影响力的经济改革，但是它们和意义深远的政治措施不相匹配。新的明治宪法要求议会由贵族院和众议院组成。因为只将投票权赋予一小撮富裕的土地所有者，所以这项宪法依旧牢牢地保留了专制和父权制度，它是传统日本和德国统治的融合物，最多是在有限的范围内阐释了民主。

改革派作家和思想家，如亚当·斯密、约翰·穆勒、赫伯特·斯宾塞、基佐和卢梭等人的作品此时已翻译成日语，在期待更加激进的改革的支持者中广泛传阅。新的社群被这些可能性所鼓舞，比如自由党和民权运动崭露头角，每一个都怀揣着成功的希望。随之出现的文化清洗旨在通过废除或是净化传统来取悦西方，这项运动的一个早期受害者（有人则认为是受益者）是歌舞伎。原先被流放到城东的剧院现在搬回到城中心。新富座被重新修缮，新的歌舞伎座坐落于东银座，它今日所处的位置。新的、更加严肃的剧作问世，而旧作品——原先是一项和妓院紧密联系起来的平民艺术形式——的影响力逐渐褪色。某种程度上来看，将歌舞伎提升至一种国家艺术的形式实际上削弱了它。最伟大的歌舞伎表演者，第九代市川团十郎为把这些成熟的、粗鄙的戏剧表演变得更加制度化付出了极大的努力。在 1872 年一家剧院开张之时，他没有穿通常不离身的日本和服，而是身着燕尾服，打着白色领结。发言时，他对新的秩序进行了总结："在过去的这些年里，剧院已经尝遍了污秽之物，闻惯了粗俗和小气之人的味道。"他进而主张："对此我颇感痛心，在此我想与我的同侪求教，决意共同扫除这些污垢。"

天皇在 1887 年出席了一场歌舞伎表演，这次访问与他之前观看相扑比赛相类似，都象征着官方的正式认可，这在二十年前是不可想象的，它为歌舞伎成为一项值得尊敬的表演艺术打上了命运的烙印。新的歌舞伎座于 1889 年开张，它因其西化的、淡淡的文艺复兴风格的外表而知名。在浅草的宫户座还有另一家剧院。它被剧迷们认为是江户时期歌舞伎的最后继承者，大正期间这家剧院仍在营业，不过那时它的竞争对手已经变成音乐厅和电影院了。

虽然经历文化清洗，歌舞伎演员依旧极其地受欢迎，既是因为他们饰演的角色，也是因为他们决定了艺术的风格和品味。剧院的上座率也是始终居高不下。社会对于歌舞伎的需求，以及它从低向更高城市阶层的转移，帮助它在精英和新生的中产阶级之间创造出了新的观众。对于普通市民来说，歌舞伎的门票他们依旧难以负担。在这种新的"改良版"歌舞伎演出之外，各式各样的娱乐厅则是他们最好的选择。还有一些当地的集市，避免了他们从城东的低洼区域的外出。即便在明治晚期，这些区域还没有像中心地区配有完善的公共交通服务。剧作家小山内薰如此评价东京生活的这一特征：

> 这里没有电车，没有巴士，也没有出租车……马车沿着低城的主干道上行驶。如果东京人在天黑以后前往银座或是浅草，那可是件稀罕事。他最多也不过是到附近的夜市上，再或者是到庙里或是靖国神社去。上述这些才是他唯一真正的消遣。

除了逛集市和花展之外，人们还可以去逛大型的寺庙或神社，比如浅草寺。这里既能提供消遣，又可以通过宗教生活获得美好的憧憬。这二者之间更像互补世界，而非平行宇宙，在信仰和娱乐之间不存在明显的冲突，"无住"的世界和表演艺术的世界相互协调。大殿后部微光照亮下的神坛前，在弥漫的香云中跪拜的人们，虔诚属于他们。但是一旦走出来，在寺庙的台阶上，生活又变得热闹异常。巴兹尔·霍尔·钱伯林和 W.B. 梅森，著有《1891 年东京导游手册》的作者，强烈建议参观一下这座寺庙：

> ……因为它是中低社会阶层绝佳的节日圣地，虔敬和享乐相互交织，华丽的圣坛和奇异的还愿牌互相交错，美丽的服饰和肮脏的偶像相互并置，还有木屐的哒哒声、在虔敬者之间大摇大摆穿梭的公鸡、母鸡和鸽子，没有什么比这些更吸引人了。庙宇的管理者欢迎前来寻

求消遣的大众以及他们的捐赠，他们也从不过多质疑那些立在浅草寺院内的帐篷里究竟有些什么。

我们不知道 W.E. 格里菲斯，这位早年的旅行者是否知道"射箭馆"是妓院的托辞，起码从他的描述中线索尚不清晰。他将浅草这块地方描绘为"东京最优雅和最富生机的地方"，在这里视觉盛宴包括"耍猴，廉价摄影师，街头艺人，杂技演员，摔跤者，真人大小的粘土人，卖玩具和棒棒糖的小商贩"。然而，接下来的篇章表明，他可能意识到发生了什么：

> 在最北端有一排射箭馆，这里是一群黑眼美人的天下，她们涂脂抹粉，发型闪亮。她们给你敬茶，微笑，闲聊，发出咯咯的笑声；她们抽着长长的烟斗，旁边放着装满质地温和、精细切割的烟草小钵；从她们的塌鼻梁中喷出长长的烟雾；擦拭着烟斗的铜嘴，把它递给你；然后毫不脸红地引导你聊起非常私人的话题……

在粘土人旁边，据格里菲斯记载，还有一些高度写实的纸玩偶。安达的荒野女巫是一个臭名昭著的形象。据称，她会把游客引诱进入到她的小屋里，对他们实施抢劫和谋杀。对于孩子们来说，这是一个特别可怕的角色。版画艺术家月冈芳年早期的作品中经常描摹这种骇人的暴力和恐怖场景。他根据该主题制作的一幅三联图中，展现了一个怀孕的女人被紧紧绑着、嘴巴塞住，两脚朝天悬挂着的惨状，而这个著名的女巫就位于她隆起的腹部下面，磨着刀子。大鼻子的西方人被制作成玩偶时就没有那么可怕了。它们不是丑陋的庞然大物，而是来自异域的珍奇之物，而且总是被一成不变地描绘成红头发和蓝眼睛。克拉拉·惠特尼是个特别可爱的人，1875 年参观展览时，她用愉悦的赞赏口吻记录到：

> 一对火红头发和天蓝色眼睛的淑女和绅士相互搀扶着……一个红头发的美人骑着一辆脚踏车，一个人拄着拐杖散步，一个人在扫地；

与此同时一个形象逼真的园丁坐在花坛旁边，嘴里抽着一只英国烟斗，还有一个小男孩拿着一串气球。做得都非常精致，特别栩栩如生——这些红头发的小人儿，尽管长得确实很丑，但是看上去好像都似曾相识一样。

德田秋声在他的小说《粗暴》中，向我们描述了一种相类似的，混杂着神圣与世俗的生活。故事主角西新井大师在旅途中，来到了河东穷人区的一座寺庙里：

> 离开大殿，阿岛在开阔的寺院庭院中漫步；她时而驻足观看展览里的某种海生哺乳动物，时而看一会儿来自乡村的艺人巡回杂耍……她在一块崎岖、荒芜的场地上溜达了一会儿，原先这里还种着樱桃树。然后折回头，返回到墓园。她亲眼见到一个年迈的农夫正从僧人那里获得圣水的咒语，又在一排空海大师的雕像前逗留了片刻，每个形象前都点着蜡烛。附近的小树丛中，一群人围在一起看一只瘦猴穿着水手的衣服走着钢索。

这些早期的平民消遣形式保留下来，与此同时，文化越发得到新的当权者在经济上的支持。在江户时代，歌舞伎剧院和妓院所做的，不仅是奠定了艺术风格，从某种实际的角度，它们是灵感和背景，是文化的孵化室。在明治时期，妓院延续了它作为嫖娼处所的基本功能，但是失去了让艺术家、作家、音乐家和富有的资助者纵情于此的风流社会的荣光，同时也失去了超越性的、和肉欲相伴生的更高追求。

每当回忆起吉原妓院的辉煌时光，小山内薰不由得哀叹，那些原先专与达官贵人往来的妓女如今已沦落为一个个"索然无味的粉笔画"，吉原的客人也降格为那些"身着工服，留着平头，穿着橡胶靴"的破落大众。在这里小山内毫不掩饰他的讥讽，他指责这些民众未经教育的品味，同时也表达出这里丢失的不仅有声色犬马和精妙的品味，还有曾经的人间戏剧。一想起吉原之前经常作为舞台上演江户时期的戏剧，小山内的回忆中不禁夹杂了些许苦涩：

> 没有剧作家会愚蠢到把我们时代的吉原做如此之用。在啤酒厅的灯光下，你在大门口很可能会遇到的一个操着北方农村口音、戴着自家缝制的帽子的男人，还有他的叔叔，来到城市向农商务省请愿。西式沙龙里，有人拍了拍一位穿着新棉布汗衫的客人向他告别，此刻他正往咖啡里放着方糖。他很可能是一个戴着鸭舌帽的小市民，也可能是城郊唱诵大阪民谣的流浪艺人。再也无法把吉原和哪怕一点点的浪漫情调联系在一起了。

为了获得更加精致的消遣，有钱人士转向了艺妓屋。1911年的一场大火再次将吉原摧毁，而后它在仓促中获得重建，形成了如今的混合风格：这边是一个日本风格的正立面，那边则是一个欧式的塔楼和一个城堡的微型侧厅。还有几家妓院是吉原的竞争者，同为声名远扬的妓院，那里还留存着一些旧日的优雅风采。其中一座位于根津附近，靠近本乡新的帝国大学的校园。对当权者来说，这里离学生有些太近了。为了保护那些最出众、聪颖的学生，不让他们受到诱惑或是分心，根津分部适时地迁到了深川的须崎，这里是临近隅田川河口的复垦土地。妓院的疏散反映出明治时期标志性的重商文化的解体。

艺妓之争

新桥艺妓屋，作为柳桥艺妓屋的强力竞争对手，和后者有着相似的经营系统。它们都有用作约会场所的小船，这是浮世绘艺术家非常钟爱的主题。在鸟居清长所绘的题为"桥下停泊的游船"的木版画中，展现了一名坐在船篷顶下浓妆艳抹的艺妓。这是这一流派的典型画作。

1872年的一场大火烧毁了这座城市的大多数地方，包括银座。火灾过后，新桥艺妓屋第一批搬入了新的砖墙建筑里，此前这个地区的标志性建筑是古旧的黑泥墙。维多利亚时期的家具，花卉壁纸，印花棉布和天鹅绒给客人带来一种外表上的幻象，好似他们置身于伦敦和纽约上流社会的客厅和画室一样。但是由于缺乏合适的通风装置，屋里滞留的空气加上油灯散发出的沉闷气味，在潮湿的夏季时节一定会给客人带来更多煎熬，而非雅致的感受。

在新桥地区逐渐发展起来的时候，它的娱乐业也迅速兴盛起来。歌舞伎剧院的运营已经步入轨道，后来的新桥演舞场也越发繁荣起来。随着新桥艺妓屋的星光愈发闪耀，一场和柳桥艺妓屋的竞争也在暗自涌动着。到 20 世纪 10 年代，这两个区域已经成为城市中最顶级的艺妓场所。永井荷风在他的小说《艺妓之争》里，描绘了新桥艺妓屋的一群虚伪、冷酷算计的女人，同时也向我们传递出东京艺妓业是怎样一个等级森严的社会。在一次戏剧表演中：

> ……艺妓每次四五人成群，不间断地走进包厢，向坐在那里的新桥地区最有权势的茶社女主人们示好。不光是艺妓，演员、卖艺人，还有刚好路过的专职谄媚者都会在经过时深深地鞠上一躬，逢迎的礼物，如水果、寿司也会不停地运往她们的包厢。

永井荷风在小说中对这些心思缜密的艺妓的非难，并不减损他从这些女性的陪伴中获得的乐趣，也无损于他的信念，即艺妓（花柳世界）保存了江户文化的风味。如果说艺妓是日本文化中手持诗琴、掌管艺术和美丽的女神弁天在俗世中的等价物，那么就像荷风展现的那样，她们同样是真切的血肉之躯。在插画系列《新桥和柳桥的二十四小时》里，版画艺术家月冈芳年对艺妓的缺陷和弱点有着类似的兴趣，他同样感兴趣的，还有西方文化对明治时期东京的影响。在他的插画中，有摄影师、汽灯、人力车师傅，甚至还有新闻画。所有当时的新玩意儿都可以在这套版画中找到。

到了月冈芳年的时代，原先对于新桥和柳桥地区艺妓和高级妓女的严苛限制相对宽松许多，在吉屋妓院也是如此。这种宽松的趋势从江户时代就已经出现了。如果艺妓愿意的话，她们允许和客人外出过夜。新的自由也带来了一些困境，而且新出现的机警的媒体越发加重了这一困境。在一幅描绘了怀孕的、显然为此担忧的艺妓版画上方配有一段叙述性的文字框，上面写道：

我听见报贩子的叫卖

哪有什么办法

让那些卑鄙嫉妒的编辑们

收起丑恶的嘴脸。

江户的乡愁，明治的现实

自然和艺术绝非这个城市发生转型的唯一主题。工厂就像毒蘑菇一样蔓延开来。尽管水泥建筑、商业造船厂和林立的工厂把隅田川东岸变得面目全非，但是深川确实满足了永井荷风对于老江户的某种渴望，这块容易遭受水灾的平原是松尾芭蕉当年退隐时住过的地方。荷风钦佩的三位重要的江户作家都和这个区域相关联：山东京传，尖刻批判妓院风俗的评论家；鹤屋南北四世，江户时期一流的剧作家；龙泽马琴，受到热烈欢迎的道德小说家。对于荷风来说，前仲町（意为"大门前的中心区域"）那众多的小巷、茶馆和妓院有着重要的文学内涵，也同自己的生活息息相关。所以他在 1909 年发表的《深川之歌》中写道："我无法抗拒去深川寻求庇护的渴望"，也就不足为奇了。然而，这里就像荷风曾经光顾并书写过的许多地方一样，从未远离过毁灭性的力量。1910 至 1917 年的特大洪灾不但制造了骇人的死亡人数，而且也冲刷掉了这个地方的深厚历史。

一座封建化城市转变成一座现代化城市需要花费高昂的代价。原先的城市周边是一派自然风光，有山丘、河谷、池塘和河流。如今，这个城市的树木和森林被砍掉，高低起伏的区域被夷平，河道被填满，地方的名字也变了样。随着贵族阶层特权的废除，他们的住房被改建为公共建筑和使馆，或是转手到其余达官贵人或军事精英的手中。全景风貌、绿地以及美好景致的消失并未彻底抹去这个城市的集体记忆，这主要归功于木版画中发掘出来的视觉记录，以及城市文学宝藏中保存下来的地区描述。到了明治末年，许多街道都进行了拓宽，用以方便马车行走或是作为森林的防火道路。其他的一并消失了：运河、自然河流以及其他水道大大减少。诸如银座、三菱草地、日本桥这样的地区很快也完全认不出了。

对一个习惯了总是重新开始建设的城市来说，现在唯一的不同就是重新开始的方式：有规划的改变取代了火灾、地震和台风，成为家常便饭。许多人欢迎这种改变，乐于离开潮湿、昏暗、拥挤的"裹店"（贫民窟）或后街，搬到街面上来。敞开的排水系统嵌在地砖的中间。下雨的时候，盖下水道的板子常常被冲开，污水就被带了上来。

当人们离开数年后重回故地，就像是约定俗成的一样，他们会为过去唱诵挽歌，以此哀悼这里所发生改变。像荷风这样，迁居别处又能够沉浸在浓烈思乡情怀的人，会对一切形式的现代化迅速做出反应，对此加以谴责。在政府看来，狭窄的街巷和街旁联排式的房屋无疑代表着严重的健康隐患和火灾隐患，它们必须要被拆掉。而在荷风的眼中，这些袖珍街区弥足珍贵，不可估量：

> 在这条街道的每一个物件中，都透露出一种真切的，家一般的情感和家一样的生活方式——装格子的推拉门，木质井盖，房顶上的晾衣板，木质大门，还有栅栏顶的铁钉。我们必须得承认，这些后街构成了一个从混乱中生发出来却又颇具美感的和谐世界。

小说家田山花袋赞同荷风对于这些变化的忧虑，他写道："桥重修了，火灾把人们赶出家园，狭窄的街道变宽了。日复一日，江户被摧毁了。"不过，无论这些改变多么不受欢迎，却给这些作家的怀乡之情提供了丰富的主题。就像明治替代了江户一样，这个时代也开始展露出老化的迹象。田山君用一种惋惜的眼光看待这种迫近的衰亡。"在混乱中，有些东西依旧保留了明治早期的样态，"他这样描写日本桥地区，"我对它心生怀念，怀念它颓废的气息。"

相比于荷风这些老一代作家，长谷川时雨还太年轻，她还无法悉心雕琢自己的怀乡情愁。她对比了神田老商业区的幽暗后街，以及她和姨妈常去的城北。就在这里，她看到了一个迎向自己崭新世界：

她领我去看了尼古拉大教堂，那时它尚在修建。就在我陪伴她的时候，第一次听到了小提琴、钢琴以及管弦乐队的声音。在我们所住的低城，这种声音和这些乐器都是不为人知的。所以说，这是我第一次抓到了西方的踪迹。

对荷风来说，人们即将迁居的新建楼房沉闷异常。尤其是河东岸市中心区，如雨后春笋般冒出来的非日本结构建筑更不适宜居住。在《新归国者日记》和1909 年出版的短篇故事《深川之歌》里，他谴责了这种对于西方不加思考的模仿和它正在制造出来的新混血文化。这个故事中，一个新近从西方归国的年轻人乘坐马车，一路向东行驶。当他来到深川，看到曾经繁华的江户风月场时，被一种强烈的挫败感紧紧萦绕。他鼓起勇气进入了一座死气沉沉、幽暗封闭的城市，在这里：

> ……西式建筑参差不齐地站在对面的街角，高高矮矮，看上去破败异常。它们看着就像没有深度和重量的棚屋一样，也许是因为那些简陋的门窗根本没有装饰。头顶上电线胡乱地纵横交错，拼命隔开了纯净的冬日天空。用来制作电线杆的木材竟是如此粗糙，看上去就像是昨天刚砍下来的一样。它们沿着街道伸展出来，像是威胁着要把视线彻底挡住。在这些杆子上，毫无章法地贴着一些标牌，糟糕的配色暴露了张贴者对设计彻底的无知。

后来，批评家加藤周一评论了荷风不断变化的观点，这也是荷风同辈人所共享的见解。写到明治时期，加藤嘉一发现："艺术家的疏离感，要么把他们带回对江户时代文化的怀恋与思慕，要么就让他们完全投身于对西方的热恋。"

到 1890 年代初期，这种热恋已经显露出幻灭的迹象。人们开始重新对传统价值和文化表现出兴趣，以此反对此前过分草率地推进西化。与日俱增的，还有人们不再着迷于物质进步这一目标，"文明病"这个新词应运而生。就在同一时期，复兴的民族主义开始释放出一些恼人的迹象：由于涉嫌诋毁伊势市的靖国神社，教育部长于 1889 年遭到暗杀，第二年，外交部长因拖延修订条约的谈判受到批评，在一次炸弹袭击中被严重炸伤。

帝国之丧

1912 年 7 月 12 日，在出席东京帝国大学毕业典礼的当天，天皇诉说自己身感疲倦、呼吸困难。他常年患有肾衰竭和糖尿病，但始终拒绝治疗。他的首个全身体检表明，他已罹患尿毒症，这时已处于致命的阶段。由于天皇的身体被视作神圣，他的医生不允许给他进行注射治疗。

听闻天皇的健康日益衰弱，民众静默地聚集在宫殿前的广场上，为他守夜祈祷。沿途经过的电车降速行驶，人们将被子、粗布和袋子铺在铁轨上，以免发出噪音。原计划在隅田川沿岸举办的烟火表演因此取消，街头文化庆典相应减少。全城的庙宇都在大量焚烧芝麻籽，据说这些烟尘可以驱赶邪灵。

7 月 30 日午夜刚过不久，报纸号外宣布了明治天皇的驾崩。同一版报纸上申明为期五天的舞乐禁令。所有的剧院和音乐厅全部禁止演出。皇家葬礼定于 9 月 13 日举行。这个国家或许已在明治年间走向了现代化，但是一旦回到丧葬仪式上，传统又卷土重来了。根据流传千年的神道教仪式，丧礼仪式在晚间举行。走在最前列的送葬队列身上绘着五头白色公牛，他们由弓弩手和旗手护卫着，随行人员举着扇、杖和戟。道路两旁的电线杆和窗户被包裹成黑色和白色，让人联想到典礼上的灯笼。路面上撒上了两英尺厚的沙子，防止经过的车轮发出声响。奥斯瓦尔德·怀恩德 1977 年发表的小说《姜树》中的主人公目睹了这一场面：

> 游行队伍装扮得就像在出演一场能剧，他们身穿带有流苏的古代长袍，看上去倒像是中国的而不是日本的服饰。除了一些头饰的颜色以外，所有人都身着白色。旗帜上绘有身着白衣的黑色人物，顶端和底端系在粉白的竹竿上。这些都很精致，但和西方的国家葬礼喧闹的场面相反，这里几乎没有一丝浮华，就好像这场典礼真正主

旨就是沉默。

在宣布天皇驾崩不久，这个国家又发生一起令人费解的重大事件：乃木将军和他妻子的殉死。为表达忠诚，殉死是指武士在主人去世后自杀的行为。17世纪以后这种举动已经较为罕见，因为它被明确定义为非法行为。拿起殉死所需的毛笔和墨水，乃木将军写下了他的道别诗，并且准备好了死亡工具。协助妻子切断颈动脉以后，他接下来以最苛刻的方式完成了这场自杀仪式，对准胃部和腹部，先水平再垂直地深切下去。乃木将军最终在晕厥前完成了整个仪式，当人们找到他的尸体时，他的海军制服已经整整齐齐地穿在了身上。

这张死亡契约在公众中引起了强烈的意见分化，一些人严厉指责这个将军，贬低他近几十年来取得的成就；另一些人把这一行为看作是英雄主义和忠诚，认为它唤回了失落的价值。这个自杀的影响甚至超过了天皇葬礼本身。许多报纸读者努力去理解究竟发生了什么。当夏目漱石写下"我几乎忘记了还有一种叫作殉国的东西"时，也表达出了这种困惑。另一位重要作家，小说家志贺直哉认为，乃木就是个"八嘎呀路"（傻瓜）。对大多数日本人来说，自杀事件让这个时代一度艰难赢得的现代性再次蒙尘。即便政府当局在1930年代对此重新加以推崇，这种兴趣也更多来自于尚武传统，而非现代性的缘故。

将军的房间如今依旧陈设在乃木神社的院落里，保存得阴森森的，屋内的死亡气息和1912年的一样浓重。后来的岁月里，在完全不同的境况下，另一位将军道格拉斯·麦克阿瑟为了缅怀乃木，在神社的花园里栽种了一棵木兰树，就位于这对夫妇的埋藏血衣的位置。这个房间坐落的地方叫作乃木坂（意为乃木的山坡），这种为纪念一个人而命名一条道路的情况还不多见。这里如今是东京的中心地带，在将军的时代，它还是半个乡村——将军抱怨狐狸袭击他养的家禽，这早已是过去很久的事情了。

夏目漱石，按理说是明治时期最伟大的作家，他在前往伦敦求学之前，曾在东京帝国大学主修过英语文学。漱石的中心主题是日本知识分子的孤立和孤独。生在江户，死在江户，漱石建立了一套被许多作家复制的写作模式。最开始，他迷恋所有国外和现代的事物，后来开始对外来的影响越发失望，直至觉醒，在他去世时，他比以前任何一个时期都更接近传统主义者。

漱石接任了赫恩·拉夫卡迪奥（小泉八云）在东京帝国大学的教席。根据所有人的记述，赫恩在任期间表现得极为出色，让后继者难以超越。不过，漱石好像做得也不错。赫恩所在的教学团队有一群充满天赋桀骜不驯的学生，如果他们发现课程不对自己的胃口，经常会打断讲课。一个学生如此回忆赫恩："他的课程对我们来说就如同天启，尖锐深刻，又醍醐灌顶。"这个观点在赫恩的同事那里得到了佐证。一天他碰巧走进赫恩的课堂，推开门走进去，他发现前两三排的学生眼含泪水："我不知道到底发生了什么。对于日本人来说，流泪是一件罕见的事，即便是年轻女子也会为此感到羞愧。在日本，一名上层社会的男子流泪，要比同样的事在英国令人震惊许多。赫恩正在阅读一些简单的英文诗，就是有这种效果。"

漱石从不归属于任何文学派别或运动。在他最杰出的作品，1914 年出版的《心》一书中，探讨了一个年轻人和一位老年人之间的友情。前者拥抱新的时代，而后者则见证了太多人们为了追逐西方学说、技术和品味，匆忙之中对自己文化的舍弃。在给他的年轻朋友写完剖白信后，这位老年人，小说中称之为"老师"选择了自杀。那是 1912 年，是被明治天皇的离世打上烙印的一年。老师在他的信中说道："我被这种情感打败了：我和生长于那个时代的其他人一样，如今被远远抛在后面，成了不合时宜的人。"

就像乃木将军一样，老师在报纸上读到对天皇葬礼当天自杀事件的描述时，体会到了一个时代的离去之不可挽回。他下定决心，决意自杀。这个行为将它自身交付给了两种解释：要么是作为崇高象征的自我裁决，要么是重度神经质患者的蹩脚模仿。无论是何种情形，它都预示了一个艰难岁月的死亡。

THE NEW AGE
图 1 東京 / 上野 / 内国勧業博覧会
明治後期

THE HYBRID CITY
图 2 银座街道 - 東京風景
刊行年 明 44.4

NEW CIVILIZATION
图 3 歌舞伎座
掲載資料 最新東京名所写真帖
刊行年　明 42.3

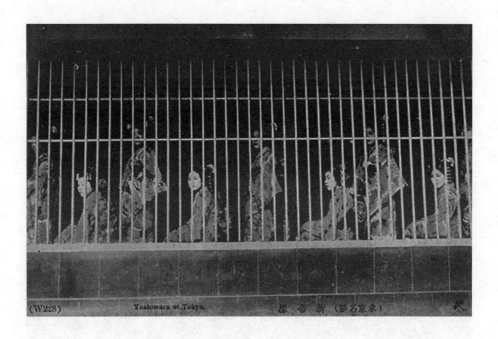

(W228)   Yoshwara at Tokyo.   原吉新所名京东

GEISHA IN RIVALRY
图 4 东京名所新吉原

EDO NOSTALGIA, MEIJI REALITIES
图 5 日本桥景
掲載資料 東京風景
刊行年　明 44.4

DISTINGUISHED JAPANESE
图 6 赤門及ビ医科大学ノ一部
揭載資料 東京帝国大学
刊行年 明 37.8

BOSTON BRAHMINS
图 7 武藏野—菱田春草画

梁启超、明治日本与西方

—— 许知远对话狭间直树

采访：许知远

整理：王文沁、李睿毅

> 那个时候，在日本和中国起到最大媒介作用的就是梁启超，于是我就
> 想开始研究梁启超。梁启超把日本和中国之间做了连接，以前日本的
> 知识分子都接受了的是西洋文明，而他则带来了中国的宋明理学。

　　狭间直树教授是日本中国近现代史研究的领军人物之一。当年近八旬的他，穿着旧式的日本西装，拿着精致的手帕坐在我们面前时，我们很难把他和一个"革命者"的形象联系起来。不过他在年轻时是十足的左派青年，二十岁出头，就抱着对共产革命和红色中国的憧憬，孤身一人搭乘货轮偷渡到中国上海。那时中国大陆和日本尚未建交，他也成了见证红色中国的少数外国人之一。其后，他进入京都大学学习中国的历史和文化，迄今近六十年的中国研究生涯，他希望用一生的精力寻求近代中国变革的真相。在访谈中，一谈到他最喜欢的中国近代人物梁启超时，他一下子就激动了起来，仿佛一个孩子，表情生动，而且手舞足蹈，在这个春寒料峭的下午，谈话进行到后来，他居然满头大汗，一直拿着自己手帕不断擦汗。

　　梁启超，一生历经戊戌维新、革命改良论战、清末新政、组建进步党、护法讨袁，无役不兴而终归于沉寂。同时他以"常带感情之笔锋"对近代中国的思想言说产生关键影响，对于当时尚年轻的蒋介石、毛泽东这样抱有救国

意志的青年，他的"新民""少年中国"说感召和激励过他们。而梁启超本人的思想却极其复杂，时常以"今日之我攻昨日之我"；不过，纵观梁启超的一生，他在日本流亡、生活的十几年，恐怕是理解其思想的关键。

近代中国对西方的认识虽众说纷扰、言人言殊，其实真正意义上直接来自西方的渠道非常有限。同样经历现代化转型和西潮冲击的近邻日本成为国人认识西方的媒介，梁启超是其中最为典型和突出的一个。西学、日本的东学与梁启超的新学三者之间存在巨大的张力，日本文化体系的思想学说进入中华文化体系中必然产生变异，变异的原因既是转换者本身观念、性格的差异，也是不同文化系统本身的差别。

狭间直树教授在京都大学开展的"共同体研究"，希望探讨中国近代知识分子和革命者其与明治思想界的关系，及日本的思想资源是如何经他们改造修正，得以进入近代中国的。我们的对话，自然而然的围绕梁启超展开。

许知远（以下简称"许"）：狭间先生，您一开始是如何对梁启超产生兴趣从而研究他的？

狭间直树（以下简称"狭间"）：我首先注意到东亚的文明圈，用汉字写成的。那个时候，在日本和中国起到最大媒介作用的就是梁启超，于是我就想开始研究梁启超。梁启超把日本和中国之间做了连接，以前日本的知识分子都接受了的是西洋文明，而他则带来了中国的宋明理学，这是基础。

在1860年津田真道和西周，是最初去西方留学的两个日本学生，他们本来要去美国，但由于那时在南北战争，所以就去了荷兰。荷兰非常欢迎他们，因为荷兰当时和江户时代的日本有贸易往来，但到幕府末期，荷兰已经没落了，不如英国和法国，所以日本人此时来就非常欢迎。这两个人非常勤学，只用了两年就学成回国，可回去后德川幕府已经消失了。因此他们回来后虽然没有充分发挥工作，但他们的学问很深刻，在明治时代也发挥了很大的作用。

这和梁启超没有直接的关系，梁启超是1898年10月21日到的东京，戊戌变法后逃亡到日本的。但是，梁启超的作用是非常大的。因为我们时间比较短，所以今天拿来了一张图。

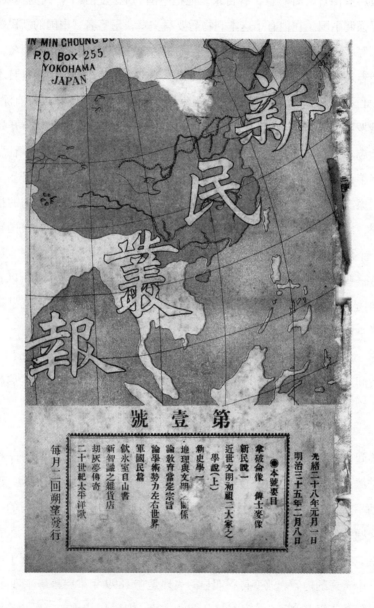

《新民丛报》具有非常重要的地位,和《时务报》的内容作用比较相似,《新民丛报》有图片,有彩色,有目录。他把中国的地图画上了,因为他要救国,所以要强调中国。在他有了这本刊物后要写文章,用笔名"中国的新民"为这本杂志写了179篇文章,在1906年1月后梁启超再也没用过这个笔名,但是这个杂志还在。我们从封皮和图片就可以推测出很多来。这个地图是日本订的图,因此国名都是日本的标识。由于当年日本要把福建拿去,所以没有涂颜色,同时俄罗斯、法国、英国已经都侵略过来了。换言之,从这个杂志开始,清末的杂志从只有文字开始发展成有了图片等一系列变化。一年后《新民丛报》又发展了,第二年的第一号的封面形式改变非常大。第二期的中间开始又有变化了,康有为可能起到的作用比较大,因为1903年梁启超按康有为的指示去了美国,结果丛报就不能维持了。然后发生了很多事情,梁启超到美国新大陆出了一个增刊号,那个时候全都是黑白的。中华书局的影印版里面没有这个地图,有一些微妙的不同,都反映到了日本和中国的文化交流当中。所以我们说1902年是一个重要的契机,从《清议报》到《新民丛报》的变化就是梁启超来到日本以后发挥的作用。

许:您第一次读到梁启超是什么时候?最初读的时候是什么感觉?

狭间:学生时期,在多年以前。当时我比较倾向于革命派反对梁启超,但现在改变了。

许:这个变化怎么发生的?

狭间:梁启超不一定是保守派,而是渐进派。当时高级的知识分子很多都是渐进派,而梁启超是特别重要的人物之一,他在思想方面贡献很大,但是政治活动不一定好。最重要的是1905年,五大臣回国的奏本是他代写的,但是这个问题我们要仔细考虑。梁启超的思想内容变化很大,其中变化原因在哪里很重要。他对现在碰到的问题,认真考虑,所以表面上看来他改变了,还是要有几个考虑的内容,改变得很明显的表现是在1899年梁启超革命热情最高,但是以后就不提革命了。在他的政治思想方面,从法国卢梭的《民约论》到德国的伯伦知理的《国家学》是一个明显的思想路线的改变。但最重要的是他对康有为的批判,虽然表面上没有,他的改变乍一看是政治思想,但其实他的内心改变非常针对康有为。康有为是很奇怪的。

许：那您觉得梁启超思想上这个变化为什么会发生呢？

狭间：最重要的原因来自于自立军。那时候梁启超对康有为说，"你是统帅，应该在前面"，但是康有为一直不听，舍不得老婆（大笑）。康有为有七房老婆，有人专门研究过这个，而梁启超只有一妻一妾，即使在夏威夷有一个相好的漂亮女人，但他克制住了。台湾的张朋园先生专门研究梁启超，提到他成立了"一夫一妻会"，只有一个夫人之会，这是在当年和梁夫人的书信中提到的。但梁毕竟是曾经有妻有妾的人，妾也兼任家庭保姆，特别是在梁启超到北京、越南去，在非常危险的时候带着他的妾在身边，没有更能信赖的人了。除此之外，梁启超没有更复杂的男女关系了。

许：我知道您在做一个将《梁启超年谱长编》翻译成日文的工程，这过程中最困难的地方是什么？

狭间：主要还是我们日本人，作为外国人，不了解中国的具体情况。要调查有关材料，我们有时候可以发现一些，有时候没有办法找到。我们可以解决的地方就应该解决，比如某某的字、号，这大概百分之九十多能解决，但还有一部分不能解决的，就放在最后。三明先生说，我们的翻译还是有许多可以参考的地方，他对我们的研究评价很高。由于上海方面有版权，所以在开始翻译的时候我们用的都是那边的资料，和上海人民出版社联系了，但当时我们得不到版权。过了11年，情况改变了，这也算是你们最近进步的地方之一了（笑）。

许：梁启超当年也引进了许多日本的历史、政治、思想到中国去，您觉得梁启超对当时的日本社会是真的了解非常深入还是比较浅？

狭间：很难说，我想应该基本上算了解，虽然仍有完全没有提到的方面，比如形而上学、形而下学，这是现在大家都知道的概念。梁启超当时对此不是很了解，虽然他使用了这两个词，但他将形而上学理解成政治学、经济学，将形而下学说成物理学等。形而上学、形而下学都是从儒学的典籍里而来，用宋明理学的概念让人接受近代文明。从明清时期开始，已经创造了几万个词汇，有一个韩国学者提到过。韩国在这方面与汉学对立得很厉害，不用汉字、词汇等，但是从研究文化来说，现在韩国的知识分子起码要会七千多的（中文）词汇，当中有用的多少现在很难说。而形而上学现在已经变得无用的多。

许：您做了这么多年的梁启超的研究，您觉得他身上最难以解释的部分是什么呢？

狭间：我想梁启超和谭嗣同的关系有些意思。梁启超和谭嗣同非常密切，一起搞政变，当政变失败时，梁启超逃到了日本，他在这里发表了谭嗣同最重要的遗嘱。自《清议报》第 2 册（1899 年 1 月 2 日）起，至第 14 册（1899 年 5 月 10 日），连载了大约一半就中断了。在隔了大约 1 年以后，在第 44 册（1900 年 5 月 9 日）至 46 册（1900 年 5 月 28 日）上，刊登了十分之一，再次中断。剩下的十分之四在 1 年半以后的第 100 册（1901 年 12 月 21 日）上，总算刊登完毕。梁氏手头持有这份底稿，但是在刊登时多次中断，且历时 3 年，这样的做法是极其异常的。简单来说，梁启超有超过三年的时间没有完整发表一位同志的遗嘱，这很难让人理解。为什么在他自己编的杂志上不发表这样一份最重要的文件呢？而且后来我们发现，1901 年秋天，梁启超匿名委托了《国民报》（革命派的一个杂志）出版了文件的完整全本。

现在我们所了解关于谭嗣同的资料很不够，靠梁启超《戊戌政变记》整理出来有一部分，里面当然有正确的地方，也有很多问题。但是谭生前最重要的文章没有连载，十分奇怪。而且前面有梁启超用笔名写的《谭嗣同传》，和《戊戌政变记》里面记载的是完全不一样的。这个问题是我考证出来的，学界有部分的人同意我，最主要是桑兵，朱维铮先生……一开始朱先生不大相信，我和他说了这个观点之后，他过了一年在上海见到我，说你的想法是有根据的，我的研究生也应该学习你的文章中的观点。梁启超《戊戌政变记》这个资料里面正确的资料有，但作伪的资料也很多。而且《清议报》在发表到一百期后就停刊了。

许：《清议报》停掉是因为失火吗？

狭间：我觉得是一个原因，但我想他还是愿意出版一个新的杂志，恰好着火了。

许：梁启超当时在日本最喜欢看的日文杂志是什么？

狭间：他读了很多杂志，尤其是东亚同文会的。首先，东亚同文会支持康梁的运动，他们发表康梁的文章比较多，特别是关于戊戌政变的。东亚同人会里有两类人，第一种支持康梁的维新运动，另一类是在大陆里搞企业的。因此，康梁的文章在那里出版了很多。会长近卫笃麿是日本最高贵族，他是高级政治家，非常支持康梁，经常将康梁文章发表在《东亚时报》上。但在明治40年之后，就没有再转载了。

许：梁启超和孙中山在1899年关系很密切，后来又慢慢疏远了，您怎么评价他们两人的关系呢？

狭间：梁启超和孙中山的关系在1900年夏天前后变化最大。在唐才常的自立军之前，他们合作的热情比较高，梁启超在1899年末通过夏威夷前往美国，那时候他们没有嫌隙，孙中山还对美方说好好招待。但实际上梁启超搞保皇方面的政治活动使得孙中山不高兴，此后情况就改变了。也是从那个时候开始，梁启超的想法和康有为的距离越来越大。但很奇怪的是梁启超一生都当自己是康有为的弟子，虽然思想距离较大，但一直都自称是弟子。

许：我们一直知道康梁是保皇党，1908年光绪去世了，这个事情对他们（康梁）的打击是怎么样的？我看到的相关记载很少。

狭间：的确很少，但是日本警察能力较好，找到了他们当时的一些电报记录，大致是康梁在蓄谋挑起内部政乱。

许：您觉得梁启超从1898年—1912年在日本的14年时间中，最艰难的是什么？

狭间：一个可能是与日本人的关系，梁启超与日本人并不十分密切。当时日本华侨比较多，他们之间的联系很密切，与日本人则比较疏远。梁启超和日本知识分子基本上没有什么联系，来到日本初期走动比较多，在当地报纸上也发表过文章，在之后就开始没有密切的关系了。两国（华侨与日本）之间的关系在神户比较密切，梁启超想通过当地的一个满族人和朝廷内部联系，但是没有成功，主要是因为他地位不高。

许：梁启超在日本何时才恢复和清朝高层的关系的？是1905年五大臣出访立宪的时候吗？

狭间：1906年初，关键人物是熊希龄，是梁启超学堂时期的同事。

许：1903 年梁启超去了美国，美国之行对梁启超改变非常大，让他从原来相信共和民主的一个人转变成了支持开明专制。您觉得美国之行对梁启超真的有这么大的影响吗？

狭间：我想美国之行的影响，最重要的还是他发现了当时的中国民主不能达到他心目中的水平。在1900年自立军失败后，他在澳大利亚待了差不多半年，做了很多政治方面的工作，但都没有成功。1899 年 5 月在神户，他说现在的中国不能创造国家，那么国外的华侨里，特别是广东人，我们让他们来创造一个国家。但他完全没有成功，所以后来才开始创造新民学，新民是指近代国家的国民，而不是统治下的良民。搞了一年后他到美国去，在美国也有大发现，主要还是中国人的水平不高。

康梁在美国搞募捐有说法是为了去刺杀慈禧太后，让光绪回到位子上，和日本的大政归还思路是一致的。所以大家给他捐钱，但康有为没有去刺杀，反而各种花钱。犬养毅曾说（刺杀慈禧太后这件事）找一个日本浪人肯定能成功，但他们不愿意，应该要让中国人来做杀手，如果让日本人做杀手会有些麻烦，且要让中国人自己改良。

大家出钱他们浪费，所以当时梁启超回国后写了比较奇怪的文章，在两方面比较奇怪，因为他自己要刺杀，肯定跟康有为要做的事情有矛盾。

梁启超从美国回国以后，也发现了很重要的变化，首先发现了伯伦知理的国家学，在《新民说》里，提出了首先要学好公德（public），公德的意思是近代国家国民的所具备的特性，不是前近代"德"的概念。他回国后写了《论私德》，指在现在中国发展阶段下公德还不行，应该先主张私德，公德、私德虽然都在德的范围内，但他放弃了作为国民那样的培养追求，写了私德的文章一共差不多半年多。其次还写了《论重视奴隶》，这和德并没有关系，中国没有奴隶。在没有奴隶的情况下，容易广开民智。

1906 年 1 月同盟会已经建立了，革命派开始论战了，梁启超就加入了这场论战。

许：1905—1907 年论战是算梁启超失败了吗？

狭间：这个很难说的，表面上是梁启超失败了，实际上梁启超提出的意见是很重要的。革命派在政治方面的训练不高，只会实践。革命派最初发现的是田桐第二次革命失败后跑到日本，看卢梭《民约论》《社会经验论》译本的翻译等，这是非常重要的，起草了《誓约》。但是中国留学生翻译的《民约论》都不好，有的很重要的词汇没有翻译出来，革命派看的都是那样的文章，就非常容易搞混。田桐革命失败后再去看到日本译本，发现我们对《民约论》的理解错了，应该重新学习。那时候，在序里写的重点还是梁启超已经提出的思想。梁启超虽然失败了，但他发现了问题在哪里。所以说正确的意见不一定能实现。

许：您觉得毛泽东后来改造中国人和新民有直接的关系么？

狭间：有。当时的人都学习《新民丛报》的，当时的杂志不是杂志，像现在的经典一样。胡适在上海能看到《新民丛报》是非常及时的，1910 年《新民丛报》已经停刊三年了，毛泽东在长沙却才看到。他们同意梁启超的想法来创造新民协会。

许：如果您觉得梁启超活在现在的中国，您觉得他会怎么做？

狭间：梁启超在 1912 年辛亥革命一年后马上跟他一起合作，这很奇怪。更重要的是，当时孙中山、黄兴等和袁世凯的合作中也有很多问题，但是最有意思的还是章太炎，他对同盟会很多做法都反对，但他特别反对袁世凯。章太炎那样的老学究除了笔以外没有什么实力对抗袁世凯，但是袁世凯恭迎他三年，这是章太炎跟梁启超完全不一样的做法。章太炎不一定是激进派，但是从他的思想来说，不能同袁世凯一起工作，这是他思想很高的点。

许：您觉得梁启超为何能够接受和袁世凯一起合作呢？他写了那么多文章去骂他？比如《戊戌政变记》等。

狭间：梁启超常常改变。第一，戊戌政变记中他对袁世凯的写法，不是现在的一般的看法，《饮冰室合集》里的是九卷本，首先改变的就是对袁世凯的评价，后来他对张之洞的评价也改了，这个问题倒不大。慈禧太后、光绪帝愿意攻击袁世凯，但是在义和团事件上他们合作了。梁启超有自己的意见，但是章太炎那样的思想本质没有，还是章太炎有意思。

许：您认为梁启超和您刚才说的伯伦知理的国家学有关系吗？因为后期杨度等都支持袁世凯。

狭间：肯定有，所以他先当了司法总长，其次是财政总长，但是都没有成功。军人愿意利用梁启超的名声，但没有依靠他的本领。

许：您说从这本书出版以后又有很多新的材料，您现在对梁启超的看法有些变化了吗？

狭间：变化比较多。以前我不能了解谭嗣同和梁启超的关系，不知道他们有密切的联系。

许：您怎么看梁启超和康有为其他学生的关系？徐勤在当中都起什么作用？

狭间：当中有些人和康有为的关系特别密切，梁启超倒不一定有他们这么密切，还是要看各个人的情况，他们发生矛盾关于钱的比较多。

许：您知道当时保皇党大概募集了多少钱吗？

狭间：这个很难说的，现在没什么人研究过。在自立军的时候，我估计最多的时候有 30 万，新加坡方面也有很大的支出，除了这个以外，梁启超受大家欢迎，得到的钱很多。而且梁启超去的时候还没有铁路，用的都是马车等，起码要几个人一起活动，每天参加宴会直接都花完了，至少三千多吧。

许：为什么在 1912 年梁启超回中国后再也没有回日本过？

狭间：可能还是他在中国的地位很高不想再回去了，最有可能回到日本的 1916 年反袁的时候，但国内很多支持袁世凯的。这个梁启超没有写，我们是从他弟子的内容中得知的。从现在回顾，当时梁启超危险得很。当时有很多材料，都是非常危险的。当时梁启超从北京逃到云南有很多的材料，都是非常危险的，是因为讨袁运动不一定能成功，但他也没有想到去日本。

（特别感谢笹川日中友好基金的胡一平女士和小林義之先生对于本文的贡献。）

三个流亡理想家

撰文：黄宇和

翻译：孙微

　　显然，清政府认为即便是在外流亡，容闳、康有为和孙逸仙这三个人都是危险分子。 然而，根据悬赏人头的价格，人们也不能断定他们"异常危险"。

　　首先，大多数人认为孙逸仙 1895 年在广州的起义谋划是不切实际的。当时孙逸仙的目标是：让广州这个重要城市作为对清政府采取进一步行动的基地。但是，不论是他个人和同僚的领导力，还是他拥趸者们的水平和层次能否

容闳　　　　　　　　　　康有为　　　　　　　　　　孙逸仙

取得成功都要打个大大的问号。即便他成功成了总统，由于完全缺乏军事训练和经验，他能否在省级驻军的反击下生存，也是令人怀疑的。

一年后，孙逸仙在伦敦被绑架似乎并没有减少他的幻想。相反，英国政府对他的怜悯更助长了他的理想，而这也是他发起广州起义的基本前提之一。出于对英国政府不切实际的期待，他公开要求英国政府采取"善意的中立"。事实上他并没有意识到，英国政府对待绑架案的愤怒仅仅是因为绑架案违反了伦敦的法律。当然这并不是要去否认公众对东方专制政府受害者的关注。

正如一位历史学家所指出的，"孙逸仙这期间只是提出了一个小小的请求——回到香港的权利"，而这是1895年广州起义之后他所不被允许的。然而，在英国首相索兹柏瑞正式将孙逸仙从中国使馆营救出来后，他便向中国大使保证，英国政府将"依法阻止任何反对中国政府的人利用英国领土进行谋反"。另外，他还给港督寄去了说明，要求他"继续密切关注任何嫌疑人士的谋反举动，并在辖区内尽最大可能预见和挫败任何反对中国政府的革命企图"。

显然，孙逸仙在1896年10月27日—1897年2月4日期间，频繁去摄政公园阿尔伯特路12号访问埃德温·柯林斯先生、并与他起草请求"英国善意的中立"的举动，只是为他在英国外交部赢得了"空想家"的名号。虽然在广州起义中，这一空想成真了，但即便英国政策制定者认可了孙逸仙所宣称的终极目的，他们也不会冒险支持这样"一匹黑马"。

如果说"请求英国保持善意的中立"的发表带来了事与愿违的效果，那么此前孙逸仙写的另一部作品《伦敦蒙难记》则为他打开了一个全新的世界——一群有影响力的日本人，当时正在寻求以为可以合作的中国"英雄"，共同为全亚洲的自由事业努力。甚至他还在伦敦期间，就和Marquis Tokugawa Yorinori的随行人员，尤其是南方熊楠（Minakata Kumagusu）比较熟悉了。显然，这些日本人因伦敦绑架事件知道了孙逸仙。孙逸仙把《伦敦蒙难记》送给了这些朋友，而他们则写信将孙逸仙介绍给了日本国内的高层。很难判断这些信件多大程度上帮到了孙逸仙，因为在这些信件产生效果之前，他的好朋友陈少白就已经把《伦敦蒙难记》给前武士宫崎寅藏（Miyazaki Torazo）看了，后者被比做拜仁和拉法耶。因此，当孙逸仙1897年从伦敦经由加拿大抵达日本时，宫崎寅藏很快就去拜访了他。两位用纸笔交流，到最后宫崎寅藏完全"被征服"。因此，孙逸仙被提供了住处和各种所需，他也得以尽快学习了日文。

在日本，孙逸仙目睹了康有为1898年促成的"百日维新"。

很少人质疑中国变革的必要。当康有为在创办三年的新闻报刊上系统阐述变革需要之时，即便是英国驻华公使欧格讷（Nicholas O'Conor）也表达了支持。毫无疑问，1898年康有为的建议中有一些"幻想"，然而大多数都不现实，连康有为自己都不一定认可。因为当北京发生政变后，康有为在抵达上海后仍然满嘴的"无稽之谈"，英国领事直接叫他"空想家"。另外，英国使馆费尽周折帮助康有为逃亡香港，进一步助长了康有为并没有保障的"自负"。因此，当一年前就和孙逸仙示好的宫崎寅藏在香港见到康有为，并有意促成康有为和孙逸仙建立联盟时，康有为立刻拒绝了。

康有为和孙逸仙结盟产生的能量将是巨大的，日本高层决意"改变中国历史进程"。康有为最得意的弟子梁启超，正在天津的日本领馆寻求庇护，没多久他便乘坐日本炮舰抵达了日本。香港的日本领事随即劝说康有为同赴日本。然而即便是在日本，康有为也拒绝与孙逸仙见面，也拒绝了孙逸仙的拜访请求。

康有为和孙逸仙在理念上存在根本的差异。例如，康有为虽然想废黜慈禧太后，但他仍希望保留满清王朝，而孙逸仙则希望彻底推翻清王朝。问题的关键在于康有为忠臣于皇帝，他寄希望于清帝能够推动改革。然而这一希望显然是不现实的，因为实权在慈禧太后手中。的确，年轻的光绪帝曾试图以改革的名义从太后手中夺权。然而太后一反击，光绪帝立刻被软禁，而康有为则被迫逃走。康有为仍然把光绪帝当作手中王牌，前提是满清王朝不被推翻。因此，历史学家们认为，康有为和孙逸仙在推翻慈禧问题上是有可能形成同盟的。然而，康有为自始至终不想和孙逸仙有任何瓜葛。

康有为不计后果地支持光绪帝，他称光绪帝曾给他一道密旨命令他举兵营救。当时只有一个人能证明这道密旨的真实性，然而这个人也随光绪帝被软禁。后来这个人被日本人偷偷带走，此人称所谓的密旨纯属伪造。康有为随即又称他在"逃离北京"时烧毁了密旨，然而日本人不再相信这样的说辞：因为密旨根本无法改变一个犯有叛国罪的人的命运，密旨的公开反倒能让他成为英雄，至少成为烈士。此外，如果康有为真的成功逃离中国，这道密旨将在募集军队和资金方面起到至关重要的作用。无论如何，康有为的说法也无法自圆其说。

然而海外的普通中国人则不会深入思考这些问题。康有为自带"帝师"光环，海外华人对于他的募资需求有求必应，这使得孙逸仙及其拥护者的声音被淹没。孙逸仙的党派在加拿大、新加坡、夏威夷等地失势给了康有为。孙逸仙在夏威夷的长兄孙眉曾给予革命党慷慨的资金支持，此时也转向了康有为。一年半后的1900年5月，自满的康有为对香港警察局长表示："你可以告诉这里的总统并转告给英国首相索兹柏瑞，中国本月末会有大事发生。"他当时是指"唐才常起义"，然而事实上起义推迟到了当年8月才发起。

毫无疑问，康有为认为是自己一手启发、领导、并募集资金，才使得以复辟为目的起义得以成形。他的这种观点受到了他追随者的认同，至少一名现代历史学家也这么认为。孙逸仙也被认为参与了起义，但是多大程度上参与并无定论。另外，容闳被认为积极参与了此次起义。

此次起义的领袖唐才常是湖南人，坚定的维新派，和梁启超、谭嗣同走得很近。1898年的戊戌政变对唐才常震动很大，他对谭嗣同的喋血深表同情。他跟随那些逃离到日本的维新派脚步，和康有为共同谋划起义。他还见到了日本的政治家犬养毅（Inukai Ki），也就是孙逸仙好朋友宫崎寅藏的导师。

此外，唐才常被引荐给孙逸仙后，对孙逸仙的观念印象深刻。唐才常欣喜地发现孙逸仙和长江地区秘密会党有联络，而且他们打算积极响应自己推翻满清王朝的起义。他也看到了孙逸仙和康有为结盟的潜在可能，并打算说服康有为。然而，此时康有为已经离开日本前往加拿大，唐才常得等到下一年也就是1899年康有为返回香港时才能见到。然而，和此前很多人一样，他也无功而返。

唐才常之后又在日本见到了孙逸仙。两人仔细谋划了长江地区的起义，两人此时也意识到孙逸仙与康有为的公开合作是不可能的。权宜之计是唐才常与康有为维持密切联系，和孙逸仙各自采取行动达到共同的目的。他们的计划是，孙逸仙和革命党在中国南部的惠州发动起义，与此同时，唐才常在中国中部的汉口发动起义。孙逸仙对两人之间的秘密协议很有信心，他把在汉口俄国顺丰茶行任买办的容星桥介绍给了唐才常，容星桥将对汉口起义提供巨大的物质支援。然而后来随着起义失败，容星桥不光丢了全部生意，差点性命不保。

孙逸仙还通过另外的方式表达了自己的信心。在唐才常回国筹备时，孙逸仙1900年7月去了新加坡，再次试图与康有为合作，当时康有为在那里政治避难。也有人指出，孙逸仙此次去新加坡是因为在赢得海外华侨支持上输给了康有为。但这一说法经不起推敲，处在劣势的孙逸仙怎么会相信自己在与康有为的竞争中成功。更接近事实的情况应该是，1900年春天义和团进军北京，这使得唐才常和孙逸仙谋划的自立军起义迫在眉睫，因此需要更好的合作。

然而康有为还是拒绝了孙逸仙。事后人们会说，孙逸仙应该心知肚明，但是这也从另一角度印证了孙逸仙为了自己的理想进行了不懈追求。

新加坡受阻之后，孙逸仙在日本进行短暂休息之后前往上海，他希望与唐才常更好地合作。然而当他1900年8月28日抵达上海之后，他发现唐才常的筹划已经被告密，孙逸仙不得不迅速秘密撤离上海。

唐才常的起义计划如何泄露的？康有为怪罪于秦力山，认为他有违命令在所有人准备好之前率先在大通发动起义。

毫无疑问，康有为是自立军起义的发起者。他和唐太常在日本商议过起义细节，并任命唐才常为现场指挥官。康有为承诺唐才常，他会把在海外募集的丰厚资金悉数捐赠给自立军。唐才常非常卖力地招兵买马，尤其是从长江地区的秘密会党里招募到不少人员。唐才常兵分五路，打算在五个不同地点于1900年8月9日这天同时发动起义。然而随着日期的临近，康有为承诺的资金却毫无踪影，唐才常不得已只好将起义日期推迟到8月19日，进而又推迟到8月23日。推迟的决定在最后一秒达成，因此没有足够的时间通知到所有领导人物。秦力山按原计划在8月9日发动起义，在苦战六天之后被镇压。秦力山脱险，但是很多人被捕，并在严刑逼供下透露了起义的重要信息。在修改后的起义时间前48小时，也就是8月21日傍晚，张之洞逮捕了唐才常和其他几个起义的重要领导人物，他们都被处决了。

如果康有为如约寄出了承诺的资金，五队人马将按照原计划同时发动起义，就不会出现秦力山在条件不成熟情况下提前起义的情况。因此起义失败的终极责任应该指向那个密谋起义却不愿把募集到的资金贡献出来的康有为。

此外，康有为还通过在报纸上阐述保皇来"邀请官方介入"。他曾给督抚刘坤一等人发过电讯，鼓动他们参与起义，而刘坤一就是那个镇压秦力山起义的人。起义失败三个月后，康有为又写信给刘坤一，鼓动他做起义军没有做成的事业。

和康有为、孙逸仙一样，容闳也参与了唐才常起义，或者说他因为距离现场更近而介入得更深。

在1898年百日维新期间，容闳担任外交部副部长（注：原文如此），但他对此在自传中并未提及。1898年戊戌政变发生之后，他在上海的租界寻求庇护，并组织了"中国议会"，讨论当日最重要的问题，尤其是改革方面的。1899年他出于自身安全问题移居香港。他并没有细说为什么在上海租界讨论时政变得不安全。然而从之后不久发生的事情，我们可以推测出这和他从日本带回唐才常起义密谋细节有关。唐才常在上海英租界组织了类似于容闳的一个组织，用来募集起义资金。这两个组织并没有相互竞争，而是迅速结为同盟。康有为或者孙逸仙很有可能写信将二者引荐给对方，支持他们合作。如果说在1899年年底，容闳已经熟知唐才常的目的，也正因如此打算移居香港，避免起义失败后受到连累。

这并不是说容闳对于起义不热心。尽管只是短暂担任外交部副部长，容闳的英语几乎完美，他很有可能就是给上海的英国总领事写信的人，暗示在皇帝重新掌权之前，全中国的秘密会党都不会反对外国势力介入。这一口吻和唐才常之后在汉口和其他地方发散的传单类似。这一口吻也和之后康有为写给北京的英国、德国外交部长的信件一致。

唐才常的主要关注点之一是在康有为和孙逸仙之间形成联盟。他自己没有说服康有为，于是想让容闳再次劝说。容闳于1900年3月抵达新加坡，但是劝说康有为也没有成功。但是，他和康有为都给新加坡的英国官员提及，5月底中国会有大事发生。容闳甚至说得更具体："如果是起义，英国政府会不会支持？"新加坡英国官员的直接反应是给伦敦发去密电："据中国革命党内部人士，中国近三个月会发生革命活动。前驻华盛顿官员容闳来到新加坡与维新派康有为接洽。"伦敦立即通知中国的英国代表，让他们采取措施防止任何动乱导致英国利益受损。

如此看来，容闳和康有为一样失策了，但容闳更狡猾一点。尽管英国给出了负面的回复，但他在中国却宣称起义得到了英国政府的支持。

为了赢得中国精英阶层的支持，唐才常主张于 1900 年 7 月在上海英租界成立"国会"，这一倡议得到了积极的响应。数百名有广泛社会影响力的学者参加了这次会议，"国会"正式成立。容闳被选举为会长，唐才常任总干事。与此同时为了消除外国势力的顾虑，他们还打算发布英文的"宣言"，容闳自然而然被推选为对外宣言的负责人。起义的秘密仅在很小的内部圈子流传。

容闳是内部人士之一。现代历史学家研究英文"宣言"之后发现，唐才常和容闳的观点非常相近。唐才常主要负责具体事务，容闳主要负责对外事务。如果起义成功，容闳将负责更多事情，与欧洲列强谈判，为外国和当地媒体提供素材等，总之就是为起义军队担任发言人的工作。然而自立军最后被镇压，容闳也被清政府通缉。

因此，容闳比人们在想象中更积极地参与了唐才常起义，也让自己处于更危险的境地。其次是孙逸仙，如前所述，他冒着生命危险悄悄来到上海，竟不知起义之事已经败露。至于康有为，根据上海《中国海外邮报》的报道，他当时也在上海——但这一报道立即被新加坡总统否认，后者称采取了所有措施确保康有为的"安全和健康"。

（本文为节选）

来自东南亚的流亡者们

撰文：黎又嘉、方曌

> 19世纪末的东京不仅仅是经过明治维新之后的新日本之都，也希望借日本的开放和强盛成为新的亚洲之都。1896年，13名来自大清朝的留学生踏上了这片土地，自此以后，无数来自中国的留学生开始涌入这里。另外一个巨大群体来自刚刚在日本的干涉之下获得所谓"独立"的朝鲜，他们进入日本政府主导、资助的各种教育项目，他们是帝国之手。

彭西：西班牙文《孙中山传》作者

为孙中山立书著传的人很多。但很少有人知道，早在1912年就有一本西班牙文写成的孙中山传，题目起得相当响亮，《孙中山：中华民国的缔造者》(Sun Yat Sen：el fundador de la república de China)。而此书的作者正是和孙中山在日本结缘的菲律宾革命者彭西 (Mariano Ponce)。

1898年6月，正是戊戌变法肇始、上海亚细亚协会初立之际。而这个月的29号，33岁的彭西就踏上了日本的土地。十七天前，埃米利奥·阿奎纳多带领菲律宾革命党，趁美西战争如火如荼之际，在夹缝中成立了菲律宾第一共和国。彭西此行，正是受阿奎纳多之托来争取日本的支持，并意图为菲律宾独立军购买武器。为低调行事，他先在外国人众多的横滨落脚，先通过在那里的菲律宾侨人联系到日本帝国议会的官员，但要求并未被采纳。8月美军攻入马尼拉，12月美西巴黎条约中，西班牙更拱手将菲律宾让于美国。刚脱狼窝，又入虎口，独立军购买军火更成为第一要务，而远在日本的彭西却苦求无门。

这种情况持续到1899年三月，彭西遇见了孙中山。彭西与孙中山的相识，一说是在犬养毅的晚餐会上，一说是通过在日本律师平田兵卫的引荐。[1] 不论如何，孙中山之前悉闻阿奎纳多起义之时，就早有意与菲律宾党人联合。[2] 此时终于与彭西相识，一见如故。两人年纪仅差两岁，又都是放弃从医转而革命，当下一拍即合。孙中山为彭西引荐了大陆浪人宫崎滔天。三人商定孙和宫崎为菲律宾筹得军火，而彭西作为回报赠予中国革命党人十万比索作为革命资金。孙中山把这笔钱拿来在舆论阵地上做反保皇派的宣传。

另一方，孙中山和宫崎滔天则通过犬养毅找到时任众议会议员的中村弥六，通过他的关系从德国商人手中暗中购置了一批军火，又从三菱公司购得一艘名为布引丸的船。值得一提的是，这次交易虽机密进行，但日本政府和军方并未反对，只有外务省出于对美关系的考虑有所疑虑。[3] 布引丸载着军火和一批志愿援菲的日本志士和工程专家同行，由长崎出发，准备绕道中国以避人耳目。然而时不与人，船才航行两天，就在浙江马鞍岛海面触礁，包括宫崎滔天好友高野义虎、林正义在内的19人遇难。[4] 出事当时，宫崎滔天受孙中山之托正在前往广州视察革命情况的途中，惊闻噩耗，还去和流亡香港的另一名菲律宾革命委员加利卡诺·阿帕西布雷（Galicano Apacible）碰了头，两人沮丧失望之情溢于言表。而彭西更是心灰意冷，引咎辞去了共和国日本代表的职位，辗转香港，和加利卡诺商议后续之事。1900年1月，彭西在香港再遇孙中山，

[1] Benedict Richard O'Gorman Anderson, Under Three Flags: Anarchism and the Anti-Colonial Imagination (Verso, 2005). 根据 M.L.T Camagay 的说法，1899年冬彭西与孙中山在犬养毅的晚餐会上初次见面。但考虑到1899年7月就发生了布引丸事件，此种说法有待商榷。不过彭西确与犬养毅有过接触。

[2] 宫崎滔天著，林启彦改译，《三十三年之梦》，花城出版社 、生活·讀書·新知三联书店香港分店，1981年。

[3] 转引自 M.L.T Camagay, "Mariano Ponce: Emissary to Japan," Asian and Pacific Migration Journal Asian and Pacific Migration Journal 8, no. 1-2 (1999): 101-15.

[4] 宫崎滔天著，林启彦改译，《三十三年之梦》，又作永野义虎或长野义虎，林政文。

重托孙中山试图购置第二批军火援菲。但此时日本当局受美方压力，对东南亚革命党人态度已不再暧昧，而是暗中阻挠军火交易，终究还是未能成行。

不过并非所有的军火都随着布引丸葬身大海。孙中山购置的第一批军火之中有一些留在日本幸免于难。1900年，孙文和宫崎滔天征得彭西同意，试图调用这些军火以支持兴中会的惠州起义。当时惠州已经事起。郑士良率领的义军以寡敌众，但并没有听从孙中山分散队伍、避免与清军接触的建议。之所以铤而走险，就是寄希望于弹药武器的及时补充。事起突然，孙中山在台湾的各项准备还未就绪，只好求助于彭西调用这批军火应急。然而派去提取军火的义士到达仓库之后却只发现一堆废铁，原来军火已疑遭中村弥六倒卖。没过多久，义军弹尽粮绝起义失败，这是后话。

虽然军火事业屡遭失败，彭西的东京生涯并未因此完全黯淡。他在日本媒体上意气风发地"笔战"，频繁与"太阳""东方""开化日报"等主要日本主流媒体联系，反对美国的殖民统治，宣传菲律宾独立革命和《马洛洛宪法》。除此之外，正像很多革命英雄物语中必不可缺的桥段一样，这位流亡者还与爱情不期而遇。彭西在日本遇到了同为流亡者的朴泳孝。朴泳孝是李氏朝鲜哲宗的驸马，曾游历日本，受明治维新影响极大，与金玉均等人同属开化党，支持朝鲜现代化。1900年朴泳孝意图发动政变废除高宗，事败后亡命日本。而彭西与友人的书信中，毫不吝墨描写的，却是这位朴泳孝的女儿。这位韩国公主，明眸皓齿，肤若凝脂，短时间就能自如日英双语交流。这位为国流亡的菲律宾志士，此时字里行间都是普通男子为世间之美所倾倒之情。不过，1907年彭西返回菲律宾时，旁边站着的不是这位韩国公主，而是一位普通的日本女子，和他们之间的两个孩子。

潘佩珠：从保皇党到革命派

彭西只是为20世纪初的东京所吸引的众多亚洲志士之中的一个。因相似缘由造访日本的东南亚革命党人还有越南的潘佩珠（Phan Boi Chau）。身为越南维新会创始人之一的潘佩珠抵日是在1905年6月，正值日俄战争僵持之际。越南维新会旨在通过革命脱离法国殖民统治，此番派遣潘佩珠赴日目的与几年前的彭西如出一辙，希望从明治维新成功的日本汲取力量，并获得日本政治和军事上的支持。初来乍到的潘佩珠不识日文，少时又深受戊戌变法和梁启超思想影响，因此抵日不久便寻得梁启超，通过他见到了犬养毅和大隈重信。让潘佩珠略感失望的是，这两位明治政治家因不愿与法国公开为敌，拒绝了对越南的直接兵援，并奉劝潘佩珠在日本局势稳定之前不要轻举妄动。不过，大隈重信倒是提议让越南人赴日留学，以曲线救国。[1] 心灰意冷的潘佩珠之后与梁启超几度笔谈，两人境遇相似，推心置腹，认识到求日本政府援助之不切实际。但潘佩珠还是采纳了大隈重信的意见，又接受了梁启超的详细指导，用中文写就《越南亡国记》《海外血书》《新越南》《劝国人游学书》等著作，后翻译成越南语在越南推广，"以文书鼓励青年出洋留学"[2]。

同中国的康梁一派相似，此时的潘佩珠主张目前阶段的越南应保留君主政体才有利于民族独立。他尤其期望拥立同是流亡海外的畿外候疆柢，而对共和民主政体持保留态度。与此相反，另一名革命党人潘周桢与孙文的路线相似，主张彻底破旧立新。不过二潘1907年在东京会面，摒弃争议，共同发起了越南史上著名的"东游运动"，大批组织越南青年赴日留学。接收第一批越南留学生的是时任参谋本部次长，日本振武学校校长的福岛安正。东京振武学校在中国近代史上也是赫赫有名的学府，和这批越南留学生几乎同时入学的中国学生里就有后来叱咤风云的蒋中正。当第二批越南留学生抵日时，福岛考虑到对法关系，介绍由东亚同文会以民间交流形式接收越南留学生，规避日本政府与革命党直接接触之嫌疑。受梁启超影响，潘佩珠对意大利革命者朱佩塞·马志尼（Giuseppe Mazzini）赞赏有加，主张将启蒙教育与组织武装革命政党相结合，旅日学生也组成了越南公宪会，以期独立革命。

不过比起梁启超对潘佩珠的思想启蒙，他在日本通过犬养毅结识的孙中山

[1] William J Duiker, "Phan Boi Chau: Asian Revolutionary in a Changing World," The Journal of Asian Studies 31, no. 1 (1971): 77.

[2] 《潘佩珠自判》，转引自刘先飞，"东游运动与潘佩珠日本认识的转变"，东南亚研究，no. 05 (2011)：69-73。

给潘带来了更加实质的希望。孙中山提议同盟会与维新会合作，不过条件是要越南先帮助中国推翻帝制，之后中国再援助越南反法独立。潘佩珠显然与此意见相左。虽然共识未成，中国同盟会却一直资助越南的在日团体。[1]1908年，潘佩珠与中国的章炳麟，朝鲜的赵素昂，日本界利彦、宫崎滔天等人联合亚洲在日各革命党人一起组成东亚同盟会，但不久被强行解散。如果说日俄战争前后越南革命党人还对日本援越抱有幻想，那么1908年日本与法协定，发布越南学生解散令，不再允许越南革命党人在日本活动之后，这种希望便完全幻灭了。1909年潘佩珠因此被日本驱逐出境。潘佩珠在自传中，引述其日本友人浅羽佐喜太郎的评论："极鄙日本之政客，即之大隈犬养亦羞称之。谓余曰。彼等对君。阴谋野心家之伎痒耳，"并称"公宪会亡。余知日本之不可恃。专倾向于中华革命。及世界各民族之与我同病者。"[2]离日之后，潘摒弃启蒙教育与保皇立场，转为支持武装革命建立共和体制，与孙文的路线愈发相似。

中村屋的"布斯"

明治末大正初的东京对于潘佩珠而言也许已是伤心之地，但对其他流亡者来说也许又是希望之乡。说起来，这希望倒是常常与美食有关。今天，如果你想在东京去寻访亚洲革命的遗迹，又想顺便一饱口福，那么不妨试试两个地方。一个是中华料理维新号，1899年在神田地区创业，招牌的大肠盖饭一听就是为留日中国学生提供聊解乡愁之味的。同时，这也是革命志士秘密机会的根据地，蒋介石、鲁迅、周恩来都曾来此寻觅过家乡的味道，而如今它已经是在东京繁华地区有几大分店的料理轩。另一个就是以浓郁咖喱著称的"中村屋"。而这个这道咖喱的配方则来自流亡东京的印度革命者"中村屋的布斯"。1912年12月，R.B. 布斯（Rash Behari Bose）在英国殖民当局迁都新德里的典礼上安置炸弹，重伤总督哈丁（Hardinge），英国悬赏捉拿10万卢比要捉拿

---

[1] Duiker, "Phan Boi Chau".
[2] 转引自"东游运动与潘佩珠日本认识的转变"。

他归案。但他并不就此安分，1915 年 2 月更是进一步策划北印度叛乱，事败后，布斯经由加尔各答，流亡至日本。和彭西、潘佩珠一样，他也意在通过日本从海外购买军火支持印度独立。[1] 日本在日俄战争中获得大胜后，对亚洲的世界主义革命者来说，也就是在这一瞬间似乎看到了亚洲崛起的希望。但是和十年前彭西和潘佩珠流亡的日本不同，此时大隈重信内阁正与英国斡旋意图修约并建立日英同盟。虽然没有直接回应英国逮捕布斯的要求，但也严密监视流亡日本的印度独立党人。

即便如此，东京仍是流亡者的福地。布斯在这里连遇贵人。而孙中山又一次扮演了这样的角色。布斯是通过已在日本流亡的另一个印度人认识孙中山的。孙中山二话不说，再一次为他的国际友人出力，想方设法从上海入手了一批军火。可惜这一次还是未能成事，事情败露之后，日本政府更是终于对布斯下了追放令。但这却引起了日本媒体的注意。1915 年的《朝日新闻》接连报道了抗拒流放令的布斯和其同志古普塔，采访中布斯声称自己身后是三亿印度人，告诫日本民众三思对英关系，避免陷入危险境地，又称与其亡命香港上海必被英国逮捕不如留在日本。[2] 有说其中一名采访布斯的是曾经在中国参加过倒袁二次革命的朝日新闻记者山中峰太郎，而采访会面中担任翻译的则是廖仲恺。[3]

认识孙中山使得布斯得以接触到在东京的一群志同道合的亚细亚主义者，宫崎滔天、寺尾亨、头山满、大川周明和押川方义等玄洋社志士均在此列。其实大隈重信并非不支持印度自决，只是认为印度应在殖民统治下取得"自治权"而非独立。与大隈重信不同，玄洋社成员们为布斯不屈英国压力的做法所深深感动。[4] 其实，头山满之前就曾援助过另一印度泛伊斯兰主义者——巴拉卡图

---

[1] 布斯自序。Rash Behari Bose and 高田雄種，中村屋のボースが語るインド神話ラーマーヤナ（東京：書肆心水，2008）。

[2] 参见《朝日新闻》1915 年 11 月 29 日至 12 月 2 日有关 "退去印度人"、"印度革命党员" 的报道。

[3] 张承志，"亚细亚的 '主义'"，《香港传真》，2009 年 1 月 16 日。

[4] 土屋直子，"日印協会にみる近代日印関係の一側面，"史友., no. 42 (2010): 101–3。

拉（Abdul Hafiz Mohamed Barakatullah）。[1]Barakatullah 是东京帝国大学乌尔都语教授，与埃及军官 Ahamad Fadzli Bey 和生于的俄国的鞑靼穆斯林记者 Abdurresid Ibrahim 一起在日本创办了一份名为"穆斯林兄弟会"（Islamic Fraternity）的英文报纸，宣传以泛伊斯兰主义反对欧洲帝国主义，这一思维逻辑也与玄洋社志士们心中的亚细亚主义不谋而合。

在日本政府对布斯下的追放令最后期限当天，头山满正为具体救援方案一筹莫展，而紧急时刻伸出援手的是当时新宿糕饼店中村屋的老板相马爱藏和妻子相马黑光。相马夫妇在报纸上读到了这位印度志士的消息，与头山满众人合力将布斯、古普塔藏匿于家中，躲避了政府的追捕。据说就是两名印度流亡者在中村屋藏匿期间，将正宗印度咖喱的配方传授给这里的大厨。后来布斯便一直留在中村屋，在头山满的做媒之下，相马夫妇的女儿俊子还与布斯喜结连理，两人之间还有两个孩子。后来俊子去世，布斯也终身不娶。至今新宿中村屋还因其浓郁纯正的咖喱料理闻名日本，而布斯也以"中村屋的布斯"的名号为日本人熟知。[2]

[1] Sunil S Amrith, Migration and Diaspora in Modern Asia (Cambridge；New York ：Cambridge University Press, 2011).
[2] 中島岳志，中村屋のボース：インド独立運動と近代日本のアジア主義 (東京：白水社 , 2005).

章太炎，被放逐的异议分子

撰文：李礼

> "章氏之政治思想乃以深切沉痛而微妙之抗议也。"
>
> ——萧公权

纸上日本

说起来章太炎在公众舆论甫一亮相，发表人生最早一篇政论说的正是日本，即《论亚洲宜自为唇齿》。此时章太炎 29 岁，没有去过日本，甚至没有出过浙江，已娶妻并育有一女的他到上海加盟声名鹊起的《时务报》，理想之外谋生色彩颇浓，和天纵英才的报馆主笔梁启超相比，亦可谓籍籍无名。若不是此前给姻亲关系的报馆总理汪康年去了一封自荐信，他可能还要继续待在闭关八年的诂经精舍里，继续做名儒俞樾的弟子。

此时的章太炎不知道自己不久将成为日本的常客，却一反常态地呼吁中日结盟。发表于 1897 年第十八册《时务报》上的《论亚洲宜自为唇齿》，一反甲午后国内"联俄制日"的主流意见，警告这个以夷制夷的策略找错了真正的敌国，在他看来中国之患正是俄国，日本则应成为学习对象，亚洲的历史有望在中日友好的基础上掀开新的一页。

上述言论日后被认为是"大亚洲主义"思想源头之一，不过刚刚走出书斋的章太炎此时除了传统士人的改良思想外,尚无各种真正意义上的"主义"。事实上,国际问题和中国外交的批评,由于一开始即带有很强的建言色彩和襄助政府的面相,这种合法性使得外交题材成为早期知识精英最喜欢的批判话题,它不仅有着较大的话语安全空间,也符合中国文人纵横捭阖、指点天下的古典传统。

比之康梁全面政治改革的急切要求,1897年的章太炎显得稳健而保守,也缺乏系统的政治诉求。此时他所认为的问题,是中国统治者没有善待知识分子,如果能将这一点加以改善,国家完全可以在政府主导下自强起来,而立于传统纲纪基础上的"兴学"和"教民"不失为爱国救亡的重要途径。因此当务之急是所谓"以革政挽革命"。这种想法还体现在章太炎刊发于《时务报》上的另一篇言论《论学会有大益于黄人亟宜保护》中。

数年之后,章太炎多次往返中日,不复再有上述"改良"的美好期待,苏报案出狱后更是长期流亡日本,成为一名著名的革命鼓吹者。这位国学家的各种言论,显然对革命派来得正是时候,毕竟其汉民族主义思想的建构和发挥,显得更加权威与深沉,对异族统治者形成了一种有力的挑战话语,亦使得暴力抗争的正当性大为提升。

不过这一切的发生对章太炎来说,首先是一堆生活中的各种意外遭遇,这给了他彷徨、苦恼和新的自由空间,从某种意义上说,他对现政权的疏离与抗争,不能不说是官方对其多次"放逐"和追捕的结果。

放逐

章太炎惊弓之鸟般的出逃始于戊戌变法后的政治清算,那时的章太炎只是政治上的一个边缘人物,在政治动荡的1898年他几乎没有什么大的政治行动,主要工作是主笔不温不火的《昌言报》,后者是《时务报》同仁内讧后,汪康年与康有为对抗的一个产物,前者在《时务报》改为官报后,不甘心被挤出局而"新创"出一个报纸,不过只办了十期便无疾而终。该报第六期后戊戌政变爆发,章曾以化名发表《书汉以来革政之狱》,公开对这场改革的牺牲者表示同情，这篇刊发于 1898 年 10 月 20 日的文章，字里行间充满了对政变的影射和讥讽。

可能是这个原因，章太炎上了官方惩罚名单，不过此事更像一个似是而非的流言，它通过一系列眼花缭乱的人际传播而成为"事实"。最早的消息来自浙江瑞安人黄绍箕，这位翰林院侍读学士告诉了孙诒让，后者迅速告诉妹夫宋恕，宋恕转而传递给陈黻宸。经过上述浙江知识共同体的传播和敦促，章太炎半推半就地踏上了第一次流亡之路，出走台湾。1898 年 12 月 4 日，台湾日治时期第一大报、《台湾日日新报》在章氏到达次日即宣告其加盟。章太炎并不知道，自己的命运在这个没有公开的黑名单影响下，人生轨迹在此拐入一条幽暗晦涩的通道。尽管此时他对革命没有兴趣，但一条反体制的政治道路已经隐隐展开。章太炎身边那些同情改革的朋友们，虽有各种不满，但日后则基本成为体制内的精英：陈黻宸 1909 年当选为浙江省咨议局正议长，宋恕曾任山东学务处议员兼文案，孙诒让在立宪展开后任学部二等谘议官。而章太炎追随两次办报的汪康年，虽转而成为一名职业报刊批评家，但政治上却日趋保守，因坚决反对革命，此后被革命派多次撰文批驳。

包括康有为、梁启超在内的早期改革倡导者，和那个时代多数的传统士人一样，首先是体制内的受益者，然后才是对其的不满。章太炎日后借以鼓吹革命的种族思想，在很长一段时间内没有获得多少知识精英共鸣，在新政和立宪的期待下，后者刻意回避着汉民族主义。就章太炎而言，虽然其故乡浙江是清朝入关后中国内地抵抗运动最持久和激烈的地区之一，清朝政权下著名的文字狱当事人也多为浙江人（仅雍正一代就有汪景祺案、查嗣庭案等名案），为此厌恶浙人的雍正甚至单独设立了浙江"观风整俗使"一职（为其他诸省所无）。但他日后经常宣称的少年时代种族思想却更多的是一种回忆式重构，比如人们注意到章氏在各种场合多次表达早年读《东华录》以及外祖父朱有虔对其华夷思想的开启，但从自定年谱到给报刊、友人的信函，几乎每次回忆都有新说法，其中的年龄与教育内容也大有不同。

直到章太炎离开《时务报》参与创办另一份报纸《实学报》，还时有反对新政的声音，联合创办者王仁俊甚至还写过《改制辟谬》《民主驳议》，因此该报被张元济称为"最足以动守旧者之心"。虽然章与王存在思想分歧，不过他的政治改革态度在《经世报》《实学报》阶段，延续了稳健而略显保守的面貌。甚至直到 1899 年 5 月《清议报》第十五册刊发的《客帝论》，虽有着明显的汉族正统倾向，不过却不赞成"逐满之论"，在章太炎看来，满洲之主如果可以退居为齐桓公、晋文公那样的霸主，发奋图强，即可以为所谓"客帝"，可尊为"震旦之共主"（与客帝相对，中国名义上的虚君皇帝是孔子后人）。这种制度安排似乎可以更加方便地推进改革。虽然立场不尽相同，不过《客帝论》的这个论调与保皇的康、梁有较大"共识"之处，特别在对待予以改革期待的光绪帝上，"客帝论"似可视为对康有为"纪孔保皇"主张的一种正面回应。

　　章太炎转向革命，在很大程度上可从个人遭遇获得解释。在 16 岁参加童子试因病未能完成后，此后他不再参加科举，决意不进仕途，从而奠定了体制外知识精英的底色。步入社会生活后，他与现政府的关系基本也格格不入。与张之洞短暂的办报合作迅速告吹，两次上书李鸿章没有得到回应。相反，倒是因为支持维新和自立军，被官方通缉多次，多次流亡于台湾地区、日本。据不完全统计，他被迫出走大陆的事因还包括与经元善联署抗议朝廷立大阿哥、出版内有反满内容的《訄书》，以及苏州教书时因抛出《李自成胡林翼论》等政治鼓吹。尽管其中正式的抓捕很少，除了参加中国议会后的那次通缉，这位逃跑的持不同政见者甚至可以悄然往来日中之间，直到著名的"苏报案"入狱。在 1906 年出狱东渡日本后，章太炎为自己的逃亡做了一次总结："算来自戊戌年（1898）以后，已有七次查拿，六次都拿不到，到第七次方才拿到；以前三次，或因别事株连，或是普拿新党，不专为我一人，后来四次，却都为逐满独立的事"。在《苏报》案后的狱中，章太炎目睹了年轻的革命者邹容死于非命，而后者的主动投监完全因为自己的"召唤"所致。这样的人生经历，自然不同于那些仍在"体制"内外游走的知识精英，日渐激进的转变似在情理之中，为体制所放逐的经历，促使他成为一名激进的政治抗争者和革命宣传家。虽然与革命团体的关系也远非单纯，但章太炎还是选择了激进与不合作，成为改良派最有力的反对者之一。

革命者面貌在 1900 年下半年后真正形成，1900 年 7 月的《客帝匡谬》和 1911 年的《正仇满论》可窥其貌。《客帝匡谬》一文充满了从改良向革命转变的气息，对自己此前《客帝》一说的"苟且之心"表示后悔。两年之后,《驳康有为论革命书》一文（1903 年）进一步显示革命和民族主义思想趋于坚定，文章开始用了较多笔墨从历史的角度厘清中国境内种族的差异，并以李陵答苏武之"子为汉臣"之句来警醒康有为。当然，这篇文章过多渲染了满汉矛盾，存在相当的主观失实之处。不过这不妨碍此文成为革命与改良论争的重要扛鼎之作。在一系列激烈甚至几近辱骂的言论中，章太炎无疑也迫使自己无法回归体制，而必须充当革命阵营的旗手。

章氏 1900 年前后的这次转变，激发因素主要来自几个方面。一是义和团运动。清王朝上层利用民众暴动方式展开的这次排外行动，不仅令中国背负巨额经济负担，也让政府几近"破产"，众多知识精英面临前所未有的危亡感。这种中国沦为"欧美之奴隶"的危亡感不仅针对国家，也包括文化。在 1900 年 7 月上海发起的"中国议会"后（又称国会），章太炎曾向革命派报纸《中国旬报》"来书"，称"联军进攻，将及国门。覆亡之兆，无待蓍蔡"。《正仇满论》也流露了类似情绪："今日之满人，则固制汉不足亡汉有余，载其砮窳，无一事不足以丧吾大陆"；此外，自立军失败对章太炎有着更加直接的刺激，领导者唐才常此时与章太炎同在《亚东时报》工作。与谭嗣同一起被称为浏阳二杰的唐才常虽然名义上为康有为弟子，不过和谭嗣同一样，可算改良派之左翼，自立军虽以"勤王"为旗帜，实质上唐才常已有明显的革命倾向，因此这次行动被周锡瑞认为是"在两湖地区酝酿革命的第一步尝试，也是革命形势发展中的一个重要时刻"。不过一边起义一边勤王的自相矛盾还是被章太炎指为"首鼠两端，自失名义"，他明确反对支持光绪。为此当场断发割辫脱去长衫，表示与政府势不两立。在自立军失败唐才常遇害后，章太炎再次被迫出亡，其革命决心此时已是离弦之箭，无法回头。自立军的失败系张之洞镇压，这无疑让章对张之洞、李鸿章等汉族地方大员此前"独立"的憧憬完全破产。之前在《訄书》里，章太炎曾提出"分镇"说，作为对"客帝"的补充，对汉族地方大员寄予厚望。甚至在义和团运动中他还上书时任两广总督的李鸿章，希望广东独立，无果。如果说义和团让他对清王朝最高层的期待不复存在，自立军的惨境则宣告了旧式维新从温和到激烈手段的全面失败，由此章太炎对汉族地方势力更新政权的希望破灭，《正仇满论》由此慨叹："革命故不得不行"。

促使章太炎转向的另一个重要原因，正是孙中山等革命者的影响，那始于他第一次的日本之行。

中日之间

由于批评清政府和日本在台湾地区的殖民政策，第一次流亡中的章太炎记者没干多久即遭驱逐。1899 年 6 月，他第一次踏上了日本的土地。

在短短的行程中，章太炎最大的收获恐怕就是与孙中山首次晤谈。两人的相识，引见者却是梁启超，彼时的梁正在康有为和革命派之间徘徊，他介绍章太炎在横滨共同与孙中山、陈少白见面，据说那次会谈"极为相得"。章太炎对孙氏革命思想颇有共鸣。

首次日本之行仅逗留了 2 个多月，再次回到中国的章太炎在这一年的冬天参加了《亚东时报》，后者为唐才常主编，次年武汉自立军起义失败后慷慨赴死。受到波及的章太炎不得不再次逃避政治风头。此后在朋友帮助下，他曾摇身变为苏州一名教师，度过了一段约一年的学者生涯，却因在讲台上传播革命言论再次受到官方关注，得到消息的他轻车熟路，再次逃往日本躲避追捕。

此时，已是 1902 年 2 月。

第二次日本之行，孙中山之外，秦力山等人对章太炎影响颇大，湖南人秦力山此前任《清议报》主笔，此时已转变为革命派，他在 1901 年、1902 年创办的《国民报》与《大陆》月刊，皆排斥保皇而支持革命。章与孙、秦等人"互相往来，革命之机渐熟"。这次日本逗留时间虽也只有 3 个月，不过由于参与组织了"支那亡国纪念二百四十二年纪念"，并在会上宣读纪念词，章太炎在留日学生中名气鹊起。

回到上海,章太炎的下一个阵地便是《苏报》,通过这张报纸和激烈言论,他的人生声望达到了一个新的高峰。1903 年 6 月苏报刊发《驳康有为论革命书》,章太炎在这篇支持邹容《革命军》的文章里不仅大肆鼓吹革命,还公开讽刺光绪只是"未辨菽麦"的"小丑",即使处于租界庇荫之下,也终于令清王朝忍无可忍,随之爆发了著名的《苏报》案,章太炎和邹容先后主动入狱,在租界当局的干涉下于次年分别被判处监禁三年和两年。三年之后,获释的章太炎已是名满天下,而年轻体弱的邹容则不幸在即将出狱时病亡。章太炎迅即前往日本主持《民报》,从该报第 7 期到 1907 年 12 月报纸被日本查封,这个同盟会的机关刊物基本处于他的主编之下。

1906 年,正是中国科举废除后的第一年,此时的日本不仅充满了中国各地的留学生,并且正在日益成为一个火药桶,让多少让中国政府始料未及。

就制度而言,晚清新式教育的正式开启时间为 1905 年废除科举和 1906 年学部的设立,但新式教育的建立期实际更早,如果追溯到传教士的西式学堂,新式教育甚至可以提前半个世纪。到了立宪运动时期,立宪派议员虽多为传统绅士阶级,不过张朋园认为绅士当中已有 20% 转向接受新式教育,到了民国初期,领导者教育背景已经基本新旧分庭抗礼。留学教育在新式教育崛起后迅速风行,日本则很快成为最主要的目的地。毫无疑问,中国政治精英对明治维新后日本的迅速崛起表示了浓厚的效仿兴趣。选择同文同种而费用相对低廉的日本留学,成为很多中等家庭子女的选择。这一点在科举废除后更甚,中国学生来日的数字以令人吃惊的增度快速攀升。尽管统计不同,不过科举废除的次年即 1906 年均显示为留日人数的顶峰。实藤惠秀认为这一年为 8000 人(《中国人留学日本史》),更高的数字是 12000—13000 人(李喜所《中国留学通史·晚清卷》)。不少于 2.5 万名留学生在 1898 至 1911 年间来到日本,如马里乌斯·詹森所定性的那样,这是"世界史上第一次以现代化为定向的真正大规模的知识分子移民潮"。

在这个地球上罕见的留学运动中,大量中国年青人进入日本,经由后者迅速接触和消化大量西方思想,同时以译书的方式向国内传播。在此之前,中国一直以老大帝国和文化宗主国的地位俯视日本,在明治维新以前的江户时代（1660—1867），200多年里日本翻译中文书籍109种，而中国翻译日文书籍仅为4种。在大量留学生和张之洞"译西书不如译东书"的推动下，留学生从日本转口翻译的西书数量空前。有统计说，"自1896年到1911年，中国翻译日文书籍据说至少有1014种"，并出现了作新社这样以政治思想为主要方向的翻译组织。创办各种报刊，则成为留日学生的另一主要政治参与方式。国民党元老邹鲁称，"时（1905年）各省学生皆有学生会，会中多办一机关报，报以不言革命为耻"。就影响力而言，远在日本各种激动非常的期刊，并非只是一种遥远的呼唤，多数刊物事实上都将国内读者作为对象。各地留学生纷纷以同乡会的名义出版刊物，如《湖北学生界》《江苏》《浙江潮》《四川》等，在国内多地设有代派处，如《浙江潮》每期印5000册仍经常供不应求。《湖北学生界》除在日本横滨，尚有北京、四川、江苏等地设有30多个代派处。通过这些渠道，西方思想和对中国的不满与抗议被源源不断地输入内地。

处于改革与革命鼓吹直接影响之下的留日群体，政治立场大体为立宪与革命混杂，但思想呈逐渐激烈之势，与官方日趋疏离，很多转变为革命鼓吹者或同情者。异国的空间和国民身份差异刺激民族主义的速成，朴素的身份意识，起初并不指向排满。但1903年后这种状况大为改变，由于留学生组织的拒俄运动等爱国行动遭到清政府压制，留日群体与官方矛盾日益激烈，爱国主义逐渐转向排满的汉民族主义。在此转变中，章太炎的出现，适当其时。就民族主义的鼓吹而言，他的国学家地位与学养显然为革命派不可或缺，虽然后者此时也是一盘散沙，但没有人反对让章太炎来出任《民报》主编，虽然他的革命观大异于孙文，但双方在"排满"上达成一致。况且此时章太炎已是名满天下。他几乎是在国内外知识领袖的簇拥下从上海高调来到日本，规格之高，流亡日本的改良、革命派人士无出其右。出狱时蔡元培、于右任、柳亚子、熊克武、刘师培、叶瀚等前往河南路工部局门前迎接，这还不包括远道而来的同盟会代表，后者为其准备了预定的船票前往日本。很快，他被委任为同盟会机关报《民报》的编辑人和发行人。一周后，同盟会为了欢迎章太炎，组织了一场超过两千人的集会，正是从这次雨中聚会的演讲开始，章太炎开始了自己的汉民族主义建构，一再"回忆"描述起自己自幼而来的排满意识。

此时的同盟会已成立超过一年，其机关报由《二十世纪之支那》更名为《民报》后，与梁启超的论战也已开始了一段时间。"章太炎的加入在某种程度上改变了论战的性质"，即不再革命与改良孰优孰劣上争论，而是将重点转向指责清廷和所有统治者一样，不可能自我约束、放弃和缩小权力。这看起来颇有成效，尽管梁启超等人在论战中保持了更加理性的姿态，但现实的家国危机和在日所形成的耻辱感，激发留日群体趋向于以更加快速的方式与落后的中国异族政府决裂。况且对众多速成学习的年轻人来说，立宪等西方政治思想根基本不深厚，所诉求的乃是迅速改变自身和国家糟糕的前途。

不过好景不长，章太炎不仅与日本政府发生了激烈冲突，也与孙中山分裂。在1908年10月日本官方以违背《新闻纸条例》第33条（不得作败坏风俗、危害秩序）查封《民报》，章太炎向日本内务大臣发出抗议信，并以"中国革命党"的名义将《报告〈民报〉24号停止情形》的传单向海内外广为散发（包括翻译的英文版）。这让他与日本政府最后对簿公堂，虽然章太炎围绕着中国"革命"传统侃侃而谈，最后仍以《民报》禁止发行、章被罚款115元告终。

与孙中山同盟会主流派的冲突在停刊后迅速围绕着真假《民报》爆发，早在停刊之前章太炎的不满已经流露，因对孙中山收取日本政府资助和使用方面的质疑，章一度将《民报》社内孙中山画像撕下，并寄给香港同盟会成员。《民报》停刊后，汪精卫、胡汉民在未经章太炎知晓后重新出版《民报》，章随即以《民报》法定编辑人兼发行人的身份发表《伪〈民报〉检举状》，将革命者的内部斗争公开。从1909年11月同盟会主流派在香港等地发表的回应来看，后者对章太炎在办报中的立场和"表现"，早有不满，绕开他秘密印刷新的《民报》并非失误之举。这份五点声明几乎全部围绕《民报》展开，其中的焦点是章太炎将报纸据为个人佛学爱好的阵地，而非革命宣传。第二、第三条指责说："章太炎利用编辑人的身份，以其一知半解、枯燥无味的佛学论，占据了《民报》的大部分版面，简直是将《民报》作为其私有的佛学机关报"，"章太炎创设无神论，以排斥耶稣之道，以致内外同志多疑《民报》为排斥耶稣的机关报，蛊惑人心，莫此为甚"。章对此的回应是，1910 年 2 月重建光复会并任会长。

上述冲突展示了东京流亡者与政治庇护地日本，以及群体内部的复杂关系。就前者而言，中国士大夫传统中虽自古有批评朝政的传统，但这种行动在传统体制内缺乏自由空间，这种空间既是制度也是物理意义上的。中国传统政治之下，所谓"率土之滨，莫非王土"，士大夫作为人臣的角色不仅是政治制度安排的结果，也是无处可遁的一个"自然"结果。逗留日本的中国知识精英虽然良莠不齐，但皆突然获得了一种意外的身心自由。政治异议分子自不必说，即使那些官费、自费留学青年，与政府的关系较之科举制下，恩主感情也日渐衰减，留学背景虽仍有希望被官方认可为等同科举的身份，不过旧有的精英晋升体系整体瓦解，传统儒家的真理式传播体系处于解体之中，新的知识人为各种新意识形态所吸引。日本和国内租借空间的互相依托，各种新的政治概念得以不断被输入，这些来自西方或日本的政治概念或各种主义很多人并无深刻理解，而是一般被化约为口号式的几个字，多张扬个人权利（如民主、个人主义、无政府主义等）或关涉社会文明富强，如立宪、社会主义等，却颇能迎合彼时社会心理。因此很多新的政治"观念"很快成为疏离或对抗中国专制体制的思想资源。在这场观念竞争中，官方传统的意识形态日益难敌新的政治理念，流亡日本后转为温和立场的刘师培曾如此评价："当数年以前，人民虽无新智识，然是非善恶，尚有公评。自新名词输入中国，学者不明其界说，仅据其名词之外延，不复察其名词之内容，由是为恶、为非者，均恃新名词为护身之具，用以护过饰非，而民德之坏，遂有不可胜穷者矣。"

但日本政府对革命的同情处于摇摆和权衡之中，更无法逾越日本外交利益的底线。《民报》的停刊即来自出访日本的唐绍仪请求，日本外交当局迅速加以积极回应，结果是日本警察总监龟井英三郎很快根据内务大臣命令查封《民报》。另一起著名的陈天华投海自杀事件，也源自所谓的《取缔清国留学生规则》，后者原名为《关于准许清国学生入学之公私立学校之规程》，实质上也系清政府要求，借助日本管理东京"不良"青年的构思可以追溯到几年前张之洞与日本驻华公使订立的《约束游学生章程》，核心内容是强化中国驻日公使馆的"约束"能力，如清国学生需要清国公使馆的介绍方能入读日本公私学校（第一条）；以及清国学生转学、退学，需要征得清国公使馆的同意（第四条）等。借此打击激进革命分子的意图十分明显，日本文部省次官木场公开评论说，清国留学生"属于革命派者甚多，他们经此次省令，必然蒙受一大打击"。日本方面之所以在 1905 年 11 月 2 日出台此政策，收缩东京对中国知识群体的保护空间转而加强与中国政府合作，有着日俄战争后中国东北地区利益考量，1905 后的较长一段时间，中日关系被广泛地认为进入了一个近代史上少有的蜜月期，而与此同时，革命者却在日本获得了更多的追随者，双方的冲突显得突出起来。

至于章太炎与孙中山的矛盾，则可谓中国知识精英在日本这个奇异空间交锋与冲突中的一景，他们不仅就革命与改良论战多年，在群体内部也不断产生纷争。由于各方势力的消长与人群的杂处，其中不断上演着忠诚与背叛的故事。梁启超与孙中山的一度亲密接触，几乎被康有为视为背叛师门；鼓吹无政府主义而接近革命的刘师培则因与官方的接触，被很多人贴上清政府潜伏者的标签，章太炎因为与前者的亲密关系，也在《民报》事件爆发后被指责革命态度暧昧可疑，这些矛盾虽一度在"驱除鞑虏，恢复中华"的主题下表面上得以共处，但作为松散的革命组织，同盟会充满了各种政治主张和人际关系的不确定，这些问题一直延续到辛亥革命后，不同"革命势力"互相角逐酿成暗杀惨剧。性格桀骜如章太炎者，显然更加无法安分守己，在1911 年之前即成为主流革命派眼里的另类分子。

革命："吾家旧物"

久居东京的章太炎显然对西学多有接触，早在《昌言报》时他就润色过曾广铨口译的《斯宾塞尔文集》，主持《民报》时甚至分析过中国是否适合三权分立（见《代议然否论》）。不过总体上章太炎对西方政治持谨慎态度，比如他虽认可进化论，却反对"普遍进化"，提出自己的所谓"俱分进化论"，即善与恶、乐与苦齐头并进同时进化。而西方的自由与平等，他亦在《民报》上撰文表示怀疑，认为这对西方之外的国家来说颇成问题："创始自由、平等于己国之人，而实施最不自由、平等于他国之人。"

虽然新旧思想杂陈，人们发现章太炎头脑中的"革命"、"抗争"、平等等观念并非西方思想的移植，更多地却是源自"国故"。"革命"对他来说，更多的不是暴力造反，而是"光复"故国，他本人是著名革命团体光复会的创建者之一，"光复"即意味着一种回归，对章太炎这样的知识分子革命者来说这显然更具正当性。他认为推翻满族压迫，只是为了避免中国最后沦为西方的奴隶，革命是保存中国国粹、延续中国特有文明的有效手段。作为革命理论的旗手，其革命家身份主要是需找革命的思想资源，这其中他将视野更多投向了悠久的传统。章太炎曾在日本向查封《民报》的法官辩称："我本国不讳言革命，汤、武革命，顺天应人，我国圣人之言也。"因此史学家吕思勉认为章太炎走向革命之路，原因之一就是"革命是吾家旧物，而立宪的观念，则来自西洋"。这提供另外一种视角观察革命与"立宪"，即革命在中国传统之内具有合法性，而立宪则完全是西方政治制度的引入。

虽然在多数时候，作为儒家伦理核心内容之一的"忠"，构成了中国政治伦理中显性和主流的一面，不过这并不意味着士人乃至百姓失去底线。一般来说，革命所更新的统治者或"反叛者"，如果在个人德性、民心和"天命"诸方面均取得合法性，知识精英并不加以排斥。夏商更替遗留下的"革命"传统，也构成了中国士人的另一个世界，即"有德者宜高位"，"有德者王"，反抗暴君具有合理正当性，在一定背景下革命不仅可以接受，而且被视为符合天命。当君主为"残贼之人"，革命就具有正当性，暴君违背天意即违背了儒家的道统，这为儒家知识分子在发起、响应革命时扫除了心理障碍。

如果说，儒家伦理的忠君思想和推翻暴君的合法"革命"观，构成了一种暗伏的张力，推动了古代中国的政治、社会发展。章太炎这样的学者型革命者，面对异族统治者则很容易通过唤醒血腥记忆和夷夏之别来消除传统的忠君心理，将传统革命伦理置换到新的反抗之中，这对他来说，简直算不上多么激进，而是只承担传统士人的道统而已。当然，中国古代的所谓圣人"革命"，与西方的现代革命相去甚远。商汤式革命在中国一再发生，却只是换了新的皇帝和朝代，并没有根本改本社会关系和政治制度，章太炎所要做的是向传统革命观念内灌注新的思想。

另一方面，所有文化保守主义者均重视社会秩序，渴望一个强大的政治权威来维系和传承传统文化，这个权威经常就是国家。不同的是，改良派将希望寄托在既有国家的改革上，而章太炎则走出了这一步，将希望托付给更新满族政权后的新国家。改良派希望通过保国来保教，而章太炎的构想则是通过革命来保持他的"国粹"。正因为如此，最初的国粹派经常是那些充满激情的民族主义者。

晚清士人经甲午一役，多少都感受到了一种比鸦片战争远为深刻的危机，即文化危机。但对于"保守"何种文化，却有着很大的分歧。与那些"保教"不同，章太炎指向的乃是"国粹"，这影响着他的政治行动。因此章氏将革命界定为"光复"，即光复政治上之主权和文化独立的历史连续性。民国之前，他认为革命是保存中国国粹最主要的手段，民国后则以中国传统对抗西方的现代文明。在去世前不久的一篇文章里，章氏仍念念不忘呼吁"保持国性实为最要"。

抗争

在章太炎的世界里，始终杂糅着各种非儒家的思想，在加入道家思想和佛学思想后，显得更加芜杂，他的身上甚至有着反儒的精神，诸如无政府主义（认为凡是政府都是罪恶，不得已而有政府，只是共和政体祸害较轻）、虚无主义（无政府、无聚落、无众生、无世界、个人主义等）。虽然这些思想随着主人公的经历不断变化，并不恒定，但不可能不对其政治行动产生诸多影响。其中不能不提《庄子》对他的影响，这是其"抗争"思想的主要源泉之一。

有意思的是，章太炎认为《庄子》之中的《逍遥游》与《齐物论》分别说的就是"自由"与"平等"。章太炎的另类不仅承袭着庄子的狂狷气质，并且流露了一种带有现代个人主义的抗争精神，在彼时中国这显得十分特殊。在《国家论》一文中，章说过一句经典之语："个体为真，团体为幻。"在他看来，个人"非为世界而生，非为社会所生，非为国家所生，非互为他人而生。因此人对于世界、社会、国家，与其对于他人，本无责任"。他甚至认为传统中国虽然专制，但存在着实际上的放任，这是一种"散沙的自由"。这种自由观的提出一方面显示其对中国历史的洞察力，也是其自由主义气质的一种投射。他另外一个值得注意的文章是《明独》，这篇写于1894年的早期作品被认为是中国近代提倡个性解放的重要作品。其中的要旨是，个性解放是孕育新的"大群"的母体，因为"群必以独成"，而中国过去的"小群"是由于不准发展个人的独立性格，而把个人变成家族、宗派和地域等关系的附属物。为此他感慨道："小群，大群之贼也；大独，大群之母也。"

将这种个人主义延展到政治行动，在排满的同时，也能看到个人自由的诉求。当然，他的革命观具有书生革命色彩，这一点章本人毫不否认。他曾称："以前的革命，俗称强盗结义；现在的革命，俗称秀才造反。"交杂着古典思想与现代自由主义色彩的政治抗争，由于章太炎的"神经质"生理而进一步强化。章氏自称"神经病"，称"所以古来大有学问成大事业的，必得有神经病才能做到"。章太炎一生笔名、别署很多，其中不少充满了这种"神经病"气质，如章氏学、西狩、陆沉居士、戴角、独角等。以至于弟子鲁迅回忆说，自己"喜欢作怪句子和写古字，是受了当时的《民报》的影响"。

在一生的起伏之中，章太炎几乎与各个合作者尤其是强势人物发生矛盾。《时务报》时，当康有为弟子麦孟华进入报馆之后，康门的其他骨干如徐勤、康广仁等也在1897年初相继来到上海。他们热衷于宣传康有为的"三世说""大同说"激怒了章太炎，后者大骂康有为是"教匪"，康门弟子遂与之发生了肢体冲突，也导致了章的出走；此后主办《正学报》，章太炎因对张之洞不满写下发刊词后即告离去；台湾期间，则与自己供职报纸《台湾日日新闻》的主办者发生矛盾，而不得不出走日本；主编《民报》章太炎又与孙中山发生了很多冲突，即使在辛亥革命后，章太炎与袁世凯也是转而反目。上述冲突具体原因各异，不过突出之处是章氏对主流和权威人物的"反动"。狂狷之气固然可以为章太炎赢得一些尊重，但在更多时候，也显示了一种悲情色彩和与世俗的格格不入。萧公权因此评价章太炎为最悲观的政治思想家，"章氏之政治思想乃以深切沉痛而微妙之抗议也"。

尾声：失去的旧世界

武昌起义消息传到日本时，章太炎正在自己的讲习班上课，数年前开办的"国学讲习会"在《民报》查封后显得更有时间，一批未来的新文化健将在此汇集如黄侃、钱玄同、朱希祖、沈兼士以及周作人和周豫才（鲁迅）。章太炎对革命形势并不了解，直到上海独立，才感到这并非一次黄花岗那样的武装暴动。当他11月15日抵达上海，再次得到各界英雄般的欢迎，一如他离开的时候。

不过章太炎很快再次与主流革命派发生冲突，要害之处在于四处传播的"革命军起，革命党消"，这句他对谭人凤所描述的"后革命"原则，并不符合孙中山一派的诉求，而更多地受到昔日立宪派士绅的欢迎。对章太炎来说，这其实并非新奇之谈，事实上江浙知识精英主导的光复会，宗旨正是"光复汉族，还我河山，以身许国，功成身退"。而章太炎的种族革命思想从来也是针对满族统治者，而非一般意义上的族群，更无狭隘的民族报复心理，辛亥革命前他即一直强调，自己的"排满"对象为皇族、官吏和军士，而非邹容所说的要将异族杀光。

呼吁"革命党消"的背后，是章太炎一直对革命组织所持的怀疑态度，他不仅在辛亥革命前发表《诛政党》一文，批评朋党政治，暗示难以认同革命党组织为合格的现代政党。也正是在这个意义上，他所谓的"革命军起，革命党消"应该如此理解，即更加专业的执政党应该取代暴力行动的革命党。

为此，章太炎亲自上阵，打算实践民国政体下的政党政治。1912年3月1日，他以中华民国联合会会长身份，宣布与预备立宪公会合并组建统一党。但是统一党所谓的"只求主义不涉危险，立论不近偏枯，行事不趋狂暴"随后看起来更像一纸空言，完美的共和政治看起来遥遥无期。更为糟糕的是，一场面对"国故"和传统开刀的新文化运动不久蔚然成风，章太炎所面对的是一个四处打碎传统的世界，他在政界所一度享受的荣光，看起来也一去不返，而他所念念不忘的中国文化传统，也很快风光不再，面目全非。

鲁迅在东京（外一篇）

撰文：谭璐美
翻译：唐辛子

> 是科学技术？还是革命？还是国民精神改造？不适宜武力斗争的鲁
> 迅，最终选择了从"医学"到"文艺"的方向性转换。

是革命？还是精神改造？

一九〇六年三月，从仙台医学专门学校退学的鲁迅，刚一返回东京，便马上去探访好友许寿裳。

"我退学了。"

"为什么不学医了？"

鲁迅有些一瞬的踌躇，旋即答道：

"我决定从事文艺。中国的愚昧与麻木，岂是医学之类能够治得好的？"

之后两人"相对苦笑"[1]。

可以说鲁迅是特意去向许寿裳表明"文艺宣言"决心的，这么做自有缘由——许寿裳可以说是鲁迅最早的编辑。

鲁迅在刚来日本留学时，在日本的清朝留学生们已经接二连三地发行了

---

[1] 《怀亡友鲁迅》《我所认识的鲁迅》，许寿裳著，人民文学出版社，1952 年。

不少杂志和书籍。如《湖北学生界》《革命军》《新湖南》《游学译编》《江苏》等等，每一种都是被翻译成日文的欧美书籍的中文再译，成为发表革命论以及各种主张的场所。浙江省出身的留学生们发行的杂志《浙江潮》便是其中之一。比鲁迅晚半年来日本的许寿裳是第二任总编，因此曾向《浙江潮》的热心读者鲁迅约稿。

鲁迅第二天便带来了围绕波斯战争的历史小说《斯巴达之魂》的译稿。译稿刊登之后，鲁迅如决堤一般不断带来新的稿件：维克多·雨果的《哀尘》（日译版为森田思轩翻译的《随见录》）、十九世纪居里夫人发现放射性元素镭的过程解说《说镭》。在汇集中国丰富矿产资源的《中国地质略论》中，鲁迅主张未来的矿山开发，不能委以外国人之手，而应该作为本国资源用心开采。在儒勒·凡尔纳的幻想小说《月界旅行》《地底旅行》《北极探险记》的译稿里，则包含着对肩负未来的孩子们能够亲近科学的期待。最开始的发表媒体只有《浙江潮》一家，倘若当时总编不是许寿裳，也许便不会有在鲁迅背后推一把、给他一个执笔机会的人。

而这之后，对鲁迅的文学人生发生最大作用的，是杂志《新青年》的发行人陈独秀。鲁迅的短篇小说《狂人日记》刊登在《新青年》后一举成名是在一九一八年。那是陈独秀不厌其烦地催促、对当时干劲不足的鲁迅不断叱咤激励之后所写出的处女作。第二年，促成北京学生们"五四运动"契机的也是《新青年》。如果没有与陈独秀相遇，说不定鲁迅便不会写这部作品。

回到原题。

到日本留学之初，鲁迅还难以决定自己的未来。要拯救国难、唤醒嗜睡的国民，究竟该采取什么样的对策呢？是科学技术？是革命？还是国民的精神改造？

或许，当年鲁迅有过这样的种种思量吧：

> 坦率而言，无力的自己，并不适宜武力斗争。在进入弘文学院之后，因对嘉纳治五郎的教育方针产生共鸣，曾一度决定选择医学之路。

但在仙台的学习过程中，醒悟到医学的终极目的，只是普遍性的科学进步，和对全人类的救济。当然，这对人类而言，是崇高的使命，但却与自己所直面的拯救国难相差甚远。还是要通过自己所擅长的文章，普及近代性精神，拂去清朝那种古色苍然的传统文化旧习与迷信。因此而决意从"医学"到"文艺"方向转换。

话虽如此，但说实在的，或许还因为无法忘记东京作为媒体都市的兴奋与快感，因此才从寂寞的仙台重返东京吧。

不过，虽说是"文艺"，但范围却极为广泛：小说、翻译、随笔、剧本、专栏……光是小说，从长篇到中篇、再到短篇，表现方法也自然各异。

而且，在中国，小说被当成"小的观点"而素有被轻视的传统。被视为有价值的作品的，如《三国演义》《水浒传》《红楼梦》等，都是极为壮观的长篇，属于娱乐类的平民文学。可如果是写娱乐小说，则毫无意义。自己想要传递的，是国民精神的改革，但却不知道这其中的重要手法。在当下如此不济的历史背景之下，且先从海外的优秀小说翻译开始吧？……

当务之急的住处，定在位于本乡区汤岛二丁目的伏见馆。并在位于饭田桥的德国学协会附设的德语专修科办理了入学登记。有了学籍的话，便可每年获得四百日元的官费奖学金。如此，几乎完全不去学校，专注地独自学习德语，将大部分时间都用于读书与翻译上。

集中阅读的，是东欧诸国的民族主义文学作品。因为在东京很难购到手，因此通过神田的"中西屋"或是日本桥的"丸善"从海外订购，或是去本乡的"南江堂"以及去旧书店的德语丛书中寻淘。也收集英文学史与希腊神话。每月各种杂志刚一刊行便马上购买精读，重要的页面都进行剪贴保存。如此所收集的德语图书多为小册子，从各国文学作品到自然科学关系等，合计收集了一百二十七点。为了从这其中进行挑选翻译，又从贫乏的生活费中，拿出仅有的十日元大钞购买了厚厚一本德语版的《世界文学史》。

这一年，鲁迅与他人共著的、带图解说明的中国地质与矿物资源分布解说集《中国矿产志》在上海出版（作者名使用的是本名"周树人"）。此书得到清朝工部的认可，并有幸被推荐为中学的参考书。到日本留学之前，在南京的江南陆师学堂附设的矿务铁路学堂的学习经历，也许是鲁迅对这一题目抱有关心的契机。

鲁迅的决心

夏天过后不久，鲁迅收到了母亲的病危通知，匆忙回到老家一看，才发现母亲实际上很健康，"病危"不过是为了催促鲁迅结婚的借口。绍兴老家已经准备好了由父母定下的与朱安的婚礼。朱安是位缠足且不识字的旧式女性。在母亲面前，不得已与初次见面的朱安所举行的婚礼，只是一种形式上的东西。

后来鲁迅这样对许寿裳说：

> 这是母亲送给我的礼物。我除了好生抚养别无他法。它与爱情毫无关系。[1]

厌恶封建思想，决心为改革旧习俗与迷信而战的鲁迅，在另一方面却无法抛弃重母亲、尽"孝"道这种过往意识。

尽管如此，为了向周围表示自己的抵抗，鲁迅在家仅仅待了四天，便与刚刚办好了留学手续的弟弟周作人一起返回了日本。

在读书和执笔的劳累之余也外出散步。和许寿裳一起去在上野举办的"东京劝业博览会"，并买过七宝烧的小花瓶。高10cm、一边有3cm长的紫色长方形花瓶，画有一轮紫阳花，并带有木制的台座。鲁迅花五十钱买下，装饰在伏见馆的矮桌上。这个花瓶不仅仅是在日本搬家的时候，就是后来从绍兴搬家到北京的时候，都非常珍贵地保管着，不插任何生花就这么摆放着。之后回想起来，这是为数不多的日本回忆之物。因为从孩提时代起，便喜欢花草类的细密画，因此还收集画谱。在日本，不仅购买了大阪·嵩山堂出版的木版画集《北

---

[1] 《西三条胡同住屋》《亡友 鲁迅印象记》，许寿裳著，上海文化出版社，2006年。

斋画谱》，在弘文学院时代，还全套购买了三好学编纂的《植物学图鉴》上、下册。

一九〇七年，鲁迅从伏见馆搬到了位于本乡区东竹町的中越馆。在此处"光复会"的领袖陶成章和成员们曾聚会推敲革命起义计划，并将秘密资料寄放于鲁迅处。

鲁迅晚年时，在上海与认识的日本学生增田涉，曾谈及与"光复会"的成员之间有过这样一段交往：

> 我在清末进行革命运动时，接到上级命名要求暗杀某要人。可是我在出门的时候，想到自己或许会被捕，或许会被杀，万一自己死了，但还有留下的母亲。所以我想问清楚：若遇万一，会如何安顿我的母亲呢？这话方说出口，对方便说你心里还留有这样的心事是不行的，算了吧你还是别干了。[1]

鲁迅言语之间对于母亲如此的看重，想必令周围的人都惊讶到无语了吧。

榻榻米上的生活也开始习惯了。鲁迅在租住的屋子里身着和服，每天早晨坐在被褥上边抽烟边阅读《朝日新闻》连载的夏目漱石小说《虞美人草》。

夏天的时候，鲁迅和弟弟周作人、许寿裳以及另外几位朋友一起，决定发行文艺杂志。杂志取名为《新生》。据前面的文章所提及过的增田涉的回忆，出生于日本的中日混血儿诗人苏曼殊也是发起人之一。苏曼殊在参加了中国革命之后出家。

鲁迅精心挑选《新生》的封面设计、Logo、插图，心无杂念地做着准备。但随着出版日期的临近，先是负责文字工作的人开溜，接下来出资者也逃了。最后只剩下身无分文的鲁迅和周作人、许寿裳三个人，出版计划成了泡影。

预定在《新生》刊登的翻译原稿，用在了留学生杂志《河南》的创刊号上。创刊号刊登的是《人之历史》（笔名"令飞"），第二期和第三期发表的则是《摩罗诗力说》。在清朝与帝国主义互相勾结、民族发生危机的状况下，鲁迅催促

---

[1]《鲁迅印象》，增田涉著，Million Books，1956年。

着国民的觉醒。

第五期发表了《科学史教篇》、第七期发表了《文化偏至论》。指出：想要改良清朝的洋务派的富国强兵政策也好，改良主义者的立宪与国会也好，不过都是些冒牌货，是追求私利私欲欺骗国民的东西。这一时期的鲁迅，是被直接性革命志向所感化的一段时期。

不管怎样，一直支持着鲁迅满怀好奇心与积极性的，是当时日本所洋溢着的通往近代化的活力与热情。

日本步入近代化道路，是从明治初期开始的。为了学习西洋文明的优秀知识，文部省非常积极地向欧美先进国家派遣官费留学生。最开始是科学技术领域，接下来扩展到法律、政治、商学，甚至文学、艺术等各方面，为培养国家精英倾注全力。这与清朝留学生向日本学习文明开化、以日本为目标属同一构造。

日本的欧美留学高潮，不久便跨入到掌握着近代知识的留学生们意气风发的归国时代。鲁迅来到日本的一九〇二年左右，正是日本的回国高峰期。

  包括结束了两年有余的伦敦留学生活回国的夏目漱石在内，一九〇二年共计有四十一名留学生从欧美各地返回日本。

  从德国回来的有《荒城之月》的作曲家·泷廉太郎、出现在浅井忠写生作品《天皇机关说》里的宪法学者·美浓部达吉、巴黎"万神殿会"成员的建筑家塚本靖，以及同在巴黎的洋画家冈田三郎助等。"留洋归来"的群像中，各种面孔多彩缤纷……回国后的漱石，在担任东京帝大文科大学英文科讲师初登讲台的第二年，文部省派往世界各地的留学生人数达到了101人。日俄战争之后的一九〇六年度（明治三十九年），派遣到海外的留学生为四十九人，归国留学生为五十人，是进入本世纪以来的最高记录。[1]

---

[1] 《鲁迅的日本，漱石的英国》，柴崎信三著，日本经济新闻社，1999年。

另一方面，日本国内也发生了显著变化。铁道网络开始遍布全国，货物运输带来流通繁荣。东京、大阪成为两大信息中心，人口增长住宅建设成为当务之急。一九〇二年的小学就学率为 92%，一九〇八年达到 98%。小学教员培训也在发展，一九一〇年达到了十五万人。重视学历的风潮，便是从这时候开始的。大学生激增，已经不再属于国家精英的大学毕业生，进入企业就职被唤作"小职员"，开始形成新的知识阶层。与其相随的，是报纸与出版物的阅读人口增加。

街头的各种娱乐话题赚取了大众的耳目。日本桥的三越吴服店建成三层木造的文艺复兴式洋馆是在一九〇四年，在"Department Store"（百货商店）的宣言中，开始在橱窗装饰商品，一九〇七年又配备了写真馆和食堂，参观客络绎不绝地蜂拥而至，聚焦着人们对于洋装以及西洋式生活的憧憬。

在如此刺激的高扬感所包围的时代空气中，鲁迅也一定拥有肌肤的体感。而这当中比什么都更能捕捉住鲁迅内心的，是书籍的增加和各种思想的流入。

被移入日本的"社会主义"

"社会主义"这一思想最初进入日本，是在一八九〇年代末。之后一九一〇年因企图实施"明治天皇暗杀计划"的社会主义者幸德秋水等十二人被处刑的"大逆事件"发生，国家权力规制变得严格，"社会主义"思想也急速萎缩。直到一九一七年的"俄国革命"成功之后才重新再燃。

鲁迅在日本的一九〇二年到一九〇九年，"社会主义"是个什么东西，还处于无法具体想象的时代。但鲁迅曾在一次偶然拜访堺利彦的事务所时，购买过五册一套的杂志《社会主义研究》。

在东京帝国大学文科大学任讲师的夏目漱石，一九〇六年居住在千驮木的友人的空宅时所写的《我辈是猫》成为畅销书。同年年底因为友人回国，搬到了本乡区西片町十口－七的出租住宅。漱石对这个住处似乎怎么也不中意。但仍然以此为主要舞台完成了作品《三四郎》（一九〇八年）。

取代玄关的，是一间伸出的西洋间，与之形成直角处铺有榻榻米，榻榻米的里间是茶室，茶室对面则按厨房、下女房的顺序排列。外部有二层。

按漱石所言，一共有五个房间，在十坪大小（1坪约为3.3平方米）的院子里有一棵大樱树，并可以窥见邻居家的百日红。因为漱石不喜房费涨价，仅仅住了九个月便搬去了早稻田鹤卷町。

鲁迅和弟弟周作人、好友许寿裳等五人搬入这个西片町的家，是在一九〇八年四月的时候。找到这一住处的是许寿裳。从东京高等师范学校毕业的许寿裳，计划就此前往德国留学并正在学习德语，为了尽情享受在日本最后的生活，开始寻找稍事奢华的住宅。于是便找到了在"学者町"获得高度评价的西片町的这处出租住宅。只是对于学生身份而言房租过高了。如因此寻找同居者一起分担费用。鲁迅听说是人气作家夏目漱石住过的屋子，二话没说便飞奔而来了。

这处住宅因为居住着五个人便被取名为"伍舍"。取名为住居或草庵，是中国自古以来的风雅习惯，文人气质的表现。鲁迅和许寿裳既好风雅，亦怜日本纤细的情绪。

院子里种满了五彩缤纷的牵牛花。朝起浇水，傍晚时摘除了萎缩的花朵，再到第二天一早，饱含露水的牵牛便开放出与前一天相同数目的花朵来。秋天时不知名的花草在院子的一角谨慎地绽放，铃虫的清鸣入耳，极是赏心悦目。

可是，"伍舍"的房租变成了负担，吃饭也成了问题。鲁迅找了份校对的工作补贴生活费。除了书籍以外不购买任何新物品。磨损的和服流露出穷学生的风情。一条褥子和一条厚厚的木棉被，便从夏过渡到冬。

开始去听章炳麟主宰的"国学讲座"是在夏天的时候。在位于牛込区新小川町二丁目八番地的中国同盟会的机关杂志《民报》编辑部里，每个周日都去听讲义。那儿也兼作章炳麟的住家。当时，章炳麟除了《民报》编辑以外，还每周一次租借神田的大成中学的讲堂举办"国学讲习会"。但在无法参加的许寿裳和鲁迅的热切恳求下，终于实现了小规模的讲习会。

星期天的早晨八点，章炳麟就和八位学生聚集在窄小的榻榻米房间里，围拢在一个圆圆的小矮饭桌周围。教材用的是《说文解字》，中国最古老的按部首编排的汉字字典。汉字按五百四十部首区分体系，解说汉字形成的过程及本义。为后汉的许慎编著于公元一〇〇年左右。原本已无现存，章炳麟所使用的教材，是作为注释本被称为最高峰的清代段玉裁所撰写的全卷为二十卷的《说文解字注》（一八一五年）。章炳麟从文字的语源开始说明，推测本义，时而引用方言作为旁证，以巧妙的语言技巧和深厚的洞察力陈述己见。讲义从早晨八点不停歇地一直持续到中午十二点。大家都听得陶醉入迷。但是许寿裳说：

> 鲁迅在听讲义的时候，几乎一言不发。只有一次，章先生问大家：文学的定义是什么？鲁迅回答说："文学与学说不同。学说是为了启蒙人的思想，文学是为了鼓动人的情感。"先生听了说，这样的划分与先人比较倒是精彩，但却并没有说中。郭璞的《江赋》木华的《海赋》为何会如此打动人心呢？鲁迅当时沉默着没有回答。但过后却这样对我说："先生对于文学的解释范围过于广泛了。不管是不是文章，全都纳入文学之中。但实际上，文字和文学，一开始就应该有所区别。《江赋》和《海赋》一类虽然语言含义深奥，但从文学价值而言，却又如何呢？"[1]

后来到晚年时，鲁迅带有些轻蔑地说出的几句话，也令许寿裳难以忘记。

> 当时之所以去听讲义，不仅仅因为他（章炳麟）是位学者，还因为他是有学问的革命家。可事到如今，先生的音容笑貌仿佛还在眼前，而作为讲义的《说文解字》却是一句也没记住。[2]

多么辛辣而强烈的措辞啊。将身为国学大家而备受尊敬的章炳麟贬到如此

---

[1] 《亡友 鲁迅印象记》，许寿裳著，上海文化出版社，2006 年。
[2] 《亡友 鲁迅印象记》，许寿裳著，上海文化出版社，2006 年。

地步。鲁迅一定是在日本的时代，便早已对"文字与文学"拥有了独自的形象认识吧。但它具体是什么呢？

巨大的阴云

一九〇九年三月，鲁迅和周作人共译的《域外小说集》丛书第一卷出版了。俄罗斯、东欧、英美法等，汇集了当时世界上最流行的短篇小说。鲁迅模仿希腊的图案进行了封面设计，并写了序文。书名使用篆刻文字，装订使用上等的纸质。印刷了一千部，分别在东京和上海的书店销售。

顺便说，一九〇五年至一九〇七年发行的夏目漱石的《我辈是猫》三部作，初版为一千至一千五百部。如此想来，《域外小说集》在当时东京的出版业界，是个绝不逊色的数字。由此应该可以感受到鲁迅强烈的干劲吧。

可是太失败了。《域外小说集》第一卷，花费了半年时间才仅仅卖掉二十本。第二卷减少到五百部，但是也只卖掉了二十本。第三部的出版预定便不了了之没有下文。

身边也开始发生巨大变化。距离《域外小说集》出版的二个月前，两位同居者搬出了西片町的出租住宅。许寿裳也预定半年后前往德国。如此一来无法继续支付高额房租，于是搬到了西片町的一处小住宅。许寿裳十分可惜地说：

> 遗憾的是快乐无法长久。华丽的盛宴一去不返。冬天到后，莲池枯萎，菊田荒芜。我们的伍舍也无法继续维持。[1]

很突然地，负责德国留学的留学生监督辞职了。许寿裳也因此取消了留德计划，无奈之下决定回国。庆幸的是在浙江省二流水准的师范学堂找到了一份教务主任的工作。

许寿裳的回国日期日渐逼近。与鲁迅无法掩饰的沮丧相对照的，是弟弟周

---

[1]《亡友　鲁迅印象记》，许寿裳著，上海文化出版社，2006年。

作人内心的兴奋。

在刚刚搬入的新家里，周作人与负责伙食的二十一岁的羽太信初次见面便彼此一见倾心。周作人当时二十四岁。虽然刚到日本留学不久，但热心学习并对未来满怀希望与梦想的他，却认真地想过要和信子结婚。

对于弟弟阐明的心里话，鲁迅是如何想的呢？结婚的话，自由恋爱最为重要。像自己一样，与由父母一手包办的对象勉强结婚，岂不是一生的不幸？绝对不能让弟弟和自己有同样的经历。作为周家的长男，作为家长，只要是弟弟想要的婚姻，不管是对是错都要帮忙成就他。

鲁迅采取的行动非常大胆。他去拜访居住在新宿的羽太家，正式提出结婚请求。

可是对方的反应相当迟钝。羽太家一看便是普通平民阶层，父母双亲和信子的哥哥、信子以及妹妹五个人一起生活，但实际上在工作的似乎只有信子一人。这样的信子若是出嫁，一家人便断了收入来源。因为这一理由，结婚的话题便停滞不前。或许也有日本对于清朝留学生低看一等的影响。

既然如此……鲁迅建议说：如果同意两人结婚，我不仅负担两个人的生活费，还负责照顾羽太全家。每月给你们送来生活费让大家不会有任何生活上的不自由。请尽管放心好了，这样可以吗？

羽太家不用说当然答允了如此的好条件。周作人和信子的婚事便定下来了。

关于这件事，鲁迅在和许寿裳道别时，说过如下的钱别之言：

> 你（许寿裳）回国难道不是件好事吗？我也必须回国。起孟（周作人）要结婚了。这以后要花钱，还必须找工作。怎么着也必须想办法赚钱了（同前）。

可是鲁迅所期待的和羽太家的奇缘，不久给周家一族带来了巨大的阴云。

选译自作者所著的《中日百年群像：鲁迅和蒋介石在日本看见的"中国梦"》第七章，原章节名为"东京的日子——鲁迅的担当"。

interview | 访 谈

彭慕兰
(Kenneth Pomranz)

著名汉学家，美国芝加哥大学历史系教授，两次费正清奖得主，主要研究中国经济史。

王国斌
（Roy B. Wong）

加州大学洛杉矶分校历史系教授、亚洲研究所所长，主要研究 18 世纪以来中国政治、经济、社会转型。

将中国带进世界

——彭慕兰教授访谈

采访：陈黄蕊
整理：黎又嘉

在芝加哥大学，所有跟彭慕兰有关的课都不出意料地座无虚席。今年的春季学期，以经济史闻名的彭慕兰竟然跟学生聊起了泰山神。这门研究生讨论课关注的是中国的超自然研究，时间横跨帝国晚期到当代，从民间宗教的角度剖析中国社会。他花白头发，穿着一向简单朴素，讨论中还会经常谦虚地记下学生们的想法。而一贯睿智的眼神，和他对中国民间宗教了如指掌的分析，使人不禁暗自佩服，想到眼前这位温文尔雅的谦谦君子就是以《大分流》震撼中外史学界的历史学家。

彭慕兰与中国历史结缘可以说出于偶然。那是他在康纳尔大学的最后一年，立志学历史的彭慕兰已经向各大研究生院提交了法德历史专业入学申请，只是凭着读闲书的兴趣走进了高家龙（Sherman Cochran）的中国史课堂。结果没过多久，没有任何亚洲历史功底的他就做了一个疯狂的决定，在最后一刻转学中国史。他在大四暑假里一口气读完了 15 本中国史的著作，从此一头扎入中国史里，从头学中文，最终走进了耶鲁，敲开了史景迁的门。

1985 年，他第一次来到中国。当时中国历史档案刚刚开放，他便借机进行了广泛的访谈，带回去大量的资料。按他自己的说法，他是美国七八十年代最后一批对中国革命起源感兴趣的历史学家之一。

2014 年，在美国历史学会上，彭慕兰作为主席做了一个关于"弱化'国家化'时代下的历史"（Histories of a Less National Age）的演讲，与历史学家们探讨全球化的当下，如何看待史学研究中"西方"（the West）与"其他"（the Rest）世界之间的交流互动，以及如何重新审视已被奉为圭臬的历史"分析单位"。这篇演讲承袭了他十四年前的《大分流》的思路。《大分流》出版十五年来引发争论无数，彭慕兰更是出席了几百场公开的全球讲座。然而他并不意在对某一个问题作出定论。他一直致力于将中国历史发展的脉络清晰展现出来，比如比较过去江南地区的经济繁荣与当前东部沿海经济发展的相似之处，寻找历史成因。不仅如此，他还以独特的视野，通过日本、欧洲等地区的呈现，而非从单一国家的角度来了解世界图景下的中国。由此出发，他开始关注跨越国境与边界的历史要素，即环境史，于水资源短缺、土地利用，以及环境资源引发的社会和国际关系，也有自己独到的见解。

彭慕兰为了接受采访，一早便在芝加哥大学社会科学楼中的办公室里静候。推开门，迎面而来的是亲切的笑容和往常一样的问候。两个小时的访谈，他将治史的种种想法娓娓道来。从华北农村社会，到大分流，到环境史，他的著作一一回应了当代中国最切核心的问题意识，也引导了一系列重新以全球视角审视中国历史的学术研究。他用不同角度重新审视中国，再将中国带入世界，即便是今天，我们也依然能从这样"局外人"的角度中获益良多。

陈黄蕊（以下简称"陈"）：在您从事中国史研究之前，主要是注重欧洲史的研究，为什么您会做出这种转变，请问您能具体谈谈吗？

彭慕兰（以下简称"彭"）：一方面也许得益于时机。在 20 世纪 80 年代初期，中国的档案刚刚对西方学者开放，一下引出许多大可作为的领域，也有了成为学术先锋的机会。但是对于欧洲史研究而言，可以深入研究的课题已经变得非常有限，就算有，也都是比较狭隘的领域，而且我对此也没多大兴趣。我作为一名长期研究欧洲史的西方人，觉得中国与欧洲之间的差异非常有趣，又有很多可以做比较研究的地方。另一方面可能是更实际的考虑。当时我想，这种比较研究是我的兴趣所在，不论如何都会去完成的。我当时已经有足够的欧洲史的基础，也有英、德、法三语做后盾，研究西方什么时候都不迟。但是如果我不抓住二十多岁的时光恶补中文和日语的话，要想做这样的比较研究就得四十多岁的时候再重补语言。这样看来，最好的选择就是先集中精力研究中国，最后就能把中国和西方历史结合起来。

陈：最近一些年，你做了很多关于环境史方面的研究，您能谈谈为什么选择从环境史的角度来解释中国历史吗？

彭：原因很简单。我觉得一个好的社会史是离不开经济史的，而研究一个农业社会的经济史尤其离不开环境史。

首先，我认为优秀的经济史应该更加物质化。我一直对当下经济史学界过于注重研究 GDP 增长的历史持保留态度。这一课题固然重要，但光取 GDP 这一角度是有失偏颇的。其次，在越久远的自给自足的社会中，有很多交易是不经过市场的，因而也就很难精确断定这些物品的价格，所以光看 GDP 就越有问题。第三，GDP 计算的假设前提是以货币为单位进行衡量的，一美元就是一美元。一美元的钢铁，与一美元的大米或其他物品，是没有差异的。这种假设在一个超越了基本物质需求的社会体系也许无可厚非。但是在一个大部分收入都用于基本衣食住行上的社会里就很有问题了。因为在这样的社会里，资本非常稀缺，所以利率很高，把东西从一个地方运输到另一个地方很困难，从时间维度来讲，存储剩余物品也因此十分昂贵。所以，假设你不立即卖掉你的谷物而是选择储存到下一年，那你可能就会吃很大的亏。也就是说在前现代社会中，事物的表现形式是十分物质化的，所以一个优秀的经济史研究也要更基于实物，而非单纯的货币价值。标准经济史有这样的一种假设，即价格低廉的事物是无足轻重的。现在西方人可能把收入的 10% 或 15% 花在食物上，6% 用在能源上，两项加在一起才有 20%，看上去似乎并不重要，但是如果我们突然没有食物和能源，一切生产活动就都会停止的。所以从这个角度来说，经济史也必须要有更广阔的定义，要深入研究物质资料的重要性。这就是环境史赋予我的研究角度和机遇。比如，我们无法对节约用水以及砍树明码标价，但是节水和树环境效益的重要性却是不可估量。

另外，环境史需要特别强调人与环境之间的关系。有一些环境史是从非人类的视角出发的，比如他们会讨论老虎或者其他动物消失带来的影响；还有一些法国年鉴学派的研究，我们现在也称之为"环境史"，他们则把地理和历史整合在一起。我虽然很欣赏他们的研究，但是他们大多认为环境塑造了人类活动，而人只能被动做出反应。这些固然重要，但是却忽视了人类是怎么影响环境的。我认为环境史应以人为本，环境不是静态的，我这些年来越来越认识到人与环境互动的重要性。

这一点是我在写博士论文的时候顿悟到的。那时我刚从中国带回来很多资料，准备开笔写作，但我的导师马上就要出发去中国。在那个时候还没有网络通讯，所以他这一去，再找他求教写论文的事就很难了。于是我赶紧着笔写引言想让他给点意见。引言是关于黄河治理和大运河的。我那时只想把环境当作一个背景，由此出发讨论人类的活动。结果一下就写了很长的引言。我的导师看了之后说，其实你这可以是两章的内容啊。那一刻，我突然灵光一闪：这一部分并不一定非要排在第一章或者是第二章，因为他们不仅仅是背景，也是人类选择造成的结果。最终我的博士论文第一章是信贷市场，第二章是关于农村社会组织，到第四章和第五章才涉及黄河控制和大运河。环境作为人类选择的结果而不仅仅是背景这一点现在看来似乎是常识，但是当时对我来说却是概念性的突破。

陈：我记得在《环境与世界史》第五章"中国环境变迁1500—2000"一文中，你提到在帝制晚期中国一些政治和社会的特征持续影响着民国和当代中国，您能具体谈谈吗？

彭：其中一例就是土地制度。中国在漫长的帝制过程中形成了非常复杂的土地产权体系，这与西方的土地财产权概念是不一样的。许多国家可能都有对佃农的权利保障和解决土地纠纷的成文法，但是其习惯法的运用方式确实不一样的。在古代中国，这些习惯法有很深的在地根源，而且土地的使用权与在地社会成员的身份也紧密相关。在现代中国，取而代之的是复杂而先进的市场经济制度，却没有土地私有权，而只有使用权。当然，由于这种土地使用权可以在一定程度上被交易，从而从某种意义来说与西方土地财产权很像。可是特别是在农村，土地使用权还是跟在地社会成员的身份密切相关的：当地人与外地人的权利截然不同，使用权也有诸多干涉，社区中灵魂人物（不论何种定义）的决策依然举足轻重。很多西方主流经济史观会断言在这样的系统下经济会一团糟，并认为经济繁荣的唯一路径是要向前现代和现代欧洲经济系统靠拢。然而中国却在这种系统下取得了三十五年的快速增长。我并不是说因为取得了经济腾飞，从而某种经济体系就是完美的，而是说任何经济模式的发展都有其历史根源。历史上大部分政府的财政系统都经历过从主要依靠国有资产收入到主要依靠税收的转变。在现代国家中，中国可能是财政收入中依靠国有资产创收所占比例最大的。我并不是对此做价值判断，而是觉得要认识到这种特殊性。说这种特殊性只是巧合而没有历史根源是错误的，说这些特殊性因为与西方经验相悖所以注定失败也是错误的。

陈：现在我们能谈谈《大分流》吗？请问您是如何形成有关《大分流》里那两个关于东西方历史发展的主要论点的？

彭：如果是经济大分流的话，我觉得学界取得的第一个里程碑式的进步是把大分流的时间推后了。二十年前，大卫·兰迪斯（David Landes）提出西方早在公元 1000 年左右就已经遥遥领先了。现在，像 Stephen Broadberry 这样的学者主张西方领先是在 1700 至 1725 年之间，而我倾向认为分流是在 1750 至 1800 年之间。虽然仍存在分歧，学界已存在共识认为分流是在 18 世纪的某一个时间点，相比之前已经是一个巨大的进步。如今的课题是解释大分流为什么发生，以及是如何发生的。

我在《大分流》并没有提及像技术革新、工业革命这些其他学者非常重视的因素。这些因素当然非常重要，但我认为更需要重新审视前几代历史学家曾经注意、但是并未深耕的几个方面。其中之一就是能源供应问题。比如，英国之所以能遥遥领先，有赖于煤和蒸汽共同创造的特殊环境。再有就是土地和土地密集型产品的问题。放松土地约束也许并不会完全堵死西北欧工业发展的道路，但没有这一条件，其发展将会是一个缓慢而艰苦的过程。放松土地约束之后，造船和建造房屋就不再需要将树木作为主要燃料来源，从而刺激英国转而使用地下能源，并从海外寻求布料和纤维等资源。当然，这些资源本身并不足以完全解释大分流的现象，可以帮助我们理解大分流是如何发生的。

我在很多地方都提到过 Kevin O'Rourke 和 Jeffrey Williamson 合著的一篇文章，"从马尔萨斯到奥林"（From Malthus to Ohlin：Trade, Industrialisation and Distribution since 1500）。他们认为一个马尔萨斯式社会的基本特征是，生产率并不会随着人口的增长而持续增长，所以工资的增长幅度远远比不过租金的增长速度。相比之下，在一个现代经济社会中，即使人口增加，工资增长速度也总会快于租金。他们选中了历史数据相对完整的英国，假设英国的经济数据符合马尔萨斯社会基本特性，即工资对租金的比率会与人口变化有紧密关系，然后做了反事实验证。他们发现从 1500 年到 1730 年的英格兰数据与马尔萨斯假设吻合地天衣无缝；从 1730 年开始有出入，不过直到 1800 年还是大抵符合假设；从 1800 年到 1900 年，数据与假设南辕北辙；到 1840 年，这种相关性就消失了。也就是说直到 1730 年，英国还是个马尔萨斯社会，到 1800 年马尔萨斯特性开始慢慢减弱，直到 19 世纪的某一点，马尔萨斯假设就不再有效了。这种现象跟我们现在所说的"大分流"的时间线不谋而合。他们又进一步追问是什么造成了 1800 年之后马尔萨斯假设的消失。并对此做出两种反事实假设。一种假定劳动生产率不变，但是商品相对价格可以浮动且能反映出大量进口品的重要性。另一种模型中劳动生产率按实际发生的比率增长，但假设英国是一种没有进口商品的封闭经济，所以商品价格由内部经济因素决定。这两种假设模型最后都出现了接近马尔萨斯模型所预测的大分流的现象。于是他们把这种现象归结于英国进口土地密集型产品的能力。这样，农产品短缺的问题可以通过进口来弥补，而土地就可以从农产品中释放出来提供更多居住用地，所以当人口增长时，租金也不一定会随着增长。换言之，进口商品对把英国从马尔萨斯社会中解放出来至关重要，甚至可以媲美 19 世纪和 20 世纪初期，机械化、能源革命以及通过教育实现的人力资源革新对手工生产业造成的巨大影响。我很欣赏这一研究，虽然这项新假设中包含了太多变量，但他们用与我截然不同的方法证实了"大分流"现象，证实了解除土地约束的重要性，特别是进口商品在这过程中的重要作用。

但接下来的问题是，英国进口商品的能力是从哪里来的？当然部分原因是，英国通过工业革命、技术革新、航海收益和出口商品，获得了进口的资本。但另一很重要的原因是世界其他地区的生产力使英格兰大量进口成为可能，特别是美洲形成了倾向出口英国的政治经济体制。所以有人把大分流现象的成因归结为煤和殖民地，虽然过于简单，但确实短小精悍。我书中的第四章对此有详细解释，但同时也有其他原因解释美洲这种出口英国的政治经济体制。比如，美洲大陆正好在大西洋的另一端与英国隔海相望，地理位置方便；从意识形态上来说也很容易被征服；美洲人口与土地的比率之低与英国形成了巨大的反差因而极具吸引力，等等。这些当然不是完全的解释因素，但却也是需要放在大图景下一起考量的。可惜的是，70、80和90年代的著作很大程度上都没有考虑到这些看上去微不足道，但可能会影响全局的因素。

　　我们还可以从另一个有趣的角度来思考。英国的进口能力显然也有赖于它连续打赢了很多战争；而它倾向采用劳力节约型、能源密集型和资本密集型的生产手段（这些都是工业革命的精髓），是由于在工业革命，比起欧陆其他国家，英格兰实际工资水平已经很高了。正如 Bob Allen 论述的，高水平工资是由于伦敦的大规模城市发展以及贸易的繁荣。但让我们想象一下，如果其他条件不变，而是法国打赢了这些战争。当时法国的人口是英国的两倍半多，即使劳动需求增加，也不会有像英国那么大的要增加工资的压力，像英国那样高收入水平、低价能源价格的情况也不会同时出现。所以他们也就不会有动力去进行海上扩张，也由此不会去追求技术的发展、发明火车或是提高引擎效率等等。我并不是说一切都是随机的，但是我希望在一定程度上重新塑造历史的偶然性（contingency）。我也希望我们不仅仅重视哪些因素导致了大分流，还要思考哪些因素没有促使大分流发生。

　　过去一些主流的解释到现在已经不再适用了。以前，有人认为英格兰的工业革命得益于农业革命，然而直到19世纪20年代末尾，中国和日本的农业生产力都是比英国更高的。这样的话，另外一些说法也会分崩离析。比如，不管是英国老托利党的保守观点，还是 Robert Brenner 的马克思主义观点都认为土地私有制是英国农业资本主义的关键，而农业资本主义促使工业资本主义发生，这种观点也已时过境迁了。另外有一些比较大胆的观点也站不住脚了，比如卡尔·魏特夫(Karl Wittfogel)认为东方独裁主义阻碍了资本主义发展。但东亚经济因此一直处于停滞状态的话，大分流早就发生了。还有一种以道格拉斯·诺斯为代表的市场决定论，认为如果市场良好，那么其他一切都会顺其自然地进行。但是我们知道，直到18世纪末期，至少在商品市场上，中国市场整合度（尤其是谷物市场），一直都比欧洲大陆要高，这种情况持续到铁路时代。

假如我们把世界按增长类型划分，一种为斯密型增长，即增长取决于市场劳动分工的扩大，另一种则是依靠技术革新和资本与能源的积累的增长。这两种增长类型不一定是前后相关的。西北欧能够在19世纪脱颖而出是因为他们能通过交换扩大了劳动分工，但顺利进行市场劳动分工也并不一定会带来技术和能源的革新，从而进一步导致工业革命。所以我们要做的也许并不是要给出一个完整的解答，而是能够剔除一些不合理的解释，缩短考察的时间框架，然后就可以着手从可行的因素里开始考虑哪些要素是更重要的，这样学界可以在仍然存在合理分歧的前提下，做更进一步的探讨。

陈：大分流出版已经十八年了。这十八年间很多作品受到《大分流》的启发而问世，研究的范围从劳动生产率到各个地区的生活标准，您对这波研究热潮怎么评价？

彭：我对这个问题已经写过许多文章回应，在此就不赘述了。有些学者指出了一些错漏之处。我认为我确实高估了18世纪末期欧洲环境瓶颈的严重程度；另外，我写这本书的时候就明白我对科学和技术没有足够重视，这些当然都是非常重要的。但是著书的目的是要参与并推动学术课题的讨论。当时学界里几乎每个人都在谈论科学和技术，我则希望站出来说仅仅讨论这些是不够的。另外，现在有很多新作也印证支持了大分流，比如刚才提到的Kevin O'Rourke 和 Jeffrey Williamson 的文章，O'Rourke 最近做的关于煤炭的研究，Bob Allen 关于欧洲尤其英国生产要素价格的著作，等等。

我当时写这本书时认为大分流发生在18世纪末期，现在看来我更倾向于是在18世纪中期。所以如果今天我重写大分流，将会有许多修正。其中之一就是，我会更着重研究中国制度的运行方式。我在书中阐述的主要观点是，中国的制度并不像之前学者认为的那样是功能失调的，甚至导致了经济停滞，实际上它是以自身方式运作的动态经济。但是我还可以更多去讨论这种制度如何导致了特定生产方式的发展。比如，我在书中写到，中国并非缺乏大量纺织品，它们只是散布在乡村而不是主要的城市。事实的确如此，不过我现在还可以进一步说，这种散布乡村的生产方式是由农民／纺织工利用闲暇时间完成的，所以并不能促进发展节约劳动成本的技术。王国斌和 Jean-Laurent Rosenthal 在他们最近的一本书中也提到了这一点。另外，我还可以更多探讨一下之前说到过的土地体系，这种体系有助于理解佃农和土地雇佣劳动力收入之间的巨大差异，因为牢固的佃农权利意味着佃农的收入要多于雇佣劳动力所获得的纯边际生产收入。这种体系下，在普通人口中占最大比例的是有小产权的农民或是佃农，他们的收入比非技术雇佣工人更多，生活水平也更高。这样一来，我们是可以对 18 世纪世界上大部分人口的生活水平进行比较的，这一点还可以结合实际工资差异来做分析。实际工资的差别对企业家改良工业技术的策略是有重大影响的。所以 Bob Allen 认为，英格兰超乎常理的高水平实际工资决定了英格兰走上了资本密集型的发展道路。而我的研究证明，由于长江三角洲大部分平民并不是雇佣工人，所以就平均水平而言，普通的英格兰人民的生活水平并不比长江三角洲的高，这两种观点其实是不谋而合的。现在，我对产权制度有了更清晰的认识，可以看到这两个观点是如何契合的，如果写到书里会更好，但在当时我并未对这些问题有完全的把握。

我觉得这才是研究的应有之道吧。一本书出版之后可以启发和刺激新研究的出现，一些研究成果会肯定书中的论点，一些会促进修正。尤其是面对一些宏大的历史课题时，仅凭一己之力提出完全正确的解释是不太可能的。马克思不能做到全都正确，韦伯也不能，如果连他们都不能提出完美的解答，那么我成功的概率又会是多少呢？非常小！所以我要做的只是把我们往更加完美的答案上推进一步，而我的成就总会被后人超越的。

陈：从第一本书《腹地的构建》，继而《大分流》，到近几年的《环境史和世界史》，我认为您逐步将中国引进世界和世界史。您能谈谈从开始进入中国史的研究到现在，史学思想和理路的转变吗？

彭：在我大部分学术生涯中，我一直在思考关于空间维度的解释。比如，中国华北平原这一特定区域受到了怎样的全国性或者国际的影响；或者工业革命看似发端于某一区域，又是如何与整个全球系统相关联的。但是我现在越来越多思考的是不同时间维度。举个简单的例子，如果问大家铁路的问世对马力运输造成什么影响，几乎每个人都会说，铁路终结了马车运输时代。从长远看的确如此，铁路的发明推动了其他类型的现代交通工具的发展，比如汽车、卡车等，而马车运输量已降到最小。但是铁路时代到来后七十五年到两百年之间其实是马车运输的黄金时代！因为铁路问世之后，货物运输的总量急剧上升，而人们依旧需要马车在铁路车站与车站之间进行运输。因此一直到19世纪，马车的总量还是急剧上升的。这种情况一直持续到一百年后汽车和卡车广泛普及之后。站在我们现在的时间点上，可以说从长远角度，由于铁路的发明带动了发动机引擎的发展，最终铁路确实是马车运输的终结者。但是让我们假设你是1830的英格兰一个20岁的小伙子，当时铁路刚刚发明，你要决定是否要卖掉父亲的马车运输生意。如果你认为铁路最后会终结马车运输时代，所以选择马上卖掉这个的话，你就会错过这个黄金时代，而这一黄金时代将会持续你的一生。所以即使面对这样一个简单的问题，答案也很大程度上取决于时间维度的选择。这就是为什么历史是一门复杂的学科。

另一方面，我们确实希望从宏大的历史发展维度出发，发现一些特定模式。有另一个极端认为，日常生活的小范围维度才是最基本的，因为每一事件都取决于人们当天做的决定，于是历史学家开始聚焦于极其短暂的时间维度中。但如果沿着这种极端发展下去，历史就会变成极其微观层面上的一连串突发事故，就会陷入无边无际的混乱之中。虽然面对的具体历史问题不同，但我们历史学家需要解决的是，思考各种历史动力在不同的时空维度内是如何相互影响的，这些关系直接影响到我们应如何阐述连贯的历史。

陈：这三十五年来，中国的经济取得了巨大的成就。这些巨大的改变对你的学术研究产生哪些的影响？

彭：确实如此。这不仅影响我自己的思考，还影响着我的观点被接受的程度。一方面，三十五年来中国取得的成就一次又一次证明了一些基于西方经验的假设是不成立的。这让我深入思考应如何结合社会科学模式思考特定的历史环境、制度和文化。我们会惊讶于历史的再现。比如，如果你问中国最富裕的地区是哪里，几千年来的答案都是一样的，第一是长江三角洲地区、然后是珠江三角洲——不论经历了制度物换星移、政权更迭、战争、疾病，还是技术革新，这个地区依旧是整个国家最富裕的。反观欧洲，同样问题的答案在过去一千年之中几经变换，在印度也是如此。到现在我对这个问题也还没有完整解释，但历史问题就是在对变与不变的理解之间产生的。

人们对我著作的接纳程度也不可避免地受到周围世界的影响。如果今天中国的人均收入还是跟1975年的一样，那么我相信像《大分流》这样的著作是很难被接受的。并不是说这本书的研究内容不真实，而是人们会更难相信和接受这个事实。在20世纪50年代、60年代，不管是自由主义、保守主义还是马克思主义者都认为只有一种制度能实现经济增长，而且是在一个特定地区，那就是欧洲资本主义。而当人们发现世界上其他地方还有另一种制度也导致经济增长时，大家首先看到的是日本。这绝非巧合，比如托马斯·斯密斯关于德川幕府时期动态经济增长的研究是在20世纪50年代末期开始出现的。试想一下，如果日本战后没有取得令世界瞩目的经济增长，或者斯密斯的书出在1945年，正值美国占领日本并有意地压制日本工业化的时候，那么即使他的研究成果可能是正确的，人们也很难接受他的观点。所以当东亚国家，不仅仅是中国，在世界经济取得很大成就时，我的书被大家广为接受也就不足为奇了。

让我们来做一个实验。1913年一战爆发前夕世界上最富裕是美国。假如我们将人均收入定为一百美元，以此为基准计算其他国家相对人均收入的百分比并进行排行。若取2015年的数据，美国依然是最富裕的大国。把两组数据对比，将会看到一个有趣的模式：即使20世纪发生了的战争、科技变革、革命这些巨大变动，大部分国家相对于美国的人均收入的指数并没有发生很大的变化。而有巨大变化的国家则可以归类于三组。一组是像科威特这样有特殊资源的小国。一组是原本欧洲的边缘国家奋起直追，比如西班牙和葡萄牙。最后一组大部分在东亚。有一些规模较小的地区，如新加坡和香港，也有比较大的如日本、台湾地区。中国的总体指标仍然落后于西方。但是，如果假设中国东部是一个独立的国家，其规模虽然未超过美国，但其增长幅度却不可小觑，而且还会成为这项统计指标变化最大地区。这个地区的发展因此吸引了很多学界的注意力。为什么会有这样大的改变呢？肯定不会是因为在 20 世纪上天特别眷顾此地——这里像其他地方一样接受了战争的洗礼、经历了"大跃进"；这也肯定不会是一个巧合。思考这个问题会让我们重新审视关于东亚发展路径的问题。所以当代社会确实会影响我们提出的历史问题，以及思考什么样的答案对我们更有解释力。有时候这会让我们忽略我们所在的世界也是有局限性的，但这未尝不是提出历史问题的好的出发点，思考什么问题对我们来说是重要的。

陈：目前美国中国学的研究非常发达，能谈谈对当前美国中国学研究的看法吗？

彭：这个领域已经变得更加多元化且更加广阔，但同时也愈难形成一个总体评价。当年我准备晚期帝国和现代中国史的博士资格考试时，所看的书绝大部分都是美国的研究，不需要看太多中文学术研究成果，日本和欧洲的研究也很少看。部分原因是因为正值冷战，而美国（而非欧洲）是西方中国学的研究中心。但现在完全不能想象你告诉美国的研究生说不需要读中国学者的研究成果。西欧也兴起了很多有趣的中国学研究。

我刚学术起步的时候，中国史在美国历史系仍然处于非常边缘的位置。美国历史学会的年会上，讨论杰克逊总统任期内的研究可能比所有中国史的研究加起来还多。所以参加的学术团体大多是跟其他中国学家一起组成的，不管他们的领域是历史、文学、政治科学还是社会学，但很少有其他历史学家，因为他们并不关心中国史。而在过去的三十年中，现在越来越多的中国历史学家觉得更能融入历史系了，研究欧洲史、美国史、拉丁美洲史的其他同事会越来越尊敬你。这种情况对于研究中国的社会学家、人类学家也一样。这些是好事。但同时也出现了一些问题。由于人的精力有限，当我参与到环境史学家、经济史学家的学术团体中去的时候，与其他领域中国学研究学者的交流可能就少了。而且由于受到各自不同学科体系训练的影响，与其他领域学者的对话也不如三十年前那样通畅了。

还有另外一个原因让我很难对美国中国学做出整体的评价，就是现在中国学的界限已经非常模糊了。像我们系的何伟亚教授，他研究中国问题，阅读中国史料，但他更多将自己视为帝国史学家，研究两个帝国——中国和英国——而不只是中国学家。而在三十年前，他可能会被迫把自己定义为汉学家，因为欧洲史方面并不重视他。再比如比较文学领域的 Haun Saussy，三十年前他的教职可能不会在比较研究系，而是在东亚语言文化系，可能只有几个人注意他，但现在人们已经非常重视他的研究了。

现在年轻一代的博士生比我那一代有更好的起点。大部分人很早开始学中文，而且会学习在中国通行的第二种或第三种语言。对于我们这一代来说，普通话是主要语言，文言文另一种语言，日语如果不能说得很好也必须有较好的阅读能力；大部分人会一种西方语言，法语、德语或者其他；很有可能学维吾尔语，但是可能性微乎其微。而年轻一代的历史学家则会学习另一种中国历史上通行的语言，他们研究满族史，或者学习维吾尔语去研究西北地区。这些语言功底再次扩大了中国研究的边界，可以去研究许多非中文的史料。

但这些进步也是伴随着代价的。很多学术团体分裂成不同的研究方向，现在研究中国也许不会再带给我当年我初入行时的激情了。我还是研究生的时候希望从事宏大历史维度的研究，而不是像当年很多人那样研究小维度课题，中国研究正给了我这样的契机。但现在中国史的大块空白已经被填补，只剩下一些小维度的研究了。另外，学习的知识越宽，可能就要放弃理解的深度。现在的一些年轻人可能会认为自己发现了一个崭新的研究角度，但其实这一角度早在十几年前就被研究过了。发生这种现象是因为学生们没有时间对整个领域的所有文献全面掌握。当我在列资格考试的书单的时候，史景迁对我说，我觉得你应该读完所有与中国研究相关的英文研究成果。我虽然不能做到，但是我还是阅读了大部分的，而现在这样要求博士生几乎是不可能的。

陈：您能谈谈未来对中国问题研究的计划吗？

彭：有一本关于土地所有制问题的书，这是时间跨度很大的政治经济史，特别注重对土地权利和水权的思考。还有一本有点疯狂的书，叫《为什么中国这么大（Why is China so Big?）》这是一个引人深思的问题。我的目的并不是要寻找一个特定的答案，而是想知道庞大的中国作为一种历史反常现象应该怎么理解。在这一广袤的空间里，人口组成又很庞大，但在漫长的历史上却一直倾向于整体统一而不是碎片化。比如，汉帝国分裂之后，四百年后才再统一，之后从唐到宋之间只经历了六十年，20世纪初建立中华民国后大概只过了四十年就有了中华人民共和国，这样看来，分裂的周期越短，统一后领土的规模就越大。我还没有完全想明白这个问题的答案，但是我会从政治经济学和文化的视角进行思考，比如民间宗教、语言文字造成的影响等等。

我也想尝试着写更多关于现代环境问题方面的书，特别是水。还有一个项目是关于泰山神的研究，就是我们在"晚清和当代中国的社会和超自然研究"课堂上讨论过的话题。我还与一个朋友计划一起为世界史的本科生写教材，我们才刚刚开始，所以还有很多事情要做。另外还有更多理论问题需要思考，比如如何更加系统地理解在历史的时间和空间维度之间的关系，正如在2014年美国历史学协会年会的会长致辞的演讲中说过的，如何思考历史单位与环境和经济增长的问题，如何确定历史研究时间维度的大小等。现在我已经有这么多的课题了，而当务之急倒是我怎么安排时间把它们完成。

思考现代的方式

—— 王国斌访谈

采访：方曌、王君妍
整理：阮汉樑、陈冕

　　书写历史从来都不仅仅是一场对于已逝的过去的记录，它还区分美丑，彰显善恶，评判成败。因此，好的历史作品不只有无可动摇的事实作为基础，它还确立某种审美标准，宣扬某些价值观念，分析那些伟大的成功和令人痛心的失败背后的原因。对于严谨的历史研究者而言，如果说事实的梳理是对于遍阅史料的精力和见微知著的敏锐的挑战，审美、道德判断和因果分析则考验着一个历史学者的阅历、独立的精神、健全的思维和品位。换言之，他作为人的全部智慧。

　　王国斌教授看上去就像是一位智者——他语速快得惊人，在整理录音时要放上十几遍才能听得出他发出的每个音；他几乎总是在思考，听清了问题之后很少再注意到提问者的反应；他对每个问题的即兴回答像是精心准备的发言稿，不用整理就有严谨的逻辑和分析；他在陈述观点时显得精确而节制，列举证据却不遗余力。无怪乎他选择了中西比较史学作为他的领域，这不仅仅是因为他熟知中国和西方两边走向现代化的历史进程，更是因为他在历史观和方法论上有自己独到的思考。

一个经济体的现代化是否要遵循某种模式？这个看上去更像是属于经济学家的问题，是王国斌教授中西比较史学研究的重点。一百多年以来，我们都把遵循某种模式去摆脱落后，取得富强和进步看作是理所当然的事情。近一百年前，一位来到中国的，希望帮助中国实现现代化的史密斯博士说，如果没有西方的经验，不借助西方的力量，那么中国的改革"如大海中造船"，是断断不可取的。在传统中国近代化历程中，我们曾经给自己找过英国、日本、苏联、美国、德国等不下十几位的老师，然而改革的历程似乎从未风平浪静。另一方面，我们也逐渐察觉到，这些曾被视为是一体化的"西方"，对于自身历史发展的总结有极大的不同，在他们自己是如何完成现代化这个问题上，各派依然争论不休。最终，在"实践是检验真理的唯一标准"的号召之下，我们似乎终于走上了一条自己摸索出的道路，并且可以自信满满地向全世界宣称，中国开创了自己的发展道路和理论。不过，这并未解决现代化的模式问题，因为"改革"是和"开放"同时进行的，当那些改变了我们生活的产品生产自中国，但是技术和科学观念依然源自西方时，我们依然无法确定，中国的现代化是否就是对于西方先进国家的一场巨大的模仿。

无论我们在这件事情上的情感倾向如何，无论我们多么珍视（或是蔑视）中华帝国两千年的悠久传统，我们都无法否认探索、比较中国和欧洲的经济现代化的重要性。这不仅仅是因为中国从整体上来说，目前仍处在亟须发展的阶段，更是因为，我们为了自身的现代化，已经走过了太多的弯路，付出了太大的代价。是时候该从历史中学习些什么了。

东方历史评论：王老师，感谢您接受东方历史评论的专访。我们不如从您的学术生涯开始谈吧，您能不能为我们回顾一下您的求学经历？

王国斌：好，我第一个学位是经济学，但在本科阶段影响我最深的教授却是查尔斯·蒂利，我们也是四十多年的朋友，离开密歇根之后，我几乎每年都会去看他，我从他身上所得甚多。我有经济学背景，本科阶段我又学了些社会学、政治科学还有欧洲史。我觉得最有趣的是历史。研究生阶段我去了哈佛，一脚踏进欧洲史，但正是在此我又发现它没那么有趣了——我觉得研习欧洲史不如研习中国那么充满挑战。

在20世纪70年代初，中国研究看起来存在广袤的空间，充满了未知之物——至少就那个时代我们可以读到的中西学者著作而言。就欧美学者理解欧洲史的标准而言，还有那么多中国历史问题尚未厘清，不少还是基础性问题。当时我不会中文，也不懂日文，我一无所知。所以我费了些工夫做好准备，1977年去了日本。

在日本，我第一次接触到重视社会史经济史的学者。在20世纪70年代的美国，研究中国的经济学家和历史学家都不怎么做经济史。我的初次接触是在东京的研讨班上，班上有两位教授，其中一位对我来说尤为重要，他是我的楷模，他所强调的东西和我在本科所学颇为一致。他一直在强调问题意识，"你的问题意识是什么？"因为他是马克思主义者，所以他的问题意识十分清晰。他是滨下武志先生的老师，滨下先生是我在东大的前辈，我们一起上研讨课。当然滨下先生的著作并非马克思主义，但我感到他的著作受田中正俊影响。我能感到，至少一年时光，我都受益于此——我参加的研讨班上有那么多优秀的日本中国史学者，包括滨下先生，也包括另一位重要的资深学者岸本美绪。岸本美绪是我班上的同学，还有好几个人——我没法全都叫出名字，但是研讨班上的这群日本学者非常棒。能和他们待上一年可谓特权，我感到，我能确定我自己感兴趣的问题与议题确有听众，就算美国没有，日本也会有。

你该知道，20世纪70年代末中国学术界对我们尚不算开放。我们知道，中国史学研究和经济一同经历了急速转变。如果回溯20世纪70年代的学术，必然能找到重要的老辈学者。但说句实话，我想这对我大体而言并没那么有用，也没那么易于理解、有说服力。对我来说，能在当时遇上这些日本学者的确很重要，在我整个职业生涯中，他们都一直如此重要。

东方历史评论：那么您接下来在哈佛大学读博士的时光呢？当时正是美国中国研究的黄金时期，您又是孔飞力和费正清的学生。

王国斌：哈佛从当时到至今仍是一个在许多领域颇具影响的机构。在那里，学生们更易专业化，专事研究某个地区的学术研究，接受训练。我被鼓励去研究中国。哈佛有丰富的中国研究资源，要跳脱出去、研究中国以外的东西着实不易。该领域的学生有了大量研究中国的资源，要去研究中国以外的东西其实很不寻常。

我研修了两门关于欧洲的课程。在我印象中，我们这代人之中只有三两个人如此。哈佛大多数研究中国历史的学者研习历史与东亚语言，他们得准备三门课，并学习中文和日语，日语算是第四门课。我并不是这样，我研修了两门欧洲课程，两门中国课程。结果，我跟随两位非常重要的资深欧洲史学者，我很幸运地在哈佛打下基础。我在 20 世纪 80 年代乃至 20 世纪 90 年代都会定期造访巴黎，这很重要，我不仅认识研究中国的历史学家，我还认识研究欧洲的学者，我很幸运能和那么多学者共度时光。他们的智识环境和哈佛乃至全美的大学都不太一样。这对我的观点和思考来说都很重要，包括 20 世纪 80 年代和 20 世纪 90 年代，还有我 20 世纪 70 年代仍在哈佛当学生的部分时光。

在巴黎，我开始阅读伟大的年鉴学派。当然年鉴学派在 20 世纪 30 年代和 20 世纪 40 年代之后已发展甚多，它的不少方面在 20 世纪 60 年代和 20 世纪 70 年代达到高峰，当我在研习年鉴学派的时候，某种程度上，我正处在它的顶峰之一。他们对我有很大影响，也影响了我的部分职业生涯，此后我在法国出版著作，在《年鉴》杂志发表过两三次文章，也出版过书，并在其他杂志上发表文章。他们的中国学比我们的更为广博。这和在美国研究不一样，所以我认为哈佛的训练为我进入更为宽广的历史职业探索奠定了基础。

东方历史评论：我想和您分享一个故事，您提到了年鉴学派。我曾读过霍布斯鲍姆的自传，他提到，20 世纪 70 年代的时候左派历史学家和一批年鉴学派的历史学家曾聚在美国探讨历史研究发展的大方向问题，他们认为社会史一定是将来历史研究的最重要方向之一。在这场会议上，居然只有一位治中国史的专家与会——他就是史华兹。

王国斌：他也在！我从不知道！史华兹是我的老师——我竟然不知道。

东方历史评论：他是唯一的中国专家，因此霍布斯鲍姆提到了他。

王国斌：这对我来说很重要。史华兹是我的老师之一，他在我的论文委员会上，我认为他在某种程度上是学者的楷模，我参加过他的讲座型课程，他也会给研究生开阅读研讨课。他是另一种史学家，但他是博学的典范，他谨慎而平衡，同时又非常渊博，在智识上进取心十足，想要去理解宏大的事物。他的研讨课我十分敬重。

我记得我最后一次见到他是在东京。他在东京做讲座。我记不清年份了，他很惊讶地发现我也在，我提醒他，20 世纪 90 年代我常常到东京来。他去世前我最后一次见他是在东京。我知道伦敦有个历史学家的圈子，但我不知道史华兹也在。我挺好奇，因为他并不是左派，他熟读这些文献，但他并不是马克思主义者。这挺有意思的。但英国有强烈的独特马克思主义传统，就如同日本一样，它们和世界上其他地方的传统都不一样，也包括这里。

回到哈佛的话题吧，我刚解释了其环境对学习中国历史和都有好处。对我而言，这其中存在着紧张，但我还是得以学习欧洲史。这并不是项目的一部分，学生也不被鼓励这样做。还有另外一个学生，我们一起进行了很多类似活动——他是濮德培（Peter Perdue），现在在耶鲁大学。他是《中国向西行进》以及不少重要著作的作者。我们共享了这种经验，我们做了不少相似的事情。我认为，在许多方面，哈佛是个丰富的竞技场，你能从中获取不少。但我也认为，哈佛也是个典型的让人们舒服地待在专业圈子里的地方，例如中国历史学生和欧美历史学者们要建立联系并不容易。费正清退休了，我记得 1976 年我的一位老师吴才德（Alexander Woodside）也去了英属哥伦比亚大学——他研究中国和越南起家。所以当时正是转型的时代。我去东京的时候已经没人在了，我回来的时候孔飞力教授来了。有他在真是太好了。

20 世纪 80 年代我还受到傅礼初（Joseph Fletcher Jr.）的很大影响，他是伟大的学者，但悲剧的是很年轻就去世了。他是我在哈佛遇到的最能给人启发的学者。在中国历史学家中他可谓非同寻常，看他掌握的语言——他通晓 35 种语言，所以他能够阅读这些语言的档案。他去世了，我们真是失去了一位天才，他还没能写出他自己的欧亚大陆史，毫无疑问再花 10-15 年，他就能写出来。我真挚地相信，如果他还活着，今天的学术看起来非常不同——这话并不能放到多少学者身上。但我认为傅礼初是名副其实。不管怎样，他都是我在哈佛有幸见到的人。

还有一些人，我了解得并没那么多，却给我留下深刻影响。我也不知道他现在会怎么想，我们联系不多。他是罗伯托·曼格贝拉·昂格尔（Roberto Mangabeira Unger）。我在 20 世纪 70 年代末知道了他，他是法学院的重要人物，进行批判法律研究。虽然我只是短暂地接触他，但是我得以接触其思考之严密，思虑之宽广。虽然他们和我的实际研究领域关系不大，但他们总能提醒我，我们要做的是什么。因而 20 世纪 70 年代在哈佛的岁月有好些积极的特征。我认为可以公道地说：在当时，哈佛乃至全美对中国自身经济史的研究有待开发。因此，就我的专业兴趣而言，这正能解释为何到日本去学习对我来说十分重要。

东方历史评论：您第一次到中国来是什么时候？

王国斌：中国大陆吗？是在 1978 年的 7 月至 8 月。

东方历史评论：您当时的印象如何？

王国斌：我的体验可能和其他人有所不同。我是和一群日本华侨来到中国的。当时是 1978 年，普通的美国公民还不能来中国。这是非常珍贵的机会——还有人更早之前就来过——但不提这点，我的初体验很不一样。除了两个人，其他人全都在日本出生，都不懂中文。团中有两位来自东北的年轻女人，他们的父亲是日本人，母亲是中国人，从中国东北的某个地方来到了日本。所以他们的中文和日文都说得很好。不管怎样，我第一次到中国是和日本的年轻人一起来的，我和他们度过了部分时光，他们感到自己处于某种文化又对另一种文化感兴趣，但他们所来自的文化和我不同。这种语境其实挺有意思。

但我的初次印象无疑是非常肤浅的。我们待了三周，到了很多地方。就是你一定会带海外华人去看的那些东西。我的确能感到文化差异——那时你能感觉到北方和南方的差异。你的确能感到社会组织良好，但是它又让不生活于此的人感到诡异……举个例子吧，当时你不能随便走进商店里买 T 恤，因为你没有布票。我还记得一段对话——当时我在苏州还是杭州，我们无休止地谈论我到底能不能买件薄衣服。当时非常热，我想要买件背心。我和我的导游谈了很久我到底能不能买，因为我没有票，友谊商店里也买不到，他们卖的是纪念品。你如果很热要买件 T 恤，你没法马上走进去买，所以我觉得这很奇怪。

我能理解这种经济，这是种行政逻辑，但是我还是觉得这很奇怪。最后他们还是把衣服卖给我了，但是我和他们进行了漫长的对话。

东方历史评论：您感到热，他们没把这件事计划好。

王国斌：（大笑）这的确不是计划的一部分。回想起来，我觉得我的初体验在某种程度上是非常肤浅的。至少我觉得我不要假装我知道事物如何运转，离开时，我很感兴趣能回来做研究。

1981年我第一次进行长期的研究，我在北京待了10个月。我在第一历史档案馆工作——我的接待方是中国社科院经济研究所，当时，经济研究所的经济史部门还很强大，伟大的老辈学者还很活跃。我有幸赶上了，这是一个时代的结束，以及新学术的转型开始。我想可以这样说，社科院经济研究所是为数不多的到20世纪80年代末还在做经济史的地方。20世纪80年代第一次长期停留和我的初次旅行不太一样。我有幸在1981年9月到了厦门大学，见到了傅衣凌。这也是我和李伯重第一次见面。所以李伯重和我自1981年9月就认识了。我不仅能到厦门，还到了上海、武汉和广州。我能和这些地方的重要老辈学者见面。我还记得，在武汉我和彭雨新见面了，他是重要的财政史学家，我还和好几个学者交流，在我心中，他们代表了20世纪70年代和20世纪80年代最优秀的成果。这对我来说很特别。我对中国的印象自然改变了，你在一个地方待久了，你会对事物运转有所感觉——至少会了解得更多。在20世纪80年代初生活在中国并不和现在一样容易。

东方历史评论：您如何描述20世纪80年代的知识氛围？现在很多中国知识分子都在怀旧20世纪80年代。您的印象如何呢？

王国斌：我倒不认为20世纪80年代初多值得怀旧。我认为到了20世纪80年代末事情发生了变化。但老实说到了20世纪80年代末我在中国待的时间不够多了——我待的时间更短了。1982年到1985年间我在密歇根。我在加利福尼亚大学欧文分校拿到第一个终身教职。接下来的5年里，我忙于家庭和加利福尼亚的工作，我没法那么频繁地来到中国，我也付不起长期停留的钱。我对20世纪80年代末的氛围也没什么了解。

但我对20世纪80年代初确有印象。我怀疑这并不是人们所怀旧的20世纪80年代。中国一直有个大问题，中国是个很大的国家。你得处理时间和空间的问题。我以前常到北京去，后来到上海更多。北京和上海之间有多大的差别？时代之间有多大的差异？我的数据不够，没法说个明白。但我的感觉是讨论的层级、性质和广度真的改变了。当然起起伏伏很正常，但每个国家的学术界话语都有迥异的实践。谨慎地看，不同的学科间亦有差异。经济学家相互交流的方式和历史学家不一样，法国人在研讨课上交谈的方式也和美国人不同。差异太多了。至少对我来说，最让人激动和富有挑战的地方在于，你可以在不同的环境中做出贡献，又自利地学习和成长。

东方历史评论：您如何评价就《转变中的中国》和《大分流》出版后近二十多年来所引发的争论？

王国斌：我的前同事和朋友彭慕兰所做的工作确实拓展了一系列问题讨论的深度。将欧洲过去的发展和世界其他地方对比其实不是什么很新颖的想法。至少我们能追溯到马克思。回溯19世纪伟大的欧洲心智，包括马克思、韦伯还有很多重要学者——严格来说我们可以回到亚当·斯密和18世纪晚期，在《国富论》中我们能找到不少对中国的评论，这和中国流传出的信息有些关系。欧洲人通过不同的资源了解中国。现在很多人指出中国实践对启蒙思想的影响比我们此前想象得要大。但不提这些东西，我认为20世纪末以前，我们已经很久都没看到有新鲜的观念系统性地在世界上其他地区的学术基础上来比较欧洲和世界上的其他地区了。中国恰好正是世界上为数不多可为我们提供优秀学术资源的地方，这得益于中日学者，也得益于西方学者。所以，我认为到了20世纪末期，我们处在一个书写不同类型著作的阶段。《转变的中国》正是其中之一，这本书本就是专门打算进行比较研究的。在标题中突出中国并非我的选择而是编辑的主意。我想要在标题中展现中国和欧洲而非仅仅中国。他的看法不同。

我本想让这本书框架更清晰。如果你看看这本书，大概有35%-40%的部分都是关于欧洲的——我也有可能记错了。不过我觉得我用了不止三分之一的篇幅，尝试去概括我对当时欧洲史的理解以及相关的著作。不管怎么说，后来，彭慕兰2000年出版了《大分流》这部具历史纵深的著作。现在这部著作非常重要。您提到20年前出版《转变的中国》时的事情，《转变的中国》的确有牵涉到不少人，但还是主要是彭慕兰的著作推进了这个主题的讨论。

因此，我和他还有其他学者会被不同的读者阅读。有些读者所从事的历史研究更接近于历史社会学——特别是历史社会学家杰克·戈德斯通（Jack Goldstone），当然还有别的人。某种程度上，戈德斯通和专注于全球史或世界史的历史学家有不同的视角，他们认为，将中国与欧洲联系起来、进行比较，隶属于重思世界史或全球史的宏大计划的一部分。不同的人对这一计划之意义有略微不同的看法。

《转变的中国》和《大分流》出版多年后，谈到我们今天的位置，这部分取决于我们所谈论的读者。这些读者当然不只是《转变的中国》或《大分流》的读者，他们还吸收了很多其他著作中的成果——这些著作不胜其数，难以一一列举。仅就世界史这个领域而言，至少发生了两个重要的改变。其一是我们观察早期现代历史，即1500年—1800年间的历史，现在的看法和以前不同了。我并不打算将功劳全算在《转变的中国》或《大分流》上，这只是那些非常重要著作中的两部而已。我想要强调的是，这个转变发生的原因，并不只仅仅是关于中国的区域研究有了进展，还有那些讨论南亚、东南亚史的研究。我想到了我在UCLA的同事桑杰伊·苏布拉马尼亚（Sanjay Subrahmanyam），他是杰出的南亚史、东南亚史和欧洲史专家。他的著作讨论"关联历史"(connected history)。这一观念也形成于20世纪90年代晚期，我想他的书应该是首次出版于1997年。但他和其他人就"关联历史"这一概念建树甚多，无论是在法国还是英语国家。因此是很多不同、来自各个领域的进展让我们现在开始更频繁地谈论到流通、联系和早期现代文化、政治和经济实践的相互影响。

第二个重要的改变是，我认为我们对经济史的理解已经完全变了。每个学者的观点不一样，但我们知道，不少区域经济的动力比我们之前认识的要更为强大。我们知道这些动力下的机制是不同的。但我倾向于认为（现在我所特指历史学家）这种动力存在于不同的地方。我谈论的是中国的案例，如果我是对的，那么这就意味着，我们得更精确地辨认推动欧洲工业革命的动力。这也是我想在《转变的中国》中处理的东西，通过真正的比较，将无效的东西剔除出去。《大分流》提供了一系列答案，如煤炭的区位和美国殖民地的出现。事实上，《大分流》出版以来，有的解释已被推进，有的说法被加以限制或是得到了补充，正如彭慕兰自己所做的后来的一系列工作那样。无论如何，由于这些是我无法一一列举的，出版于 20 世纪 90 年代末和新千年初的著作，早期现代的历史学研究已经有了很大的改观。

《大分流》对全球史的另一影响是，它改变了我们思考现代的方式。此前我们认为，现代是早期现代的产物，早期现代欧洲的实践为欧洲进入现代奠定基础，宽泛地说，两者都是 19 世纪世界运作的动力。我们已削弱了这简单的论点——但并不像人们所认为，老的论点已被放弃。我认为时至今日，现代的诞生过程仍是争辩的重点，这关乎我们应如何认识早期现代和现代的距离。我认为过去的五年到十年里我们看到了更多的著作（其中有些是我写的），它们试图厘清这种认为早期现代欧洲导向现代欧洲乃至现代世界的观念，这样一种叙述的范式，为何是站不住脚的。这是其重要的一个方面。这也是它有益于历史社会学家的地方。

我认为，过去 15 年里，还有一些关注我们作品的读者——经济学家和经济史学家。对我来说（我不确定我的合作者的看法），我写作《大分流前后》(Before and Beyond Divergence) 这本书的决定，基本上出于能被其他经济史学家阅读的欲望，我希望能和一位同时也是无懈可击的经济学家的经济史学家合作，以拓展我的学术读者。和我合著这本书的罗森塔尔教授 (Jean-Laurent Rosenthal)，在他还是研究生的时候我就认识他了，那时我还是年轻教授，我们就这书的内容谈论了许多年。我们在加州大学欧文分校和洛杉矶分校至少一起教过三年的书。新世纪之初我们决定，我们谈得太久了又写得太少。我们最终决定花时间写出一本书来，我们可以提出一些对彭慕兰的《大分流》至关重要的论点，在许多方面它们并不矛盾，它只是将他所提出的元素放在不同的语境中。我想对经济学家而言，至少其中的一些部分会更为气味相投、更有说服力，如它试图理解经济规则如何在不同的情境中发挥作用，以及他们如何成为生产某些特定可能性的强大力量。

简单地说，这部著作可被看作社会科学历史 (Social Science History) 这一类作品，在美国他们是这么称呼的。现在有的学者可能会不赞同这是真正的社会科学历史，它几乎没有数字，每一章有一个简单的，和正文分隔开的模型。如果你需要模型，你会有一个很能够能被理解的模型；如果你不需要，没有模型你也能读。我们基本的方法论是："我们并不打算将英国和世界其他地区对立，然后来解释为什么英国发展了"；我们想要说的是，如果你看看世界上的两个区域——中国和欧洲（并且欧洲也不等同于英国，英国是欧洲的特殊部分），我们能辨认出为何为什么发生在欧洲的变化，为何更可能发生在欧洲而不是在中国（以及其他地方）。

我认为我们提出了一些理由，其中一些专注于这两个区域，还有一些则处理特定环境下的经济可能性。这本书的基本论点是，世界上某些技术变革可能带来整体经济的显著的变化，如工业革命。就经济而言，这更可能发生在欧洲而非中国，主要的原因是，决定价格的资本／劳动这一比率不同。我们给出了历史的解释，有些人会觉得颇为挑衅，但我也不觉得需要有很多人觉得它很有说服力。我们从实证观察出发，即16—17世纪的一系列相关科技——棉花和纺织品。前现代时期，欧洲的纺织业在城市，而中国的则在农村和城镇。把纺织业放在城市而非乡村中，在经济上，显然并不是更好的办法——因为城市中的劳动力价格更高，食物价格更高，死亡率更高，生产棉纺织品的技术改进更适合在家中进行。事实上，产业坐落在乡村，并不一定是落后的象征，这是后来的事情了。如果我们考察早期现代生产某种工艺和货物的条件，我们会发现到，在中国和欧洲，不少东西都诞生在城市，但在欧洲，农村中的产物却较少。

最后我们想到，欧洲的纺织业会在城市中，是政治的原因。我们认为欧洲之所以如此，是因为它曾有一段连年战争的时期，因此暴力带来的不确定性必须被考虑。你想，如果我要生产纺织品，虽然我可以在乡村生产，但是如果我能置身城墙之内，我会更为安全。因此，这解释了城市技术工业在欧洲比在中国发展得更好的原因之一。而这一旦发展起来，就会形成路径依赖，尽管在城市更为昂贵，但工业还是在城市。有一系列的条件，而我们要强调的是，工业最开始并不一定要发生在城市，认为它必须发生在城市的假定，是城市工业时代的后见之明。论证的第二部分则是，一旦你到了城市中，资本的价格就比乡村的要低，但劳动力价格则更高，这意味着如果你要改变生产货物的方式，你会倾向于使用更多的资本而非劳动力。这我没写在书里，但我现在补充一下：如果你将这放在工业革命的语境之中，情况会怎样？这正是英国企业家想要用本国生产来替代进口的印度棉纺织品的时期。在这种情况下，使用资本去创新、去创造更廉价产品的经济诱因，使得英国纺织品比印度的产品更具竞争力，这样的经济图景便形成了。你并不需要煤的范围，也不需要美国的棉，作为首要的解释。它们能在两方面有所助益——因为美国棉花的存在，英国棉纺织品真正扩展了，这是历史事实——逆推这一事实便是"好吧，如果缺了这个，或者出现了别的棉花，那么历史会变成怎样呢？"

那么对于我们来说，在有关棉纺织品的故事里，棉纺织业的工业化，在英国发生的可能性大于在中国，是情有可原的。中国并没有和印度纺织品竞争，中国有丰富的劳动力，以机械代替劳动力的诱因也就不存在，而这样我们就没有了工业化的基本经济缘由。不过这些只是从纺织品方面谈。我们完全可以撇开纺织品，去了解下蒸汽动力或任何其他核心技术的发展历程。事实上，从经济层面上看，工业革命最终也更多是关于蒸汽动力的，而非棉纺织品。蒸汽动力（这项技术的出现）确实大大地改变了可能的最大产量。所以，有必要解释"为什么蒸汽动力在英国得到发展"这个问题，这里我们就涉及了很多有关技术变革的供给方的问题，另外传统手工业、传统技术存在的社会和政治因素，也有许多值得探讨的话题。

让我们换个角度，看看近 20 年来的研究是如何变迁的。彭慕兰在《大分流》里提出：欧洲和中国在一些较为发达的地区曾具有类似的生活水平。这一论断产生的最直接也最重要的影响就是对经济学家的，他们其中很多人都不敢相信他的论断。我在《转变的中国》以小得多的篇幅提出过类似的观点，只涉及了人口分布和平均寿命。彭慕兰伟大的贡献之一就在于他尝试构建出有关消费的量化估算，而这也使得好几位经济学家大为激动。因此我们在过去 15 年也看到有关工资和量化数据的不同研究，这些研究很大程度地提升了我们对一些问题的了解。在我看来，这些成果大致上来说可以用如下的文字归纳：

彭慕兰指出，一个江南的农业家庭的生活条件，很有可能有与一个英国农村富裕家庭的生活条件相若。他的研究，以及李伯重与范·赞登(Jan Luiten van Zanden)对荷兰与江南一个很特定的一个地方之间的估算和对比研究，很大程度上确认了，至少对于农业家庭来说，荷兰（欧洲最发达地区）和江南（中国最发达地区）在劳动力、生产力和工资的水平是相若的。而两者之间最大的不同在于工艺水平。杰出的经济学和经济史学家罗伯特·艾伦（Robert Allen）在一篇重要的论文中一方面引用了彭慕兰的数据，同时再加上他自己收集的有关英国的大量数据，他所得出的判断是，江南一个大家庭的生产力水平大约是英国一个大家庭的90%——这是十分重要的结论。如果这个结论是可靠的话，那我们就很难相信这么小的差距会造成后来两边如此大的经济发展差距。所以我认为艾伦的结论是一项能够证明彭慕兰的理论站得住脚的重大成就。

同时，我也想说，到底这种特定的对比（前现代的欧洲与中国的家庭财富状况）有多重要？对我来说，可能那并非我们应该关注的地方。中国和欧洲没有人们之前所认为的那么差别巨大，这几乎是我们都承认的事实了。但这个事实也有可能只能帮助我们，去更具体地关注那些我们真正需要解释的差别。有关这个话题，我想回到我之前说过的，有关相对因素价格（Relative Factor Prices）、资本和劳动力的问题上来。有关纺织品的故事，一个很重要的事情就是与印度纺织品竞争的问题，这并没有出现在《大分流》前后，在《大分流》中也不是很明显。所以我会想说，《大分流》所传达的故事应该被放置在全球的框架之下。它不仅涉及了位于新世界的欧洲人，也涉及了那些与印度人竞争的欧洲人。

东方历史评论：您能否给我们谈谈，您认为中国和欧洲政治体制的巨大差异，对于经济发展的影响是怎样的？

王国斌：这得回溯到《转变的中国》。这本书只有第一部分的大概80%是有关经济史的；而第一部分中余下的篇幅，以及第二部分，都是有关政治的。我在《转变的中国》中提出的看法和你问的是有相关之处的。不过，让我先从《转变的中国》里的一些内容说起，然后转向你所问的方面。

其他学者并没有尽可能地与《转变的中国》里有关政治的部分互动起来，他们并没有怎么批评、提出其他理论，或者在我的论点之上延续讨论。在《转变的中国》一书当中，其中一项重要的关注就在于阐释在不同的政治体制之下，随着时间推移，经济发展的相似与不同。在我和几个学者合作，特别是一位法国学者皮埃尔·单伟尔合作研究粮仓问题的早期，我就被古代中国发展出来的，令人称道的粮仓系统所震撼。直至很久之后，在欧洲，乃至中东，都没有发展出可以比拟的系统。这个例子说明了一个很庞大、为了干预民众日常生活的制度体系，也可以发展到相当先进的程度。我认为这展示了一种拥有同时期欧洲政府没有的能力（capacities）的体制和制度。而观察到这些能力使我思考政府所努力追求的目标（commitments）——被理想、意识形态所牵引的目标，以及政府的目的与意图。我想我们从中国这个例子看到的，或者也是我在《转变的中国》中提出的，是我们能在中国看到几种特定的活动特别发达，而在欧洲，这些活动要一直要到很久以后的时期才开始发生。这就削弱了我们考虑政治发展平行对比时，把欧洲置于更高地位这一做法的合理性——因为这种合理性是建构于是我们所看到，不同种类的政治理想及能力的发展顺序的假设之上的。

由这所引发的是（我们在考虑欧洲民族国家的发展，以及国家发展过程和殖民地的发展过程时应该特别小心）有关我的老师，查尔斯·蒂利所提出的理论的进一步思考。他在20世纪60年代末、20世纪70年代初很关注民族国家和殖民地发展这两个核心进程。他后来关注别的主题了，但在20世纪70年代初的蒂利对现代的国家，特别是欧洲现代民族国家的形成过程很感兴趣。他认为现代国家的形成过程是和资本主义的发展过程纠缠在一起的。从欧洲的角度讲，这是说得通的。蒂利也一直很小心，他很清楚自己是在谈论欧洲的。其他学者就没有他那么小心了。

在这些人的语境里，现代民族国家的形成和资本主义的发展，有着千丝万缕的关系。在西方，马克思的史学是一个好的例子。前现代市场发展到现代市场有好几个相关联而又可以相互对比的维度。这迫使我们考察在世界上特定的地区里，政治，到底在经济发展中扮演了什么样的角色。举个例子，英国在18世纪，发展出了一个令人称道的、有强大的金融能力的国家，这无疑对于理解英国这个国家的本质，以及理解自18世纪以来，乃至于进入19世纪英国，为何能够建设和维持一只强大的海军，是至关重要的。不过我们还是要问我们自己，英国之前发生的这些政治变革，在多大程度上，可以被是后来其经济发展的原因？是不是有更重要的、独立的经济原因在起作用？所以这个问题就不一定会有一个简答的解释。

举个例子来说，我想谈下公债 (public debt) 的问题。很多人认为正是因为英国的金融改革，才使得其拥有了强大的发债能力，是它的经济增长变快。诚然，英格兰中央银行的发展和英国公债的发展，是息息相关的。但是欧洲国家举公债的普遍原因，是因为他们缺钱，而他们缺钱的原因是因为他们频频打仗。同时，我们要记住，公债并不是英国人发明的。早在几个世纪前，文艺复兴时期，意大利的城邦国就发展过公债。而在欧洲，有诸多方面影响的问题是政府的长期固定负债 (long-term funded debts)。欧洲政府思考和实验发行稳健的长期债券，并且让这些债券能够在国内，乃至国外流通，这是一个很长的，有关政府需求的故事。不一定是一个金融改革导致经济发展的故事。

公债的发展显然促进了私有金融机构的发展，私有债券本身的发展，在14 与 15 世纪之间，和上述公债发展的过程有密不可分的关系，这是毋庸置疑的。但是，起码就我的看法而言，我认为如果要尝试以有说服力的方式去证明政府在发展公债时，确实是有意识地想要去发展经济的话，这是十分困难的。换句话说，发行公债本身，不是以经济发展、工业化或者那样的目的为初衷的一项政策。这是一个渴望战争的国家面对不安以及急迫需求所作出的反应。对于法国来说是如此，对于一些其他国家也是一样，这是他们作为国家所企求的成就的一部分。

另外一种把欧洲前现代时期的政治和经济变革联系起来的方法来自雷恩哈德·本迪克斯 (Reinhard Bendix)。他的想法和蒂利的很不同。蒂利对国家构架的解释是说国家发动战争，由此需要建立相应的制度来提取额外的资源。本迪克斯同样是活跃在60、70 年代的社会学家，他是时常就国家和公民身份发表著作的很重要的社会学家。他在 1968 年写过一本《民族建构与公民身份》(Nation-building and Citizenship)，几年之后他写了一本《王还是人民》(Kings or People)，在此书中他讨论了代议制政府的发展和王的权威 (royal authority) 被代表制的权威 (representative authority) 所替代的问题。那条故事线，作为另一种思考现代国家发展的方式，强调了参与性民主制度、代表制民主制度。

在经济史学家当中有一支流派，主要是道格拉斯·诺斯（Douglas North），他本人以及他的同事和与他合作的学者。他们尝试让我们相信，是英国的代议制政府创造了和给予了英国经济发展的空间——这是一个很有力的理论论述，直至今天都极有影响力。这也是为什么今天我们看到这么多国家政府和国际组织的决策，都是有意识地以倡导民主管理制度为方式，来推动一些地区的经济发展——以至于世界银行，在一段时间里是按照一个国家的民主制度的发展程度，来发放贷款的。

事实上，这些新措施的成果不那么让人信服。有关我们应该如何测量民主的发展程度这个事情，学界仍有争论。同时也有一些学者提出，如果我们观察一下这些被这个按照民主管治质量审核而选出来的被放贷的国家，然后探究世界银行贷款在这些地方所带来的影响的话，我们会发现两件让人不安的事情：一，并非所有的这些贷款回报都那么高；二，更令人不安的是，有时这些被放贷的国家的管治质量排名，在被放贷后的几年，反而下滑了。这表明无论他们是否有效地测量了民主，这个被测量的东西和驱动经济增长之间的关系是不明显的。这是那些学术研究所反映出来的结论。

从历史上来讲，这种结论对我并不陌生。作为一个历史学家，我认为把英国政治制度发展和英国经济变革联接起来的，是一系列很特殊的历史的背景。我认为这二者之间的因果关系是复杂的，同时没有一些学者提倡的那么重要。自从 17 世纪末开始，我们能够观察到不依赖于代议制政府制度，而在经济上有所发展的种种例子。所以我认为在英国，两者很大程度上是并行发生的。对于那些把特殊的历史进程当作应有的历史进程的论述，我是不认可的。

这些发展方式有可能是有某种范式意义，有可能我们也希望其他地方都那样发展，但事实上，我们只需要回溯到德国和日本——如果我们回到 19 世纪末，然后我们问"世界上有哪些地方正在经历大规模的经济发展？"这里面当然有美国，而美国符合我们所说的这个模型，但美国也有很多资源，人口和获得资本的途径等等特殊的条件。换句话说，美国的经济发展是依赖于很多仅限于北美地区的条件的。同期，德国经济有天翻地覆一般的变化，而在 20 世纪初，日本经济也有很显著的发展。如果真的要去论述在这两个地方在这个时期都有清晰的趋向民主化制度建设的倾向的话，我认为会是一项英雄一般的任务。有些学者会说："事情是他们愈发展，就愈来愈变得民主。"而我的回应则会是："让我们仔细地想一想，他们真的有那么民主吗？"

从 2005 年开始，维恩档案馆的人做了很多的实证工作，目的就是描述出不同地区伊斯兰世界的经济机构是如何运作的。从这些工作中，我们看到，在历史有些时期，伊斯兰的许多地方的经济发展是很好的，即便他们没有达到中国或日本在 19 世纪以前的发展程度，但至少我们可以发现，在那里你是可以拥有商业的，也是可以在一些地区有较高的农业产量的，但就像在中国一样，那里也很难存在一个准备开始革命性经济发展的完整样貌。这导致我们再一次回到最初的问题，就是我们需要非常仔细地考量经济革命的情况、条件，由此我们才可以理解重大的经济变革的真正原因是什么。

总结一下，我会说我对政治和经济关系这个问题的理解是，19 世纪晚期时，导致经济发展的要素远远比 100 年甚至 150 年前要复杂得多。如果我们看待那些成功的案例，他们都和社会机构有所结合，自下而上地组织经济活动，并且要么出于幸运、要么出于某种目的地使得政府制定了好的政策，支持并且同下层机构协作，由此推动出社会运作本身难以做到的变革。在那些劳动力廉价的地方，大资本投资机器生产并不划算，你需要政府来做这些事情，承担风险，并在某种程度上违背一些经济原则。我们很明显地能看到 20 世纪早期的日本有这样的情况，二战之后的日本更是如此。

很明显地，这种对发展路径的总结也有很多限制。举个例子，在 19 世纪，首先我们需要考虑欧洲其实对技术专利非常吝惜——他们不希望技术向其他地方传播。这种技术的迁移从英国开始，无论在美国或是在欧陆，技术转移都与犯法，以及各种潜在的阴谋、诉讼有关。所以，并不是技术自然地流向了不同地区，而是一个地方的人们采纳了它，然后就开始保护它。这就是所谓的寻租行为 (rent-seeking)。所以，在中东，技术迁移如此困难也就不难理解了——因为技术迁移本身就是很困难的。19 世纪末 20 世纪初，日本在引进技术方面非常成功，也有许多流向中国的技术，但它们在一些范畴内比较成功，但对整个中国的经济没有造成太多影响。坦白说，假设到了 20 世纪中晚期，系统的环境没有改变，机遇没有改变的话，中国的经济发展还需要等待。

东方历史评论：刚刚您提到了"下层机构"(institutions from bottom up) 或者说"下层制度"(informal institutions) 对于社会经济发展的作用。我们如何理解这个名词？您赞同阿夫纳·格雷夫 (Avner Greif) 对此的论述吗？您能为我们具体描述一下下层制度在不同的文化中是怎么影响经济发展的吗？

王国斌：让我们来做两件事情。有关阿夫纳·格雷夫，我们要小心对待。格雷夫是一位研究经济史的经济学家。他是一位十分重要的经济史学家，有着强有力的想法和简练的模型。我想格雷夫的观点是很多不同的观点之中的一个（这事和你提的最后一个问题没有什么太大关系）。这样，我们还是先不说格雷夫了，我们一会儿会回到对他的观点的讨论。

你提出的关于文化和经济活动的这个问题是对的，对经济史学家来说，我们最感兴趣的问题就是：人们是怎么组织他们的经济生活的？当我们在用"非正式"(informal) 这个字的时候，可以说的是，在一定程度上来说，我们想说的是"没有经过政府介入，而由人民所发展出来的规则"，但是，一项我们要认识到的有关欧洲历史的特点就是一旦非正式的经济活动到达一定规模，然后政府便介入，把在地方上人们之前已经在做的事情正规化。所以，在中世纪晚期到早期现代时期，我们在欧洲看到的是在城市之中人们的行为的变化。很粗略地来说——当然我认为事情比这复杂很多——这些新的行为首先由商人开创和发展，然后这些新行为成为制定城市级管理办法的基础。而后，这些城市级的政策如何上升成为覆盖更广的地域的政策，就是甚为复杂的一个过程了。除了不同管辖范围的竞争关系之外，欧洲经济法的发展历程，以及欧洲法律的机理都是丰富而又复杂的题材，而这些都和中国的情况大相径庭，因为中国的法律是依据很不一样的因素来制定的。

这里我们注意到我刚刚强调的问题——在不同的地方，会有不一样的经济活动的组织方式，以及法律在其中的位置与角色。我们一个很大的误区，就在于假定了欧洲人所经历的这个过程，不仅是我们已经很好理解了的，更是我们应该视为范式的。当我们看到有其他地方不像欧洲这样做的时候，我们就觉得他们是次一等的。我认为我们将从中国的例子中学到，这种看法是站不住脚的。而我也猜测，我们至少可以给库兰对于伊斯兰地区所持有的那十分负面的观点，提出一些限定。间接地来说，这也说明法律本身是不能完全解释不同的经济后果及其分流的。

我认为中国的法律，从经济贸易来讲，运行得很好，但不意味着中国就可能发生工业革命。就这个问题，我们应该更仔细地去研究有关资本、劳动力、技术等方面的问题。总之，仅仅依靠一些自上而下的改革措施是不能带来经济发展的。看看我们当下这个世界，大部分的国家无法为人民带来实质的生活改善——贫穷的地方依旧贫穷，这就说明，仅仅倡导自上而下的改革肯定是做错了一些什么。

所以我们就看到，在底层提供经济诱因的重要性，这是一种基于市场的方式。比尔·伊斯特利（Bill Easterly）写过一系列的论文和书，他曾经在第一线从事过扶贫救灾的工作，所以他的话很多人重视。他以提出非洲家庭应该付一点点钱去买蚊帐而出名，他说让他们去买，比直接送给他们更好。因为这样的话，非洲的人就有了动因去挣钱买自己的蚊帐了——人们就开始可以慢慢对自己的人生有所规划了。人们需要有一些基本的方式来组织自己的经济活动，也需要有动因去组织自己的经济生活。而如果没有这些基本方式和动因，那就得有方法来开展这些。一项政策，是可以促进这些因素的形成，但除非这项政策的扩展方式是可以自我支撑的，否则我不认为它有能力让人民自发地追求经济活动。

这里有很多很复杂的问题，但这指向了我的观点：我们需要研究更多自下而上发动的经济史，以及有关不同的本地的经济活动是如何运作的。政府很有可能时时做出错误的决定，我认为这是有可能的。但我们也能看出政府有时做出了几乎完全正确的决定。所以如果没有这样的出发点，要去解释东亚的发展很难。日本政府，韩国政府，他们都显然扭曲过价格。他们显然是做过这样的事情的。这不是一个自然、自由的市场状况。因为市场状况相比起来是静态的，它能告诉你在任何一个特定的瞬间，怎么做是最好的。而它不能告诉你的，是"如果我想从这个时间点，到达到一个我有更具生产能力的劳动力、我能生产更多不同种类的产品的时间点，我应该怎么做呢？"从一个静态的出发点看，市场会告诉你："不，你根本不应该生产这些东西，你应该与那个能以更低价格生产这些东西的人交换。"这虽然在今天是正确的，但这并不会让你在明天更加富有。你能从交易中得到的利益是有上限的。要是你真的想成为一个有生产力的国家，那你就应该开始生产那些东西。

从某种意义上来说，这种直觉中国人在19世纪末期就意识到了，并没有比日本人晚多少。但中国的大小是整个欧洲加起来那么大，而且人口比整个欧洲还多70%。欧洲花了一个多世纪来进行工业化发展。苏联一直到了斯大林时期才开始工业化发展，而英格兰在1780年代就开始了。从这个角度来看，中国的工业化发展只花了很短的时间。当然，更靠近今天的时期里，技术已经很不一样了，经济发展可以更快。可是，这所提醒我们的是，如果我们论述说，日本政府执行了几项正确的政策，中国政府没有，所以中国的早期工业化失败了，日本成功了。这种比较是很傻的。

我想说的是，我们需要去看，在本地的层面上，经济活动究竟是怎么运作的；而且，政府可以提供一些动因，但过了一个临界点之后，重点在于放手。如果我们看待中国改革开放的成功之处，粗略来说，就在于很多城乡企业的发展，在中国不同地方是很不一样的，而中央政府让他们所有人，都各自发展。当然过了一个特定的点之后，我们有理由去建立秩序，而那时的经济状况，让政府更有理由定下更系统性的框架。就我对改革时期的中国感觉而言，政府推行的一系列政策，以及他们适应事态发展的方式，都是非常成功的。但是，今天他们所要面对的挑战，是和30年前政府所面对的挑战，很不一样的。

东方历史评论：谢谢王老师，我们还有最后一个问题。您已经从事经济史研究超过30年来，30年后，和您最初开始的时候相比，这个领域的研究所面临的最大挑战变化了吗？如果您带一位博士生，您会建议您的博士生专注于什么样的题目？

王国斌：我预计你是从更宏观的角度来问这个问题的，我假定你不是仅仅在问我对中国学生的建议，或是对美国学生的建议。好吧，我们面临的最基本的挑战——对我来说，在于经济史学和发展经济学的交叉之处。我们有两种非常不同的学术研究。事实上《大分流》的一个贡献，就是把经济史要讲述的故事，从那些显而易见的赢家那里，拓展到了那些并未立刻获得成功的人。换句话来说，直到20世纪末期的经济史，还都主要是在阐释一些地方是实现经济发展的。有关失败的经济史其实是非常少的。这里，我并不是说，我们就应该去做有关失败的经济史，而是说，我们需要培养的经济史的意识，应当是有关"事物是如何发生的"。我们先不谈它是成功了还是失败了，我们首先要理解它是怎么运作的。

事实上，这是一种我在《转变的中国》里极力强调的方法——"先别质疑为什么中国没有资本主义，先问问中国的经济是怎么运作的。"一旦你理解了一种经济的运作方式，你就对理解其中的互动机制有了更好的感知，由此你就可以开始做判断，并且对它的运作做出评价。除非你抛却它本身有所差异或缺乏什么的先行判断，并严肃地研究它的运作原则，你将无法把它搞清楚。

从一定程度上说，这种经济史研究的转向在20世纪末期就开始了，我认为我们仍然需要继续专注于解决它，因为这还是个重要的点，但我认为这个论述已经有所流传。同时，对于经济学家来说，他们开始意识到半个多世纪以来实践那些关于经济发展的理论的效果并不好。关于如何发展，（人们）经历了一段极其焦虑和不确定的时期。已经有太多的资源投入、理论、访问专家，太多有关已经尝试的事情的消极反应，最后，还是有很多失败的经济政策。

现在的挑战是，经济学在处理数据方面有各种方法，但对于持有某种理论或模型的研究者来说，他们习惯于找寻数据，然后看它能有多符合之前已有的模型。可是这些数据，它到底多大程度上能代表历史史实，又有多少是从真实的事件中提取出来的？我们需要面对的这个挑战，往往，历史学家比经济学家对数据的真实性和代表性更敏锐，但却没法像经济学家那样熟稔深入地去解读它们，而经济学家可能可以很好地作解读，但却不知道怎么如何考证这些数据本身的确实性。所以在我看来，最前沿的、最紧迫的任务就是构建知识的流通，我们需要一批有经济史和发展经济学功底的学者，他们有能力去理解为什么在思考经济发展的各种可能的时候，经济史是重要的；同时在他们也有能力描述，在过往的历史中，到底发生了什么，其中哪些事情是重要的，以及这些如何塑造了我们对未来可能性的理解。为了实现这一点，我们需要这两个领域的学者和学生更为积极地对话，对这两个领域共同关注的问题，我们需要把它们整合起来研究。

photo ｜ 影 像

你属于哪里？

摄影：李弋迪
撰文：朱津京

　　我总好奇为何作品必须是喧嚣的？平淡到几乎忘记的作品似乎才是那些重复轰炸视觉和底线的东西。走在东京街头，现代的奇幻和传统已经密不可分。所谓仁者见仁，智者见智吧，心里追求层叠的镜像反射以凸显自我的人就孤寡，心里追求抽象建立在繁琐细节提纯的人就沉重。谁在乎呢？观看摄影的人想到日本，想到东京就是花花绿绿，歌姬 shopping，倾斜构图混乱线条。大家都先入为主啦，摄影家给大家提供的仅仅是个找不同的游戏机会么？可能是阅读影像的能力太低下了吧，或者说中国人整个阅读摄影的历史是一个奇幻的历史：红色轰隆隆地来啦，去啦。模糊不清的变化来啦，走啦。互联网来啦，手机摄影啦，画册变 DIGITAL 啦，摄影史好短暂，十五分钟看完了！再看一遍都不想。

　　日本也是如此，我偏门的看法是：抗日战争给我们带来了太多，比如影视产业的 GDP，如果没有战争剧层出不穷，恐怕整个行业都会陷入滞胀。谁也没有给日本人留时间，我们去消费日本就可以。我感觉到日本好穷啊，我可以买光一个店里我喜欢的一切，再去下一个店，再下一个。回来给朋友们炫耀我是如何占领日本的，当然，必须有黄色杂志和绿茶巧克力。

　　日本在乎么？

亚洲的历史被声明为亚洲的一刻是谁说出来的，什么时间说出来的也是值得体会的，这也是个误会。欧美帝，亚非拉，殖民主义，东方学，后殖民主义。我看完这些经典，忽然觉得，自己打开的方式有些问题，上来就是 HARD 模式。但是还好，我打开的方式不是 HARDEST 模式。所以追根溯源地想要看看这个号称谦和的国家干过什么比较二的事。

1865 年 3 月 16 日，日本《时事新报》上刊载了匿名的《脱亚论》。文章提出，日本要与西洋文明国家共进退，要拒绝与中国（支那）、朝鲜这样愚昧落后的"恶邻"为伍。

如果有机会，我也想和我周围互相欺负孩子的恶邻宣言，我也想和离我家 800 米的五万立方容积的液化气大罐们说再见。去到我想去的免费医疗、绿植青苔密布、鞠躬行礼犹若千年前的角落。有世界上最好喝的咖啡，有可以出门左转就去朝拜和反省的庙宇的角落。

这个地方我买不到。

现在留学在日本的摄影家李弋迪，他将要给大家展现的日本是有淡淡的不同的。他用的办法和当年诸位取法"东洋"的民国少壮们一样，国内读完书，去日本，读预科，上大学去学自己喜欢的专业。打打零工，泡泡小妞。但是，他没有肩负着取法东洋，拯救国民于水火的重任。他喜欢日本的原因很简单，想去，爸爸妈妈同意，就去了。为了保持和他的摄影的距离，我没有和他聊太多。只是看照片。

在中文里，没有时态是一个极为令人焦虑的事情。得用很多虚头巴脑的时间状语来形容。日语里，有过去时，有进行时。但是对未来时的语法日本人比较谨慎，比如：ＸＸＸ的展览过一阵将要开展了。日语会使用普通时，未来时态不会特别强调，会审慎地使用普通时。就是还没有发生的事情就不要假设太多吧，假设多了好像有些可能会失礼，不如默默地陈述。

语言里带有的基因会影响太多对世界的判断，李弋迪在他的作品里，拍摄时候他是在用日文还是中文喃喃自语呢？总之看起来他的作品好轻松啊，这是一个必须要花下时间才能体验到美感。每次看过一遍，都会深深地感觉到为何这种轻松那么难得。这貌似不是每天媒体脑淫妖魔化的日本，真正的日本，在李弋迪有图有真相的前提下，是个属于每个人的日本。

李弋迪以往在国内拍摄的照片酷炫压抑，现在却是轻松写意。在日本各个细微处都可以感觉到人的存在，精密而善意，对于李弋迪来讲，沉重的历史，巨大的变迁，都和他没有那么具体的关系。可能在日本，很少有人会在乎这位摄影家的国家背景吧，要好好地学习和遵守社会规则，你就能享受日本带给你的福利。

摄影家是追求偶发的象征的人，是个人肉搅拌器，把外部的影像自我消化反刍给世界的优质媒介。无论他们的自语是清晰还是梦呓，他们已经渐渐在现在这个时代，取代了文字工作者对时代的精确描述的位置。当大批精研文化的人群不懂得影像的魅力从何而来，这是莫大的悲哀，一种巨大的病灶萦绕在我们的人群身体里，这是漠视吧，这是自我放弃吧，这是如同抛弃诗歌般的痛苦。是因为常见，就有理由不思考？是因为迅速，就可以不审慎？我个人的观点如此，总是提出疑问。

你属于哪里？

你属于哪些象限的交合区域？

你属于未知还是已知？

李弋迪的作品提供了一种非常简单观看方式，他保持着自己独特的时态，很好看，很轻松。好比我们担负着自己的使命，担负着做好一个摄影家的使命，这个担负是重要的，而担负的内容不是可以评判贵贱高低的。摄影能给人提供的终极艺术上的体验和其他艺术没有本质区别，万里漂泊，三年五载，终其一生下来，在某个时间段留下了某个人的踪迹。这个人的经历，恐惧，幸福，感受，都会物化成为摄影。

当摄影精读的时候，总能给人一些奇妙的感受，这些感受就是能够引起精确的误读。这些误读玄机巧妙，层层叠叠，一个能够产生美丽影像的艺术家，内心的风景也会是相当有趣。当摄影作为一个媒介对于创作者只是一个手段，这并不是摄影本身只能赋予创作者的空间，这也是摄影赋予观者的空间。这相对于历史和道德来比较呢，我更喜欢摄影。

你属于哪里？

essay ｜ 随 笔

托克维尔之后的魏斐德

撰文：向珂

今年年初，我收到从美国西岸发来的一封邮件。发件人正是魏斐德先生的夫人梁禾。邮件里，她同时传来好几张她先生魏斐德不曾公开的照片。其中一张是魏斐德和马内阿的合影。照片里的魏斐德坐在轮椅上，戴着遮阳帽的马内阿站立在他的身边。他们都出生在 20 世纪 30 年代中期，马内阿比魏斐德年长一岁。二人的出生地虽有不同，但在他们方向一致的眼神中，仿佛还是能让人读到二战的炮火、冷战的阴霾。否则，一生从事中国史研究的魏斐德在人生末尾不会急着向中国的读者推荐马内阿的大作。

如果马内阿没有选择在 1986 年离开了他的祖国罗马尼亚，从此自我流放，这次合影不知可否实现。流放几年以后，当"末代皇帝"齐奥赛斯库被子弹命中倒地的那瞬间，马内阿已在美国定居有时，依然用他的母语来叙述他的想象与现实。马内阿在《流氓的归来》末尾处说道，美国就如同一家酒店。在这酒店里，人人公平入住，而来历各不相同的人在熙熙攘攘中也能为自己找到一点空间。就在马内阿流亡十年之后，他盼着短暂地离开，回到他的祖国。然而，索尔·贝娄却劝他别离开这家酒店。

　　将美国比喻成酒店，也可见作为文学大师的马内阿对于修辞有着怎样的分寸感。这里，充斥着陌生人，说着南腔北调语，人性的普遍特征依旧能在此呈现。将近两千年前，普鲁塔克（Plutarch）描绘古希腊繁盛的旅店业时，曾说过这样朴素的话："当下万事俱备，尽在眼前。"因此，远离故土的行吟客能在此歇脚，甚或寻欢。他们大多来去匆匆，在酒店走道里，陌生人习惯性地点头微笑，没有必要对谁聊表忠心。

　　马内阿逃离了城堡，选择了自由入住的"酒店"，一住就三十多年。尽管他仍坚持用自己的母语来创作，但如果没有住进这里，如果没有在巴德大学任教，他的文学生涯又能走多远呢？

　　尽管罗马尼亚成了他不可停歇的素材之源，但也就在美国，他让这些故事置换到了世界主义的维度之中。魏斐德曾说，他年轻时也是十足的爱国主义者，但立场渐变，一生基本站在民主党一边。尔后，当他在谈到中国史研究的时候，却又坚持"地方的世界主义"（local cosmopolitanism），可见美国蕴含的普世精神对他有至深的影响——当然，这种精神在今日美国正遭受久违的冲击。由此也可以说，无论是马内阿，还是魏斐德，都熏染了托克维尔流传下来的气韵。

　　距今约两百年前，即1832年，托克维尔和博蒙特来到美国，确有几分朝圣的味道。他们此行旨在考察美国的监狱制度，但没想到的是，内向、不善言语的托克维尔发生的兴趣远远不止于此，他似乎发现已找到"未来"。他于1835年和1840年分别出版《美国的民主》上下二卷。虽然早在19世纪40年代该书便已有了英译本，但直到了20世纪30年代，它仿佛才在美国获得新生。年轻的美国学者乔治·威廉·培生（George William Pearson）于1938年出版《托克维尔和博蒙特在美国》——收录了这两位法国人的游记、日记和书信等。两年之后，英国政治学者J.P.梅耶（J.P.Mayer）在伦敦出版小书《托克维尔》，声称托克维尔是"大众时代的先知"。值得注意的是，梅耶还曾编辑了马克思的《路易·波拿巴的雾月十八日》。可以说，这两本书的出版引爆生发的潮流至今未绝。生于20世纪30年代的魏斐德也正遇到托克维尔"崛起"的势头。

　　在冷战时代的美国，托克维尔屹立在美国人心中，若马克思之于苏联。《美国的民主》犹如美国人的当代圣经，而托克维尔勾勒出的美国图景既可说是现实，也更属于理念。现实与理念也未必不会各行一端，否则，今天不会有人说特朗普不识托克维尔。托克维尔被称为美国的"公共哲学家"，但他终究不像马克思那样散发出弥赛亚的气息。他是历史学家，他似更在乎现实的复杂性。这就不难理解，除了历届总统爱引用他的文字之外，左右阵营人士都能成为他的拥护者，他们好像都能在托克维尔海量的文字中找到自己的灵魂之根。

魏斐德也如此。1996年，魏斐德接受《历史杂志》的采访。采访者提到他的宏伟著作《洪业：清朝开国史》时，说道："《洪业》非常值得一读，尤其对于非专业的读者。而同我所读到的关于近代早期的著作相比较，它更表现出了17世纪中国的复杂性。作为托克维尔的崇拜者，我注意到你在全书前言开篇便引用了他的文字……你的最后一章又再一次引用了托克维尔……因为托克维尔是一位研究法国旧制度的伟大历史学家，我认为，他会敬佩您对于中国旧时代的历史著作。"魏斐德闻此欣喜，如遇知音。这本讲述中国历史的巨著，其中却有大量直接引述托克维尔的文字，这难道不值得推敲？

1987年，整整三十年前，列文森图书奖在美国创设，表彰在汉学研究领域中的精品力作。《洪业》成为首届获奖作品。

1988年，魏斐德的前辈费正清在《纽约书评》发表文章《中国巨兽》(The Chinese Behemoth)，一并评述《洪业》与法国汉学家的历史小说《中国皇帝》。费正清在文章中如此写道：

> 20世纪的近代革命之前，在中国记述最为详尽的政治变革便是17世纪的满族入侵。新近从长城以北崛起的满族政府于1644年占领北京，此事件常常被描述为，刚刚团结起来的半游牧的非汉族，出于军事扩张的目的，对中国实施了成功入侵。得胜的满洲人从1644年到1912年维持了大清政权，巧妙地宣传他们的成功故事，以致日本在20世纪30年代的扩张之中也急切地盼望以同样的方式来夺取中国。1644年满族政权的巩固经历了大量混乱的斗争和政治运动，类似于欧洲同期的三十年战争；但是，中国已成为团结的国家，而欧洲却没有。当

欧洲为宗教与原初的民族主义而战，在此过程中现实了从封建主义到民族国家的转变，而此时的中国人关注的不过是从明王朝（1368—1644）到满清王朝的变更。

让·莱维（Jean Lévi）《中国皇帝》原是一本讲述秦始皇统一大业的法文历史小说，1987年由著名翻译家芭芭拉·布雷（Barbara Bray）译成英文出版。这书涉及的时代与明清变革相差近两千年，费正清却能合而观之，如见一根暗线贯穿在历史当中，不曾变异，不曾消退，帝国的命脉在长时间的隧道中循环往复地展露一出出类似的剧情。这样的往复，为突变设置障碍，帝国便又无缘转化为民族国家。直到近代，帝国的阴影与历史记忆依然未见消褪。在魏斐德笔下，"间谍王"戴笠并不类似于同时代的纳粹人物希姆莱，这位饱受本土文化熏染的一代枭雄倒是布满了《三国》《水浒》中英雄好汉们的影子。

原来，《洪业》一书的写作便出自费正清的建议。20世纪60年代末，魏斐德曾在香港收集了大量关于17世纪中国农民战争的资料。费正清对此工作也予以支持。1977年，魏斐德刚好四十岁，在英国剑桥某学院任教，便决定开启这项研究写作的"洪业"。一个大问题已在他的头脑中盘旋已久。帝制之下的中国浸润在儒家伦理之中，"忠"被认为是个人的重要道德品质。在大统一的和平年代，清晰的等级谱系不会让人产生什么疑虑：臣子对皇帝要保持忠心；妻子对丈夫，学生对老师，也得顺从于更高的指示。但是，平和单一的局面出现破绽，煌煌帝国甚至已出现并列的好几位最高统治者，过去的最高权威被分化为若干势力，当初效忠于天朝的儒士文臣转眼之间又能在"异族"的朝廷上表尽忠心。忠心的转换就正为《洪业》的问题意识之所在。

"为人谋而不忠乎？"（《论语·学而》）这里的忠属于"排他的品质"（particularistic virtue），而非"普遍的品质"（universal virtue）。"人"有各色，独立的诉求也都不同；当对此人表尽忠心的时刻，往往意味着与此人的竞争者当保持足够的敌意。作为"普遍的品质"的忠，其忠诚对象在所有人之上都有着不可挑战的权威，且具有抽象的性质。比如，一神教意义的上"神"，儒家所谓的"天理"，启蒙运动后流行开来的"理性"。"普天之下，莫非王土。"

帝王仿佛是众人之上的天神，但临到关头，天朝分崩，作为人的帝王终于露出屏弱的表情。种种以"忠心"为名且颇有张力的剧情也纷纷上演。1644 年 4 月，李自成率领的大顺军侵入北京，崇祯帝上吊身亡。昔日的明朝忠臣一时无路可寻，有不少拜倒在新皇帝的宝座之下，以示忠心。不久，流落到南京的明朝残余势力即便气息微弱，也有人急着惩处那些一时背离于我而又从北归来的叛徒们。史可法就察觉到这事的讽刺性：当初，那些身在南方的高官多因犯过才被贬至此，他们现在却可以毫无忌惮地炫耀天赐的道德优越。

忠既然是特定共同体的凝聚力量，也就能成为在其中谋求个人地位的无形资本。帝国无疑为一大共同体，无数臣民对帝国和皇帝的忠诚必然属于帝国稳定的基石。武力的压制，知识信息的封闭，经济的严密控制，使得无数人对帝国之精忠不二构成了客观的条件。但当帝国被外来武力所干扰甚或侵夺的时候，赤诚忠心也成为各方争夺的阵地。丹心已去，旧帝国的命数将尽；恐吓也罢，利诱也罢，换来旧国臣民的忠心，将注定是一番持续较长时间的"洪业"。"清朝开国史"，这不光是武力挺进的历史，更为收获忠心的历史。"留头不留发，留发不留头"，清代统治者用这些的标识来强化天下人的归顺，而不计其成本。

史景迁在对此书的书评文章中，开篇即写道："明王朝在 1644 年的陨落，其后来者清王朝在此后二十年中的凝合，是人类史最具戏剧性的事件之一。"魏斐德抓取这 17 世纪中二三十年的历史光影，来说明忠君的思想在旧帝国与新帝国的间隙中遇到的种种困境与变异。儒家经典只是空洞地告诉我们，对于君王要保持忠诚。而且，其中也会讲到天下的命数、天运：当一个王朝不能谨守天理的时候，就当被新的王朝取而代之，正所谓"汤武革命"。1644 年，清军入关，昭告天下："明季骄淫坏法，人心瓦解，以致流寇乘机肆虐。我朝深用悯恻，爰兴仁义之师，灭尔仇仇，出尔水火，绥安都城，兆姓归心。"

刚刚夺得天下的清王朝尽管宣称天命在己，但仍面临各种对抗势力的隐患。这种对抗的势力中，除了明王朝的效忠者外，还有若干妄想独立的帝国背叛者。对于叛乱，这个新兴帝国绝不会姑息。更有一些新的忠臣在平叛之中的英勇表现最终得到了帝国的褒奖。有趣的是，在马氏一家中，马熊镇在抗击三藩之乱中献身，而他的祖父是明代忠臣，父亲最终降清。他们具有道德楷模意义的故事被编成戏剧《桂林霜》，在乾隆年间广为传播。**魏斐德说**："通过马氏家族，历史终于回到了原来的位置，而清朝如今已同明朝完全相称了，它不仅取代了明代的统治，而且能够胜任。"

经过三十多年的步步跃进，无数人头落地，当下对清王朝的忠诚和昔日对明王朝的忠诚，二者已可并视，而不再冲突，这就似乎意味着清王朝的江山已是固若金汤。全书末尾处，魏斐德写道："权力仍然高度集中，但行政管理网络的末端已开始同官僚系统的指挥中心脱节。甚至更糟糕的是，整个系统已放弃了它在清朝初年曾经有过的弹性。而可悲的是，正是 17 世纪清朝重建统治秩序的成功，使之在 19 世纪强大的外来干涉再次出现之时，难以做出制度上的选择。在清朝灭亡的最后时刻，整个政治结构也随之崩溃了。"对于此奔溃的讨论便详见于他的上一本书《大门口的陌生人》。

而就在这最末章节之首，魏斐德还引用了托克维尔的一段话："中央集权易于将规则性因素强加于日常事务……使社会处于一种行政官员习于称为秩序井然和社会安宁的困倦的管理状态。一句话，这种体制长于防范，而非有所作为。"

托克维尔在完成了《美国的民主》一书之后，又于 1856 年出版了《旧制度与大革命》。他在前者记录下在美国的考察与希望，后者则为他对自己祖国现实的反思，尤其是而以大革命之后的帝国十年（1804—1814）为核心，追问帝国在法国产生的由来、影响与未来。大革命虽然在法国的历史上打开了洪流，但是，托克维尔认为，过往历史中形成的传统便如暗河一般，不经意间又会冒出头来。帝国形态的再次出现便如此。托克维尔也要戳穿那些欧洲思想家们对于中华帝国的天真想象。以伏尔泰为首，他们把这东方的大帝国设想为社会改良的理想模型，认为那里等级分明而致社会稳定，没有一神教带来的禁锢而有儒家道德的温润教化。而在此前的《美国的民主》一书中，托克维尔已随手留下了不少他对中华帝国的思考。在他眼里，那是停滞的帝国，人类近代知识无法在此生根，革命也无从起步。

假如说，托克维尔以《美国的民主》为参照基础，完成了《旧制度与大革命》，那么，魏斐德何尝不从中受益，以此反观中国的历史与当下。抑或可以说，这部美国"圣经"为魏斐德提供了不可忽视的问题意识，他以此来观照中国那段复杂多面的历史，而不失去考察的焦点、重心。而当我们津津乐道于《旧制度与大革命》的当代启示时，难道就该这样舍此逐彼，忘却思考捆绑于明清帝国的思想又会有怎样的转化可能？

莎士比亚在德黑兰

撰文：斯蒂芬·格林贝特（Stephen Greenblatt）
翻译：刘庆龙

> 莎士比亚就是将我送入伊朗的魔毯吗？四个多世纪以来，他超越了文化、意识形态、民族和所有一切划定人类身份的界限，一直发挥着联系不同群体的重要的纽带作用。

一

2014 年 4 月，德黑兰大学邀请我参加第一届伊朗莎士比亚研讨会并作主题发言。

我毫不犹豫便应允了。长久以来，我一直对伊朗心向往之。多年以前，还在剑桥上学的时候，我偶然读到过一本书，那本书介绍了大流士、居鲁士和薛西斯时代的艺术作品，充满了阿契美尼德王朝艺术的精美图片。我被这些高雅、神奇而诡秘的图景所深深地震撼了，于是乘火车前往伦敦。在大英博物馆，我惊奇地发现了有凹槽的牛角形酒器、格里芬的串珠手镯、由四匹精美的金马牵着的精巧的黄金马车，以及其他难以置信的从消失的波斯世界幸存下来的珍宝。我盯着这些，站在那里忘乎所以。

那些宝物所代表的文化立刻吸引并征服了我。一个剑桥的朋友曾建议我读一本关于波斯的老游记。（我已经完全忘记了这本奇书的名字和作者，甚至不记得自己曾经读过它，直到伟大的游记作家柯林·休布伦（Colin Thubron）最近又向我推荐了它——罗伯特·拜伦（Robert Byron）于 1937 年发表的《通往奥克夏纳之路》（The Road to Oxiana）。）拜伦锐利的视角，以及对伊斯兰和伊朗古迹精彩动人的描述，使我愈发想要亲自去瞻仰这样一个曾经辉煌灿烂的复杂文明。

这个愿望在 20 世纪中期本可以很容易地实现。那个时候，很多人会在暑假攒钱买一辆二手的大众车，驾车横穿波斯和阿富汗，绕过部落地区，由开伯尔山口（Khyber Pass）下行进入巴基斯坦和印度。一些同学邀请我参加这样的旅行，但是由于这样或那样的原因，我一直推迟这个计划，还告诉自己：没关系，还会有机会的。

我去参加伊朗的莎士比亚研讨会，并不意味着我们所处的情形是相似的，或我们潜在的价值和信念是一致的。正如主办方热情而充满鼓励的电话所表明的那样，虽然共同分享对莎士比亚的研究意义深广，但这不足以弥合我们之间的不同。一个简单的例子，联名邀请我的学者中的一位曾写过《＜哈姆雷特＞中幽灵的矛盾特性》和《审美反应：读＜麦克白＞》这样的文章，也写过有关"血腥残忍的冒险主义"——国际犹太复国主义——的文章。他曾写道："犹太复国主义的帝国主义触角已逐渐伸向了全世界"；"犹太复国主义那丑恶的嘴脸上过早地挂上了得意的奸笑"；"犹太复国主义者的关系盘根错节，他们人数众多，到处都布满了他们的足迹和代理人"……难道那些将要迎接我的伊朗主人，那些研究莎士比亚戏剧中人物复杂性的学者，真的相信那些有关锡安长老会协约的荒诞故事？"华盛顿已经处于锡安主义者的掌控之下"，"华盛顿已经成为牵线木偶，其每一步决策实际上都是由锡安主义者的拉比们做出的。这些人已经打入了美国的权力和控制中心，正如波斯谚语所说：没有他们（锡安主义者）的允许，他们连喝水的权利都没有。"这是这些学者为功成名就而不得已而为之的说辞，还是他们内心的真实想法？

我并不打算直接询问他本人，不过如果我这样做，他一定会像伊朗政府所做的那样，将锡安主义者和普通犹太人区分开来。然而这种区别真的存在吗？诚然，他所不知道的是，十一岁的我在新罕布什尔州的树林里参加夏令营

(Camp Tevya) 时曾高唱"希望曲"(Hatikvah)。从我的作品来看，他恐怕也不得不将我视为一个犹太主义者，且经常造访以色列并在大学发表演讲，与学者进行交流。既然如此，他向我发出邀请函有何深意？

就在伊朗伊斯兰革命刚刚结束之际，伊朗犹太社区领导人哈比卜·埃勒加尼安（Habib Elghanian）被当局逮捕，他因"与以色列和锡安主义有紧密的联系"、"与真主的敌人保持友谊"并"对抗真主及其使者"的罪名被处以枪决。在他被处死之后，大批伊朗的犹太人向外移民，仍然留在伊朗的犹太人也意识到了"与以色列和锡安主义存在联系"是一个严重的罪行。此外，护照上有入境以色列记录的外国旅行者将被伊朗使领馆拒签。不过从我的情况来看，莎士比亚似乎消弭了我们之间的冲突并在那巨大的鸿沟上架起了一座桥梁。

不过也许在我们之间根本就不存在什么桥梁。由于邀请函是多人联名签署的，所以在组委会中可能存在不同的声音，其中可能会有强硬派的成员拒绝邀请我，这样我将永远不能参会，或是根本拿不到签证。实际情况仿佛正是如此，尽管早在四月就获得了邀请并提交了签证申请，但我未从伊朗当局方面获得任何消息。几个月过去了，我几乎放弃了最后的希望。但就在 11 月，我计划前往德黑兰航班的前一天，我的签证被签发了。对如此漫长的延迟，当局没有提供任何解释。

我乘坐德国汉莎航空前往德黑兰。在航班即将降落伊玛目霍梅尼机场时，我听到飞机广播提醒所有女性乘客：在伊朗伊斯兰共和国要戴头巾——希贾布，这不是习俗而是法律。乘务员也说道："飞机上的女性乘客们请注意，在你们下飞机前必须按照要求佩戴头巾。"凌晨一点，我下了飞机，发现候机的正是那位著文谴责锡安主义者控制了世界的学者。他面带微笑，看上去彬彬有礼又友好可亲。很快我们便发现了彼此的共同兴趣——电影，于是一起愉快地讨论了迈克尔·哈内克（Michael Haneke）的《白丝带》（The White Ribbon），艾玛诺欧·奥尔米（Ermanno Olmi）的《木屐树》（The Tree of Wooden Clogs），和 1957 年的经典西部作品——《决斗犹马镇》（3:10 to Yuma）。

我们驱车进入市内，目之所及皆是阿亚图拉·霍梅尼（Ayatollah

Khomeini）和现任最高领袖阿里·哈梅内伊（Ali Khamenei）的巨幅广告牌。到达旅店时刚好是两点，这家旅店之前名为喜来登，现在改名为霍马（Homa）（如果我没有说错的话）。当晚，尽管我知道第二天一早就要参加会议，但还是因太过兴奋而难以入眠。我躺在床上，盯着一个嵌在天花板上的铝制箭头（指示着麦加的方向），对自己即将到来的主题发言感到担心。我无意将这次演讲变成一番挑衅，而且比起自己我更担心组委会的成员和那些听讲的学生，我想如果我的演讲"出格"的话，他们中一定有人要对此事负责。但同时我也不想放任这个机会白白溜走，失去意义。

演讲当天，当我进入大厅时，看到的是一群充满渴望的面孔；当我走下过道时，所有人都起立鼓掌，还有人用手机拍照。所有女性都戴着希贾布，其中一些还穿着卡多布；年轻的男子穿着则很随便；老师们穿着夹克，不打领带。我注意到有一些人站在人群之外，这些人看上去既不是学生也不是老师，不难猜出他们的身份。演讲开始前，有一个很长的祷告，同时播放充满了鲜花和风景的秀丽视频，随后奏伊朗国歌，接着是一个冗长的介绍。当我起身做演讲的时候，心中充满了前所未有的紧张感。

莎士比亚就是将我送入伊朗的魔毯吗？四个多世纪以来，他超越了文化、意识形态、民族和所有一切划定人类身份的界限，一直发挥着联系不同群体的重要的纽带作用。诚然，这些界限依然存在，莎士比亚并不能轻易地抹除它们，但他为人们提供了一个他所谓的"赎罪"的机会。这个词在莎翁笔下的意义与当今不同，他所说的"赎罪"（atonement）意指把意见不同并相互隔离对立的人聚集到一起，进行对话。

我们应该对这样的所谓的"对话"进行无情的质疑，来揭示当时其所服务或掩藏的意识形态，来挖掘作品的原始环境，来探寻当下其被接纳的不同背景，这是我们这一代莎士比亚研究者们要进行的工程。我们试图分辨出潜伏在剧院或出版社的那些秘密警察。这是一项令人兴奋的工作，几十年来一直支撑着我和我的同事们坚持不懈地努力。但我们几乎都忽视了这样一个问题：莎士比亚在面对与我们同样的困境时是如何成功的呢？

这是我开场提出的问题，答案很简单：他是一个天才，就像在伊朗广受崇拜的诗人哈菲兹（Hafez）和鲁米（Rumi）一样。但是"天才"并不足以表达我们对他的钦佩。我向听众们推荐了本·琼森（Ben Jonson）的观点：莎士比亚是一个"诚实、开放而又自由的人，他拥有超凡的想象力、勇敢的理念和绅士的表达"。

琼森对莎士比亚的想象力和语言表达能力进行了赞美，认为他的想象力、理念和表达恰到好处。不过我更注重琼森对莎翁个性的描述："诚实、开放和自由"。我暗示这个评价不可避免地又和政治有所关联，而后继续说道：

十六世纪末、十七世纪初，英格兰是一个闭塞而不自由的社会。在当时的英国，公开表达自己内在的真实想法是十分危险的。政府无孔不入地监听酒吧、旅馆等公共场所，并十分留意监听到的每一个细节。凡是有违都铎和斯图亚特王朝官方意志或违背基督教教会正统观念的言论将受到谴责，甚至导致严重的后果。英国警方曾向既是政治权威又是宗教领袖的英国女王汇报编剧家克里斯托弗·马洛（Christopher Marlowe）的反宗教观点和言论，随后英国安全部门便策划了一起小酒馆斗殴事件，在斗殴中将马洛杀害。之后，马洛的室友——剧作家托马斯·基德（Thomas Kyd）也遭到了严刑拷打，不久便死去了。

在这样的环境下保持诚实、开放和自由的品质本身就是一项了不起的成就。那些与政府和教会的观点论调保持一致的人很可能也很容易认为莎士比亚的戏剧作品反映出了伊丽莎白时代的社会图景。那是一个贵族血统高于一切的等级社会，民众缺乏独立意志且很容易受到非理性思想蛊惑，因此尊重秩序和等级是十分重要的。

不过这种观点很难解释莎士比亚作品中的有些场景。例如，在克罗迪斯谋杀丹麦合法国王的一幕中，他当着造反的民众宣称：

> 国王的周围总有个神圣的篱笆

在伊丽莎白治下的英格兰妄言所谓"神圣的保护"是极不明智的，从教堂到议会，那些宣传不过是巧言令色的说辞，可以用来为任何当局讴歌。但是观看《哈姆雷特》的观众是如何理解这一幕的？罪犯克劳狄斯知道并没有神在保护那个躺在花园里憨憨入睡的老国王，他可以做的也不仅仅是偷窥而已。他假装虔诚的谎言不过是为了神化自己的权力和哄骗单纯的王后莱尔提斯（Laertes）。

再拿《李尔王》中的一幕举例，李尔王在深陷绝望之后，遇到了失明的格洛斯特伯爵（Gloucester）。李尔王说："一个人没有了眼睛就看得见这个世界的面目"，"用耳朵看吧"。如果用心去听，你又能"看"到什么呢？

> 看那个法官怎样痛骂那个微贱的小偷。听，侧过耳朵来：换一换位置，现在猜猜看，哪一个是法官，哪一个是小偷？[1]

当时的主流文化尚不鼓励个人去进行将法官和罪犯位置对调这样的思想实验，遑论聚集在剧院里的上千人。没有人在公众面前挺身而出揭露那些道德的代理人和他们所鞭笞的罪犯一样，有着相同的贪念。没有人愿意打破自己平静安定的生活，站出来坦言在那些富人的锦衣华服之下可能藏着和衣衫褴褛的穷人一样的邪恶的灵魂。没有人愿意舍弃自己的安全，像李尔王在最后一刻做的那样，高声疾呼："屈服于政府淫威的人生像狗一样。"

为公开表达这些想法，莎士比亚运用了许多技巧：一方面这些想法不是作者的直接表达，而是从剧中人之口说出；另一方面这些角色往往是疯癫之人；此外，剧中的李尔王并非当时当世的现实人物，而是历史人物。莎士比亚从未直接对政府当局表明过自己的态度，也没有对当时社会上针对国家和教会的批评直接表达过自己的观点。他知道，尽管脚本要被审查，剧场受到监督，但只要谨慎地避免公然讽喻时事，警察很少会干预戏剧演出。

然而"干预"在莎士比亚的戏剧中并非从未发生。令人震惊的是莎士比亚在《李尔王》中竟然让一个无名的仆人站出来阻止其主人——王国合法的继承人——强大的康瓦尔伯爵（the Earl of Cornwall），阻止他折磨那些受到怀疑的人。"住手，大人"，仆人说：

---

[1] 卞之琳版 p471。

我从孩提起就一直侍候你，

可是我对你再好的效劳也比不上

我此刻叫你住手。[1]

起初，观众们一定对仆人阻挠康瓦尔伯爵施刑这样的设定感到震惊。尽管仆人最后死于剑下，但他在死前也对主人进行了致命的攻击。而更令人震惊的是，尽管在当时无名小卒对抗领主一向被视为叛国，观众们竟然还都对这名仆人表达了同情。如此直接的表现几乎是一种疯狂的设定，因为故事的时代背景虽被设为古英国，但其环境与观众所处的现实无比接近，这令人感到不安。

莎士比亚是如何逃脱惩罚的呢？从现存信息来看，他的逃脱部分是因为伊丽莎白和詹姆斯一世时代虽然实行高压管理，但政府的监控并非面面俱到，其刑罚也并不如一些残存的资料显示得那样高效。相较官方的记载，莎士比亚所处的社会实际上可能更多元、更自由。

此外，我认为还有一个更为重要的原因：莎士比亚似乎将自己对时代和国家的颠覆性观念放置在了一个更为广阔的图景中，在那里，他笔下的人物们不断地迫切地上演着自己的故事。同时，也正是这样的原因让我们跨越了四百多年的历史，跨越了社会、文化和宗教的差异，始终与莎士比亚的作品紧密相连。我们有义务将这些故事保存下去，如此，即使周遭险恶，我们也能寻找到一种方式，在自己的生活中自由、真诚而开放地交流。

演讲持续了一个多小时，临近结尾时，我以为听众们可能都会急着退场。但出乎意料的是，他们仍坐在自己的座位上，并开始了一个更为精彩的环节——问答，接下来的一个小时充满了大量极具挑战性的问题。大部分的问题来自学生，而提问者多是女性，她们的勇气与魄力、知识与表达令我十分震惊。虽然只有极少数的老师和学生曾迈出过伊朗国门，但大部分问题都是用流利的

---

[1] 卞之琳版 p446。

英语提出的。对于有些问题，我甚至只能给出似是而非的回答，我记录了一些这样的问题：

> 在后现代时期，普世性广受质疑。我们应该如何调和莎士比亚的普世性与现代理论的冲突？
>
> 你说莎士比亚用尽一生，将自己的意识观念融入笔下的故事。我们不也一样吗？是什么区分了莎士比亚与我们？
>
> 谈谈你的作品，与文化唯物主义相比，能否说你是在锻造新的历史主义的理论？
>
> 在谈论文化流动性的时候，你提到了文化变革、文化多元化和文化差异的包容性；但当谈论文艺复兴的自我建构时，你提到意识形态的东西和权力之间的关系，认为它是不自由的：文艺复兴的自我建构充满了理论的陷阱。那一个人怎么可能在受困于意识形态与权力关系的同时又扮演文化变革和持久性辩证关系的代理人呢？
>
> 莎士比亚有出众的语言才能，但这怎么就能表明他的内心也在充满了热情、真诚并自由地思考呢？一个学生问："你是否相信查理二世（Richard II）时期，亨利四世（Bolingbroke）的改革真的是想要建立一个更美好、更公平的社会？亦或只是为了攫取财富和权力？""我不知道，"我回答说，"你怎么看呢？"那个学生回答说："我认为这不过是一小撮人替代另一小撮而已。"

二

我魂牵梦萦伊朗已经有五十几年了吧。我的签证允许我在会议之后再待几天，会议的主办者——一位非常慈祥、友好好客的女性，帮我安排了一辆汽车和一个司机，并配备了一位美国向导。我被告知不能独自游览，这很好，因为我只学了两三句波斯语。而司机侯赛因不懂英语，因此，对他在德黑兰疯狂的交通状况中表现出来的高超的驾驶技术，我不能直接表达钦佩，这很遗憾。向导哈桑，对英语一知半解。他告诉我，他出生于伊斯兰革命那一年，最初伊朗并没有太大变化，妇女不用戴头巾，所有人都可以喝酒。（当他得知我和我妻子几乎每天晚餐时都要喝一杯酒时，他看起来十分震惊。）至少对于那些我已经习以为常的宽松习惯，从宗教出发的他仍颇为在意。他一天要虔诚地祈祷数次，通常是在旅店和其他公共建筑中的"祈祷室"。在清真寺，他和其他众多虔诚的穆斯林一起热情地亲吻圣墓的栏杆，以此来获得来自圣人的赐福。但后来他得了重感冒。

德黑兰一千二百万居民好像都在街上，侯赛因每次在德黑兰的大街上都要努力地躲闪、抢路。城市北部富丽堂皇的宫殿让位于无穷无尽的写字楼、公寓、广场、商场和巨大的营房。哈桑提醒我不要拍军营的照片，我也不打算冒着被投进监狱的风险这样做。他说这里布满了监控摄像头，它们能够分辨出任何试图在车里拍照的人。街道上，电脑、洗涤剂、酸奶的广告牌与霍梅尼的伟人画像、政治口号、美国和以色列的邪恶形象以及两伊战争中许多烈士的照片交织在一起。

众多的烈士画像布满了德黑兰的大街小巷，在街道两旁、交通要道、建筑物边上、建筑物墙上、立交桥和人行天桥等每一个地方。灯杆上的烈士画像通常两两一组，这可能是无心的设计。其中一些画像组合颇为震撼：一个少年边上是一个强硬的老兵；一个新兵的旁边是挂满了勋章的高级将领；一个满脸胡子的战士旁边是一个长相甜美的少妇。

德黑兰好像永无止境，但是一旦我们驶过了最后一个有烈士画像的立交桥，突然，高速公路就伸入了无边的荒漠，一直向南150公里直至伊斯法罕省的卡尚（Kashan）。卡尚以出产地毯闻名，我小的时候家里就有一块卡尚的地毯，但我此次造访的目的地并不是拥挤的巴扎，而是十六世纪的芬馨花园（Bagh e Fin or Fin Garden），它在古波斯历史上被誉为"天堂"（"天堂"是英语从波斯语中借用的一个词，其他的还有桃、柠檬、橙、腰带、长衫和睡衣等词）。如今的天堂已经成了一个小小的尘土飞扬的广场，笔直的小径两旁种满了古朴的松柏。

对于那些习惯了罗马多利亚潘丽菲美术馆（DoriaPamphili）、伦敦英国皇家植物园（Kew）和纽约中央公园（Central Park）的游人而言，这种以广袤、苍凉的沙漠为背景的刚硬的建筑之美是很难欣赏的。但从旁边天然泉眼中流出的泉水，我第一次感受到了《创世纪》（Genesis）中那种夸张的描写：其壮丽并不逊色于四大河的源头。卡尚的花园崇尚理性和控制的美感，珍贵的泉水直接通过笔直狭窄的水道流入一个铺满了绿松石的正方形水池。此外，一个充满了历史感的浴室（或称为澡堂）也从这里取水，19 世纪一个民族英雄正是在这里被暗杀（"暗杀"也是英语一个从波斯语借用的一个词）。

经历了漫长的等待之后，任何真诚的企盼在被满足之时，都会伴随着难言的失落。游览过芬馨花园之后，我心中的些微失落也不足为奇。在设拉子这座我想象中充满了莺歌燕舞、灯红酒绿的城市也是一样，比起它落后的交通和死气沉沉的 70 年代的建筑，更为显眼的是大阿亚图拉霍梅尼和烈士们无所不在的巨幅照片。

不过在造访过许多地方之后，这种失落出现了一个例外：伊斯法罕，这里满足了我对伊朗的旧梦。虽然同样少有旅游信息，同样充满了伊斯兰共和国严峻的标志，但这座城市在很大程度上避免了现代建筑的侵蚀。一座古桥横跨扎因代河，上面到处是独具特色的传统茶馆。激烈的卫道士担心这些空间可能成为男女调情之所，因此下令将这些茶馆全部关闭，但这座桥依然充满了欢乐的生活气息。此外，这里的清真寺、花园和公共广场都极具美感。

在一天的游览观光即将结束之时，哈桑提议带我去教堂。我向他表示了感谢，但也表示愿意放弃这次访问，因为我是一个犹太人，更希望去访问地图上的犹太教会堂。他吃了一惊，但马上恢复了镇定，他说在他长大的城市——马哈茂德（Mashad），他曾认识一家犹太人，但是他们已经搬走了。于是我们开始了对犹太教会堂的寻找，地图显示在城市迷宫般拥挤的巴扎集市旁边有一座，但是我们没有找到它。售货员和路人纷纷迷惑地看着我们，哈桑向他们求助，但是没有得到任何帮助。随后我们开始了新的"征程"，从巴扎集市走向了狭窄幽静的小路，进入了一个安静的居民社区，哈桑逐个敲门、在百叶窗外询问。最终找到了一个老妇人，她告诉我们这一地区曾经住着犹太人，但都已经搬走了，至于犹太教会堂，更是不知它今在何方。

在我所游览过的地点中，没有任何可以同周围这些宫殿、伊斯兰学校、澡堂和清真寺相媲美。而其中最壮丽的当属谢赫洛特芙拉清真寺（the Mosque of Sheikh Lotfollah），它坐落于发罕皇家广场，波斯贵族过去曾常常在这里打马球。这座清真寺的独特之处在于其圆顶与精心雕琢的正门入口是相偏离的，因此进入圣殿前需要经过一条狭窄弯曲的小路。琉璃瓦色彩鲜艳，蓝绿色、绿色和赭石色的交错的枝叶、优雅的花纹、千变万化的菱形窗格组成了各种奇妙的图案。每个由拱门支撑的龛，都为钴蓝色瓷砖所包绕，上面用阿拉伯字体书写着古兰经经文。我认为古兰经的经文是所有书写文字中最漂亮的。

我抬头望向穹顶，感觉那里悬挂着一个宏伟的、闪闪发光的金色吊灯。而后逐渐发现那里其实并没有吊灯，拱顶的金光是经十六扇窗户透入的自然光汇聚而成的。那时，大厅里还有另外一个游客，我走过去和他一起分享了那个神奇的圣景。他是一个很高很瘦的荷兰青年，在对用照相机捕捉这一奇幻景象感到疲惫之后，我们开始聊天。他告诉我他辞去了在阿姆斯特丹一家银行的工作，从荷兰一路骑行到伊朗，最终的目的地是巴基斯坦。这种冒险精神远远超出了20世纪60年代我对自己的设想，我很高兴这种精神能一直延续到他，而且比我更加勇敢无畏、更加肆无忌惮，他对这个世界充满了诚实、自由、开放的梦想，这是我曾无比珍惜的，更是莎士比亚精神的延续。

历史的法则

——《大宪章》《权利法案》及时代影响

作者：吉尔·莱波雷

翻译：朱丽娟

　　无论从哪个方面而言，约翰王登上王位，都是件令人不悦的、糟糕之事。约翰王出生于 1166 年或 1167 年，是亨利二世五个儿子中最小的一个。登上王位的他也遭到了来自两方面的蔑视：一是（"约翰王"的）王号并非顺承前任国王，也许是照着姐姐乔安（Joan）的名字来命名的；其二，除他之外，英国历史上再没有哪个王沿袭他的王号。此人心术不正，身体也不好，尽管已经很难再从中世纪那些史官的文字中，设想他到底有多罪恶。不过，这个英格兰史上最糟糕的王还是因 1215 年对男爵们所做的妥协被人记住了：他在后来被称为《大宪章》的法案上戳上印章，以示愿意遵守"国家法"。不过，很快，他又让教皇宣布协议无效，教皇真的照办了。没多久，他又死于痢疾。"地狱看来也要被约翰王给玷污了"，有人讽刺道。到 2015 年，《大宪章》已签订八百周年了，约翰王也已经死了七百九十九年。没有谁会像他一样更不被人缅怀，也没有哪份文献会像《大宪章》那样获得那么多敬仰。

　　《大宪章》中的许多法令已经被视为现代法的基础，最重要的一条是在宪章中，约翰王保证他不会再随意地将民众投进地牢，现在谁都知道这是需要依法判决才能执行的，这并非某个国王的保证，而是人民的基本权利。依法判决是杜绝不公正的防护堤，不过 1215 年前并未被写入章程。它像一堵由一块块石头垒起来的坚定的墙，年复一年地防御和反击着不公正。但是《大宪章》中的许多其他条款，随着年代久远，却像坍塌的、被废弃的古堡，断壁残垣一般被人遗忘。

《大宪章》是用拉丁文写就的。国王和贵族们都说法语。"这是上帝的话！"（"Parles denz Dieu!"）国王爱引用上帝的话发誓。而没受过教育农民们，都说英语。宪章中的大多数条令都与贵族地主的财产事务有关（农役租佃、土地使用权和兵役免除税），落后的农耕方式及牲畜饲养（包括农地和农具），以及没收和继承田产（侵占和继承祖先所得）等。"自此以后，不得以普通传票召唤森林区以外之居民赴森林区法庭审讯。但为森林区案件之被告人，或为森林区案件被告之保人者，不在此限。"有篇文章的开头引用道。

人们经常高估《大宪章》的重要性，它的意义也已经被歪曲了。"约翰王所保证内容不会一直不变"，1992 年美国最高法院大法官约翰·保罗·斯蒂文斯很准确地说。相较于只保留了六十多条法令中的四条的英国，它于美国是一部更重要的遗产，2012 年，新汉普郡将一项法令介绍给州立法机关，要求"所有的常设法院成员提出的有关人权或自由的法案或章程，都必须直接引用一条根据《大宪章》中有关人权和自由法案条例衍生出的文章中的内容，"尤其对于最早一批美国人来说，《大宪章》尤其具持久效力。"它每天都和我们在一起，"贾斯提斯·安东宁·斯卡利亚在 2014 年秋天一次集会的演讲中说道。

谈了太多法律的规章，现在谈谈历史的法则。《大宪章》，作为约翰王和他的男爵们签订的协议，针对过去，也预指现在。尽管后来并不奏效。但这就是历史：不会朝着指定的方向发展。为了庆祝它的生日，有人还为《大宪章》注册了一个推特账号：@MagnaCarta800th。伦敦英国图书馆，华盛顿的国家档案馆以及一些其他的博物馆也都举办了有关《大宪章》展览，中世纪拉丁文版的《大宪章》被放置在厚厚的玻璃橱柜后，像是一条热带鱼，也像是镶嵌在皇冠上的珠宝。有些，当然也是抢来的。大多数的版本都是用油印纸和羊皮纸制成，字迹也像是遗迹。英国图书馆的礼品店还出售《大宪章》的纪念 T 恤和茶巾、墨水、羽毛笔和约翰王的枕头等。国会图书馆有《大宪章》杯子出售；国家档案博物馆里有本名为《＜大宪章＞：宪法的基石》的儿童读物；令人啼笑皆非的是，网上还售卖"1215 年原版《大宪章》英国图书馆婴儿奶嘴"：《大宪章》全文 3500 个词都被嵌在一个矫正牙齿型的硅胶奶嘴上。

约翰能登上王位的确出乎所有人意料。1169 年，亨利二世将国土分封给尚在人世的几个儿子时：亨利（他的封号和财产的继承人），分到了英格兰、诺曼底和昂儒；理查德，分到了阿基坦；杰佛瑞，分到了布列塔尼。对于他最小的儿子，却什么都没给，只给了一个名号：无地王。在新版传记《约翰王及通往＜大宪章＞之路》中，斯蒂芬·丘奇认为亨利二世可能希望小儿子能成为一名学者。1179 年，他让曾为英国法律撰写和校订了第一部注释——《英格兰疆域内的法律和海关协定》的拉努夫·德·格兰维尔担任约翰的指导老师。

"英国法律还没被写出来，"条约上说，而且"相关的法律条文绝对不能被缩减。"同时，格兰维尔认为能被人接受的平民法应包含风俗和约定俗成的条例。亨利二世在位期间，有个很微妙、很复杂的问题：不成文的法律能算作法律吗？格兰维尔认为：算。但这又引出了另外一个问题：如果法律没有被写下来，即使算，又靠什么作为凭证或力量迫使一个国王去遵守呢？

没多久，亨利二世的儿子们一个又一个地离开人世。1183 年被指定为王位继承人的兄长亨利去世，那时约翰正作为一名骑士去了爱尔兰探险。谁知他竟然被自己的部队中途抛弃，还获得了一个新绰号：软剑约翰。1186 年，当他的哥哥杰佛瑞去世后，约翰和理查德联手背叛了老国王。1189 年，约翰和表妹格罗斯特的伊莎贝拉成亲。（但当确知她无法生育后，他结束了婚姻，并把她锁在一个城堡里，随后又卖了她。）亨利二世死后，狮心王理查德登上王位，发动了一系列政治改革。谁知却在回家的途中被约翰投进了德国的监狱中。约翰还和法国的菲利普·奥古斯都联合，准备联手反叛，但都被理查德防范成功，并得到原谅。"他只是个孩子"，理查德说（约翰已经快三十岁了）。再后来，1199 年，理查德被十字弓射死之后，管他什么失地王还是软剑王，约翰最终加冕成了英格兰的王。

约翰登基后，又频频发动战争，以至于失去的城堡比得到的还多。他失去了整个昂儒和阿基坦的大部分土地，后又丢了诺曼底。1200 年，他又与另一位伊莎贝拉结婚了，她才八九岁而已。每次提到她时，他都用"东西"来指代她。他还有一群私生子，据说还想强奸一位男爵的女儿（第一个说法比较普遍，第二条只是风闻），尽管，如丘奇提醒读者的，不是所有关于约翰的记载都值得相信，因为大多数的中世纪的史官提到他时都带着愤恨。这样，你就知道为何在史官笔下，他更改了税收政策，所收的税比任何王都高；他将无数钱币藏于外城，而城堡内的钱币更是无法计数，以至于没有人能用钱收买他。当贵族们欠他的债时，他就拿他们的儿子做人质。他把一位贵族和他的儿子逼得几乎快饿死。又据说他已经把一个教士碾死，只因他怀疑那人不忠。他还反对新上任的坎特伯雷大主教。为此他最终被教皇开除教籍。他又预谋着重新夺回诺曼底，以反攻威尔士和入侵法兰西。他又狡诈地将英格兰和爱尔兰献给教皇以博取他的信任，随后又找个理由誓师东征。1215 年 5 月，男爵们终于起来反抗国王对伦敦的专制统治。那年春天，他同意与他们谈和，双方在泰晤士河边的草地兰尼米德附近会晤。

男爵们向约翰王提出了一系列要求，如《男爵法案》第 29 条："任何自由人，如未经其同级贵族之依法裁判，或经国法判决，皆不得被逮捕、监禁、没收财产、剥夺法律保护权、流放或加以任何其他损害。"约翰王回复："为什么这些持勒索条令的男爵们，不直接冲我的王国来呢？"但是 1215 年 6 月，国王背对着墙，在这份由他的书记官用鞣酸铁墨水写在一张羊皮纸上的法案上，盖上了蜜蜡印章。法案中曾有规定，国王本人要授权"所有本国的自由民众和后代子孙永久性地"拥有"明文规定的所享有和被赋予的自由权"（关键在于"自由人"，必须是个贵族。）男爵们在 29 条法案中所要求的自由就是："如未经同级贵族之依法裁判，或经国法判决，任何自由人皆不得被逮捕，监禁。"

拥有悠久历史的《大宪章》，其实自它被撰写出来时，已不算很新。如尼古拉斯·文森特在《＜大宪章＞：一篇短序》（牛津）中所言，至少自公元前六世纪开始，国王们都用会文字强调自己的统治权。文森特是东安格利亚大学的中世纪历史教授，也是一部新版插图论文集《＜大宪章＞：自由的基石，1215—2015》（第三个千年）的编者和首席作者。自 877 年国王们还身在法兰西时，就有在加冕礼上宣誓站在正义的一边的传统。如伦敦国王学院中世纪史研究学者大卫·卡彭托对《大宪章》（企鹅经典系列）发表的一篇很有价值的评论中所言，《大宪章》借用了很多早期法案中的条例（包括不少特殊条例），有的已有几百年的历史了。这是对去年去世的 J.C. 霍特教授经典且权威的评论所做的回应，不过他并未否决霍特的观点。比如，（文中提到）11 世纪时，德国国王康拉德二世曾向他的骑士们保证，他不会夺走他们"从祖先及经同级贵族判决所继承的"土地。1100 年，亨利一世，作为征服者威廉王的儿子，颁布了一项自由法令：保证"废除一切英格兰国王非法施压的恶俗"，一系列新规定又出现在《大宪章》中。《自由法案》几乎没有阻止亨利一世和他的继任者掠夺土地，屠杀外敌，控制教会及僭越法律。但是它被记录下来一直影响到了一个世纪后的《男爵法案》。同时，亨利二世和他的儿子们命令手下遵从，并保证他们的行为是受国家法保护的（这个法令正是格兰维尔所指的不成文的法令）。"我不希望自此以后你们被排除在法律和正义之外，也不希望任何人能随意拿走属于你们的东西"，约翰王宣称。正如卡彭托所述："实际上，1215 年所发生的一切只是关系的反转，是整个国家让国王遵守自己颁布的法律。"

约翰王于 1215 年 6 月为宪章盖上了印玺。实际上，为了便于分发和传告全国，他签印的宪章并不止一份（也没有原稿）。但到了 7 月，他请求教皇宣布无效。于是，教皇 8 月份颁发的一份教宗诏书中，就宣布法案"无效，且永久不具效力"。内战旋即爆发。1216 年 10 月，约翰王去世，遗体被安葬在伍斯特，因为如丘奇所言："他的国土大部分被掌握在敌人手中。"约翰死前曾授位于九岁的儿子亨利。为尽快结束战争，曾在小亨利统治期间掌握实权的摄政王将在兰尼德颁发的宪章作了几处修改后，重新昭告天下。1217 年，与森林相关的条款被单独列出成为"森林法案"；1225 年时，经过对 1215 年法案中三分之一左右的条例的删除或修改后，剩下的内容成了后来世人皆知的《大宪章》。他赋予了所有自由和不自由的人（而非仅是贵族）自由的权利。并将相关条例分置于各章节之中。1297 年，它正式加入成文法规的行列，并于 1300 年用英语发出公告。

"《大宪章》的问世改变了什么吗？"卡彭托问。显然很多人都知道它的存在。1300 年，即使是抱怨埃塞克斯地主执行官的农民都会引用里面的话。但是有效吗？对于这个问题也曾有过很多次争论，卡彭托认为大多数时候里面很多条例都不太合理，难以执行，且脱离实际。它已经被核准了五十多次了，但仅仅是因为几乎从未被正式兑现过。英语版本的宪章更糟糕，1534 年第一次出版时，《大宪章》对于很多人来说只不过是满足了一份好奇。

然而奇怪的是，17 世纪时，《大宪章》却在议会斗争中被用来振臂高呼以反对专制权力，即使那时各种版本的宪章充斥世间，遮蔽了历史。很多美国殖民宪章都受《大宪章》的影响，部分原因是援引《大宪章》中的条例可以吸引殖民者。当时，为了复兴英国对《大宪章》的兴趣，爱德华·柯克将其称为本国的"古宪法"。传言柯克曾写过一本有关《大宪章》的书，但被查理一世禁止出版。最终由下议院下令，著作才得以问世（这就能理解为何大多数的美国人都是从中学的历史课堂上得知《大宪章》曾被奥利佛·克伦威尔曾称之为"大臭屁"一事的了，人们研究来研究去的《权利法案》，也曾被他称为"狗屁法案"）。正如法律学者罗斯科·庞德指言，美国的律师们都是借助柯克的理解来解读《大宪章》的。不管怎么说，全世界都高估了《大宪章》在建立美国殖民地的过程中的重要性。坦白来讲，正如法律史学家 A.E. 迪克·霍沃德所说的那样——一直被视若珍宝的《大宪章》，其实一直都装在约翰·史密斯船长的屁兜里，连大西洋都没穿越过。将一位说法语的短命国王对他的贵族们许下的承诺称为英国自由的基础，随后又说成是美国民主的基石，太缺乏说服力。

"这个月的 15 日，是纪念 1215 年约翰王签订《大宪章》，宣布和建立自由英国的大日子。"本杰明·富兰克林在 1749 年 6 月的《可怜的查理王的年鉴》中曾写道，他号召人们记住这一天，并纪念它。

《大宪章》的复兴出现在 17 世纪的英国。18 世纪时，它又因自身的特殊权威性发挥着人造神器的作用——这是一份可以作为政治抗议工具的历史文献——但是，如文森特所言："《大宪章》本身也在 1215 至 1225 年间经历了一系列修正，因此章程的性质并非从未改变和无法替代。"

《大宪章》最初是刻在石头上的神话是殖民者们伪造的。17 世纪时，殖民者为了反对国会在"七年战争"爆发后的征税行动，便引用《大宪章》里的权威内容为自己讨说法，也是考虑到它比任何特定的殖民地和特定的国王或立法机构之间所签订的条例都更古老。1766 年，当富兰克林被带到下议院解释为何殖民者们拒绝交印花税时，有人问他："为什么宾夕法尼亚人断言，让他们交印花税是对权利的侵犯？"事实如此，富兰克林回答，殖民法上本来就没有特别的指示要交。相反，他还引用了他们能理解的一句话："每个英国人的基本权利，都是《大宪章》赋予的。"

1770 年，马萨诸塞州众议院给富兰克林传达命令，让他以在英国的特使的身份提出诉求：众议院征税"是想将几个世纪以来，《大宪章》为贵族在英国的自由提供的保障和赋予的权益一并清除。但是没必要再重复了，'任何自由人，如未经其同级贵族之依法裁判，或经国法判决，皆不得被逮捕、监禁、没收财产、剥夺法律保护权、流放或加以任何其他损害。'"这些自由的子民们都自认为是男爵的后代，实际上他们忘了宪章上所指的自由，并非由国王赋予而是人生来就有的权力。

1775 年，马萨诸塞州启用了一个由一手持剑、一手持《大宪章》的人形图案组成新的印章。1776 年，托马斯·潘恩指出："给英格兰以自由的宪章，不是在参议院，而是在英格兰大地上形成的；是人民持有的权利，而非王权授予的权利。"在著作《常识》中，他敦促美国人民书写自己的《大宪章》。

《大宪章》作为美国非同寻常的历史遗产，一直以一个政治历史问题的形式而存在。也与成文法和不成文法之间，及承诺和权利之间的差别有关。不过，制宪会议上，《大宪章》几乎没被提及，只是一笔带过。

美国宣布独立后，起先作为反抗国王专制手段的《大宪章》，似乎已没什么用：美国并没有国王需要限制。制宪会议结束时，当弗吉尼亚的乔治·梅森提出新成立的政府是否需要颁布一个宣言或《权利法案》时，这个提案立即被否决，就如卡罗·波尔金在她新编的简史中所言："《权利法案》：是为美国的自由而战。"（西蒙／舒斯特）在联邦第 84 次会议中，为了敦促《宪法》的审核，亚历山大·汉密尔顿解释说对于反对专制政权而言，《权利法案》是个好东西，但是在共和政府时期并没有那么重要。《权利法案》最早是一项国王与属臣之间签订的契约，是为减少国王的特权而立，保留其权利但不向王权屈服。

汉密尔顿还解释说：

这是由一手持剑的男爵们从约翰王手里夺得的《大宪章》。这也是获得继任的国王承认的宪章。这还是查理一世上任之初所推崇的宪章。这当然，也是1688年，由上议院和下议院对奥林治（威廉）王子提出的权利宣言，随后又被议会开始施行被称为《权利法案》的宪章。很显然，根据最初所预设的目的来看，他们并未公然为民众的权利申请制定宪法，而是由亲近的代表或臣仆代为执行。此处，严格意义上来说，人们并未为任何事屈服；而且他们只管自取所需，并无需刻意保留。"我们，美利坚合众国的人民，是为了我们自己和我们的子孙后代的自由谋福，而颁布和设立《美利坚合众国宪法》。"承认民众的权力，比从好几卷的国家《权利法案》中抄几句名言警句有效得多，采用道德规约中的条例也胜过采用政府宪法中的条例。

麦迪逊最终决定承认《权利法案》基于以下两个原因，波尔金说。首先，没有接受《权利法案》的反联邦主义者的特许，宪法就不会被改动。第二，麦迪逊相信，当《权利法案》不再需要用来限制政府的权利时，它本身就彰显了民众的主权，这对于检验多数人对少数人的专制来说是很有用的。"哪里有政权仰仗的实权，哪里就有反抗，"1788年麦迪逊写给杰弗逊的信中写道："我们的政权所倚靠的是大多数民众的权利，对个人权利的侵犯会最先被暴露出来，这并非出自于违背选民意识的政府行为，而是来自于仅作为代表大多数选民利益的工具的政府。"

由麦迪逊起草的《权利法案》最终将27条法则融入了《宪法》的十项修正案中，可以说，与约翰王已经毫不相关。政治科学家唐纳德·鲁兹认为，《权利法案》的27条章程中只有四条可被视为来源于《大宪章》。麦迪逊自己也抱怨："由陪审团来陪审，新闻自由，信仰自由……《大宪章》中没有任何一条涉及对这些权利的保障。"

相反，《权利法案》中的许多条例，大部分都援引了1776—1787年间所采用的州立法案，而这些法律又来源于殖民者所采用的自由法案，包括1641年的《马萨诸塞州的自由》等。根据这些法案，殖民者提出了他们的基本政治原则并确立了自己的政治秩序。而《权力法案》，作为《宪法》的修正案，本身就是一项修订案。所谓历史也无非就是在不断地修正——在一次又一次的修订后再次所做的修订。

如果说《大宪章》已然经受住了时间的摧残，并不准确。更确切的说法应该是它偶尔会被人从历史的厚柜子里拿出来，掸去灰尘，翻开已寻求所需。这些需求一般都是政治性的，意义也很深远。

美国 19 世纪时，《大宪章》作为一个单一、稳定、不变的文献，对于建构《宪法》的无上荣耀起了很大作用，尽管相较于其他起草者，潘恩认为一部成文法律的最大优点恰在于其可以被修正。1836—1943 年间，美国有 16 个州将全本的《大宪章》收入到州法律章程，且超过 25 个州用不同的形式收入了修正后的《男爵法案》第 29 条："不经法律判决，任何人不得被夺去生命、自由和财产。"1868 年，《第十四条修正案》获得通过；它成为《权利法案》的补充说明被各州广泛采纳。在过去的一个世纪中，《第十四条修正案》中的条款，也一直是美国历史上涉及《宪法》的法律案件的最具激烈争议的主题，比如，十分热门的罗诉韦德案和劳伦斯诉德克萨斯案。

另一方面，《大宪章》成了美国的标志性事物之一。1935 年，约翰王为宪章盖章的形象出现在美国最高法院建筑的大门上。二战期间，《大宪章》也成了美国和英国共享政治理念的象征。1939 年的世界展览会上，《大宪章》被陈列在纽约的林肯大教堂里特设的"大宪章厅"内，像神物一样置于防弹玻璃后供人参观。正如当年温斯顿·丘吉尔激情满怀地敦促美国加入战争，而欲将（抄本）献给美国时所说："唯有用它来交换才能表明我们的诚意，也唯有它才能作为真正能保护我们国家的力量。"当时并不是他本人，而是英国图书馆提出要替换掉林肯大教堂里的那本《大宪章》，不过美国没同意。相反，大教堂里的《大宪章》原本也是放置在国会图书馆里的——"很安全地放在男爵和民众们那里"，正如 F．D．R 在写给国会图书馆管理员阿基博德·麦克利什的信中调侃的那样——它与《独立宣言》和《美国宪法》放在一起。而且，战争一爆发，就被放置在诺克斯堡内。后于 1946 年归还给了林肯大教堂。

《大宪章》还曾被用来号召人们投身人权运动，以及冷战。"这项世界人权宣言……反映了许多为实现构想而付出努力的人们和国家的复杂观点。"1948

年，埃琳诺·罗斯福在一次演讲中提到——她主持那场会议并负责起草宣言——但她也坚持它的独特体系："这项有关世界人权的宣言可能会成为世界各地人民的国际《大宪章》。"（如第九条提到的："没有人能被随意地逮捕、拘禁或流放。"）1957 年，美国律师协会在兰尼米德树立起了一块纪念碑。那次的演讲中，协会前任主席谈到《大宪章》在美国最终被宪法化时说道："我们是想从文字中找到准确的度量。"

《大宪章》规定："没有经过国家法判决，任何人不得被投入监狱。"但在 2008 年，曾对鲍姆迪恩诉布什案发表评论的肯尼迪法官发现，关塔那摩的囚犯拉卡达·鲍姆迪恩和其他扣押者已经被剥夺了这项古老的权利。如今，纪念在兰尼米德协定签订百八周年之时，每 110 个美国人中竟有 1 人在监狱服刑。

历史的法则与法律规则一样历史悠久。《大宪章》经历了被密封和被宣布无效，被修订和被违抗，被抬高和被尊崇的过程。历史告诉我们：书写只不过是框定时间边缘的一条线。但是历史本身毫无确定性可言，不过是为追求正义进行的争斗，以及被和平中断了的战争。

犹太人之墓

撰文：菲利普·欧奇耶勒（Philip O Ceallaigh）

翻译：孙微

一

　　2012 年 11 月下旬的某天，我在瓦西里·伊纳治的家中。在这个位于罗马尼亚东部小村庄库扎沃达的小屋里，87 岁高龄的伊纳治头发全白，眼睛也瞎了。他背对着墙坐在一条狭窄的板凳上，讲述他 1941 年夏天目睹的那场大屠杀。在谈到具体细节时，他的蓝眼睛不时瞟一下，似乎还能看到点什么。那年他 16 岁，在村外的树林里目睹了大屠杀，受害者是犹太平民，而行凶者是罗马尼亚士兵。2010 年 10 月，在丧失视力之前，伊纳治带领研究人员寻找了大屠杀的现场。此刻，坐在他对面的是 39 岁的历史学家阿德里安·希尔弗兰卡，希尔弗兰卡手里拿着录音机，他曾带领团队发掘了屠杀现场。

　　希尔弗兰卡和我在 11 月阴冷的雾气中沿着蜿蜒的土路抵达了雅西（一座拥有 25 万人口的城市）城郊距离库扎沃达 5 公里的山丘上。整个旅程宛如经历了一趟时光倒转。在这里，人们还在小屋的庭院里或路边使用水井，每家院子里矗立着像是岗亭的木制厕所。菜园和果园都是光秃秃的，葡萄藤上的叶子也都掉下来了。鹅群摇摇摆摆地越过过度放牧的共有土地走到泥泞的小溪里。山体滑坡使得山丘不太平整。

伊纳治坐在砖炉旁。炉子和墙体连着，两边刷白。这间屋子是用来过冬的，天花板非常低矮，得蹲下才能进入，窗户也很小。我挨着伊纳治右手边坐下。他的妻子坐在床上，他们已结婚 68 年。五个孩子中有两个还活着。房子很窄，他们的女儿帕拉斯基娃不得不站在门边。帕拉斯基娃是一个活力四射的快乐的女人，年龄在五十岁上下。她和父亲一样有着明亮的蓝眼睛。

"我们完成了开挖，伊纳治先生"，希尔弗兰卡大声说道，身体不由地往前倾。伊纳治这些天听觉不是太好。这是挖掘完成两年以来，希尔弗兰卡和伊纳治的第一次对话。

"你找到他们了？"

"他们现在重新被安葬在雅西，还树了一个纪念碑。"

伊纳治点点头，似乎在自己的世界里迷失了片刻。

"多少？"

"三十六。"

"三十六？肯定比这多，至少一百"。

"我们只开了一个坟墓。"

希尔弗兰卡比任何人都更了解伊纳治的故事。但是他又带他回忆了一遍，希望能了解到雅西大屠杀的更多细节。这场屠杀是战争中最可怕的一场，上万名犹太人惨遭杀害。

"伊纳治先生，你当天什么时候被士兵抓捕？是早晨吗？"

"是早晨。十点钟左右。"

在 2010 年，当开掘工程刚刚开启时，伊纳治曾分别向希尔弗兰卡、当地记者以及维瑟尔研究所的研究人员讲述过自己的故事。虽然这些谈话没有面面俱到，伊纳治在讲述这些的时候也可能不是完全清醒，但这些陈述都具有一致性，包括他现在在我面前所复述的。

1941 年 6 月下旬，伊纳治在离他家几公里的乌尔图里树林放牛时，被押送平民囚犯的罗马尼亚士兵逮住。当时，德国及其盟友刚刚对苏宣战，罗马尼亚是德国反对苏联的盟友之一。库扎沃达距离前线只有几公里。士兵们在押送一百多名犹太囚犯路过时，可能错误地认为伊纳治是犹太人，又或者，他们可能只是希望给这个误闯军事区的孩子一个教训。他们将伊纳治带到森林中的一块空地，伊纳治被两名士兵挟持，看着受害人被迫挖掘自己的坟墓。他们一共挖了三个坟坑。穿着稍微不错的人被迫脱掉衣服，将衣服堆在坑边。随后，这些犹太平民被勒令十人一组背对着士兵坐下，腿悬在坑边。长官要求士兵上前执行枪杀命令。士兵们走上前来，从背后大约三米的地方将囚犯枪杀。他们还勒令四名囚犯在坑里整理这些尸体以便能容纳更多。紧接着，第二组一字排开，面朝死者被枪杀。伊纳治已记不清这样的枪杀进行了多少轮。他谈到也有人试图逃跑，却终究失败，因为这一地区已经完全被士兵包围。

采访伊纳治并不简单。他有听力障碍，牙齿剩的不多，还时而喃喃自语。他有很重的口音，讲一些我不熟悉的方言，而且有时还答非所问。有一个问题希尔弗兰卡没有得到明确回复：那些士兵为什么会把伊纳治当作犹太人？当问及刽子手站在受害者的什么方位时，伊纳治无法记起或者根本不明白这个问题是什么意思。然而，当希尔弗兰卡打断他问到指挥官的军衔时，伊纳治在短暂停顿后说：

"是一个上尉，我不知道他的名字。"

伊纳治目睹了百余人丧生，他印象最深刻的是一位抱着孩子的年轻女子。"求求你，让我的孩子长大。我们是无辜的，我们不是动物。"但这些士兵无动于衷。

听到这里，所有人都保持沉默。伊纳治的太太用一只手捂着脸呢喃了几句，我没听太明白。

"之后，我似乎变成了一块石头。我自己差点就被杀了。你能想象吗？面朝坟墓，背对士兵坐着，而且知道他们从背后瞄准你？那个可怜女人的哭声撼动了大地，其他人也在尖叫。简直太可怕了！"

一旦坑被填满，那四位囚犯就被勒令用土来掩盖尸体。前面两个坑都是如此处理，最后这四位囚犯排在第三个坑前被枪杀，然后被士兵掩埋。

伊纳治被押至村庄，直到他的邻居们证实他是当地的基督徒才被释放。

"自那以后，我再也不去那个地方放牛。我无法去面对那片死气沉沉的土地。”

随后，谈话的话题转到了其他方面。伊纳治抱怨帕拉斯基娃只让他在周四和周日喝酒。

“这是为了你的健康，爸爸。你还在用药。”

“到了我这个年龄，是时候搬在一起了，”他愤怒地说。

“但在约定的时间里，不能喝酒。”

帕拉斯基娃的家在布加勒斯特，距离这里有八小时的火车车程。她在那里成家，但是隔月来村里照顾年迈的父母。每当她回到布加勒斯特，她住在库扎沃达的妹妹就过来轮班。

我们此次拜访持续了四五十分钟，伊纳治的情绪开始变得激动。他说想到外面去。我们也觉得是时候离开了。

希尔弗兰卡给伊纳治拍了照。伊纳治感觉到了闪光灯，他的眼睛虽然失明但却仍然能从黑暗中辨别光线。我们起身离开之时，希尔弗兰卡问他能否在室外拍照。

伊纳治熟知自家的结构，不需要人带路。

这是一栋由泥土和稻草做成的传统住宅，屋前是一条木制门廊，整个房屋都裹上了一层涂层。伊纳治耐心地站在门廊里配合拍照，然后又和希尔弗兰卡合影。站在希尔弗兰卡身旁，他显得非常瘦小。随后他和我们挥手道别，转身回到屋里，帕拉斯基娃把我们送到了大门口。希尔弗兰卡和我一同上车，沿着蜿蜒的土路驶向雅西。

山坡和树林里全是无名墓地；有些掩埋的只有一名死者，还有一些有数百名。虽然这些墓地连同凶手和目击者在当年很快就被人遗忘，然而在像库扎沃达这样的地方，整个社区的人都知道这段历史，一些仍然活着的人甚至可以向你描述他们看到过什么。

然而之前很长一段时间里，这段记忆却无人问津。

二

罗马尼亚在 19 世纪后半叶建国后，就将反犹主义写进了法律。犹太人的行动自由、财产所有权以及执业范围都受到了限制。反对犹太人居住在小城镇和农村地区的一纸禁令意味着他们经常被没收财产并被驱逐出境。罗马尼亚从奥斯曼帝国独立得到了 1878 年《柏林条约》的认可，并誓言反对宗教歧视。然而这些承诺很快就被抛之脑后。

第一次世界大战之后签署的各项条约带来了一个巨大的罗马尼亚，国家规模和人口都翻了一倍。历史上第一次出现所有罗马尼亚族人生活在统一国家里的盛况。与此同时，罗马尼亚有三分之一的人口不是罗马尼亚族。根据条约规定，新的国家有义务授予所有居民公民权；因此，罗马尼亚成为欧洲最后一个授予犹太人公民权的国家。犹太人口仅占据该国人口的 4% 多一点。然而到了1938 年，反犹主义的重新兴起又剥夺了犹太人的公民权，约有 75 万犹太人在自己的土地上成了外国人。罗马尼亚的犹太人数相当多，仅次于波兰和苏联。

1940 年 6 月底，苏联给罗马尼亚发出最后通牒，要求割让东部普鲁特河和德涅斯特河之间的领土（这在 1938 年希特勒与斯大林的莫洛托夫－里宾特洛甫秘密协定中就有体现），并勒令罗马尼亚部队必须在三天之内撤出。罗马尼亚军队在仓皇回逃、给苏联让道的过程中，枪眼唯一瞄准的方向是犹太平民。第一次大屠杀发生在米奥雷尼。那里的犹太人究竟了遭遇了什么？最值得参考的材料来自《黑皮书》（Cartea Neagră）。这本书由罗马尼亚犹太律师玛他提亚·卡普基于口供和纪实文件整理而成，于 1947 年首次发表。

卡普在书中写道，在戈伊拉夫少将的命令下，"士兵逮捕并折磨了什洛莫·韦纳，他的儿子亚瑟·韦纳，女儿罗扎·韦纳和法尼·泽克勒（后者抱着一个两岁的孩子）。他们被带到图雷亚特克森林，在那里一位瘸腿鞋匠连同他的妻子和两个孩子也被捕了。另外还有一位名叫伊萨克·莫斯考维奇的男人和他的妻子以及两个小女孩。他们被勒令在一个土坑前一字排开，然后被射杀"。

据说在接下来的一年里，罗马尼亚有六百多名犹太人被杀害，还有很多事件并没有记录在案。这些屠杀极其残酷，例如有人被从火车上扔下，有人被活活烧死，有人在行刑前饱受折磨。被肢解或者挖除内脏的尸体被随意丢弃。然而，旧的反犹太主义叙事在国家最高级别的指令下被恶意掩饰和篡改。流传下来的故事则有例如 1940 年罗马尼亚士兵因受到犹太人袭击而撤退者云云。

领土的丢失，再加上德国在整个大陆实力的加强，使得罗马尼亚脆弱的政治体制加速崩溃。1940 年 9 月，罗马尼亚成了"民族军团国家"，由法西斯军团运动（下称"铁卫团"）和安东内斯库领导的军队控制。11 月，罗马尼亚正式与轴心国结盟。这一时期的"罗马尼亚化"政策旨在消除犹太人在职业、公众生活和经济上的影响。犹太人被剥夺了财产，有时是在一个准司法程序下进行，但更多的时候是在恐吓和抢劫下完成。1941 年 1 月，安东内斯库自身也表达了对混乱的不满："他们（铁卫团成员）进入 Jidani(对犹太人的贬义称呼)的商店，抢走他们的存货，破坏他们的商业和信誉。照这样发展下去，两个月内我们就会看到一场经济灾难。工厂将不会供货，因为 jidani 店主不会再进货。"

此时的罗马尼亚是欧洲第二大石油生产国，仅次于苏联。1941 年 1 月，柏林正筹备巴巴罗萨行动计划，德国人指望着罗马尼亚的资源。希特勒对铁卫团动摇罗马尼亚经济和政治的情况表示担忧。在 1 月 14 日的德国会议上，他对安东内斯库表示："你需要与铁卫团划清界限：在每场军事运动中都有试图摧毁一切的狂徒……需要防止这样的人造成破坏。"1 月 20 日，一名铁卫团成员试图从安东内斯库手中夺取权力，这成为布加勒斯特大屠杀的导火索。犹太人的家庭和企业被袭击，犹太教堂遭到破坏，犹太平民遭到殴打和折磨，120 多人死亡。13 名犹太人在屠宰场被杀害，并被悬挂在标有"符合犹太食规（Kosher meat）"的肉钩上。

6 月 22 日，轴心国对苏联宣战，当局立刻付诸实施安东内斯库的指令——通过将东部塞列特河和普鲁特河之间的所有 18-60 岁犹太人转移至集中营来"清洗"这一区域。这份命令很快就被更通用的指令所取代——"清洗"前线的犹太人。位于苏联边境的最大的罗马尼亚城市是雅西，这里有十万多人口，其中三分之一是犹太人，还不算那些从周边乡村涌入的犹太人。

罗马尼亚秘密服务机构利用军团在雅西散播谣言，称犹太人为苏联空军发信号，或者正在密谋对罗马尼亚军队的袭击，这使得人们对战争的恐慌和偏执更加激烈（安东内斯库虽然抑制了铁卫团这一组织，但是军团的很多支持者也被吸纳进了国家机构）。住在布加勒斯特的犹太作家米哈伊尔·塞巴斯蒂安在他6月24日的期刊中记录了这样一幅宣传海报："谁是布尔什维主义的大师？"问句下面是一幅漫画："漫画主角是一位身着红色制服的犹太人，他留着卷发和络腮胡，头戴犹太小圆帽，一手拿着锤子一手拿着镰刀。在他的外套下藏有三名苏联士兵。我听说这些海报是警察们张贴的。"

对苏联的战争即将成为对犹太人的战争。

雅西大屠杀始于6月28日，持续了三天。许多人在家里或街头被杀害，数百甚至数千名（报道不一，现在无从知晓）犹太人被罗马尼亚警察和德国士兵赶到城市警察局总部的庭院里集体枪杀。这些犹太人本以为被传唤到警察局是去领取保证他们自由的文件，谁料想等待他们的是长达数个小时的枪杀。

由于没有埋葬计划，在之后的很多天里，雅西的街道上尸横遍野。尸体被埋葬在无名的墓地，被堆在垃圾堆里，或者扔进河里。

6月30日，两辆从雅西火车站始发开往拘留营的货运火车上塞了4400名乘客，车厢上还贴上了"共产主义者jidani"的标语。火车在酷暑天往返于地方各小站，2700多人因窒息或脱水而死。

毫无疑问这是一场针对犹太人的战争，如果读到这里还有任何疑问，不妨来看看一份官方公告，这份声明在7月2日所有布加勒斯特的报纸上都能找到："最近几天，某些敌对异己势力制造了一些事端，他们对德国和罗马尼亚士兵开火。任何重复这些卑鄙攻击的行径都将被无情粉碎。一名德国或者罗马尼亚战士的生命代价将是50名犹太共产党人。"

大屠杀大致可以分为两个时期。第一阶段是1941年6月至1942年，这一时期二战刚刚在东部爆发，法西斯军队在推进过程中大规模枪杀了犹太平民。这些几个小时甚至持续好几天的屠杀大多由德国流动敢死分队也就是"特别行动队"所为。第二阶段为了提高速度和效率使用了灭绝营和毒气室。历史对第二阶段的屠杀记录得更为详尽，因为其当代意识更为突出，尽管事实上死于子弹的犹太人并不少于死于毒气的人。

瓦西里·伊纳治在乌尔图里树林所目睹的那一幕正是大屠杀第一阶段的开

始；到那年年底，从波罗的海到黑海沿岸，超过一百万的犹太人被枪杀。罗马尼亚军队屠杀了所有年龄阶层的犹太男女。从战争的第一周开始，以及随后他们在往北部和东部追赶撤退的苏联军队的数周和数月里，他们在没有任何上级指令的情况下自发地屠杀犹太人。相比之下，德国人组织的屠杀更有计划、有秩序，往往都要先将受害者登记并监禁然后再枪决。我们都知道德军在1941年9月的最后两天里，在基辅郊外枪杀了33771人。然而雅西大屠杀却没有确切的数字，现代历史学家估算的死亡人数在10000到14000之间。

1941年7月，驻守在罗马尼亚的德国党卫军团在一份报告里抱怨了罗马尼亚军队的草率："罗马尼亚的反犹行动没有任何计划。他们对犹太人的众多枪决如果有任何技术准备，或者执行方式没有任何缺陷，那么没有人会说什么。罗马尼亚人从不收拾刑场，不埋葬死者尸体。德国特别行动队已经要求罗马尼亚警方在这方面采取更有序的方式。"

超过30万的罗马尼亚犹太人死于纳粹大屠杀。此外，超过10万的苏联犹太人死于德涅斯特河沿岸。位于德涅斯特河和布格河之间的乌克兰领土在战时被罗马尼亚管辖。

三

第一次见到阿德里安·希尔弗兰卡是在2012年的秋天。我当时得知他正在挖掘乌尔图里树林的大墓坑。我很好奇他最开始是如何得知雅西大屠杀的。他告诉我，在青年时期就听说罗马尼亚士兵对袭击他们的犹太人采取了报复。尽管有关雅西大屠杀的信息在几周内就抵达过布加勒斯特的犹太社区——米哈伊尔·塞巴斯蒂安的日记中就曾提过死亡列车和警察局大屠杀——然而当时流行的却是安东内斯库政权的宣传版本。

罗马尼亚的共产主义，和社会主义时期一样，本质都是民族主义。他们拒绝对任何可能导致罗马尼亚民族命运复杂化的历史进行讨论，因此当然不会提及那段和"罗马尼亚"有关的种族灭绝史。即便是在20世纪90年代，中学和大学的历史课程都讲到1940年战争爆发为止。当社会主义被正式抛弃时，民族主义的残留依然存在。"20世纪90年代，我继续在雅西学习历史，却对这个城市发生过的大屠杀全然不知。"希尔弗兰卡告诉我，"在上世纪90年代，当代史是禁忌，无法进行适当的调查。当时民族主义'党派'历史学家占据主导地位，他们都是上世纪60年代、70年代和80年代撰写意识形态书籍的史学家。你根本无法找到这场战争。直到十年前，我在雅西一家报社工作的时候看到他们发表了一系列目击者的报告，才意识到雅西大屠杀的存在。"

我们的这场对话发生在希尔弗兰卡的办公室，他的办公室位于国家安全局档案研究咨议会（CNSAS）的总部。该机构成立于1999年，目的是把安全局收集到的档案开放给公众，包括军事法庭的记录。其中一份军事法庭记录正是希尔弗兰卡开始建立雅西大屠杀受害者数据库这一艰难任务的开端。

1946年，一个法庭开始调查安东内斯库政权的战争罪行，紧接着民用和军事法庭的各项审理给187人定了罪。到1959年时，已有数百场审判定罪。大型屠杀例如雅西和敖德萨（罗马尼亚军队屠杀了23,000犹太人）分别受到了特别关注，一些受害人数较少的屠杀案件也得到了受理。希尔弗兰卡称，有些调查是很彻底的，但也有一些只是进行了肤浅的、带有宣传目的的调查。大多数罗马尼亚军队实施的屠杀都是在没有接到书面命令的情况下进行的，因此这些没有任何书面证据。这也解释了在一些偏远地区例如乌尔图里树林里的屠杀，在官方层面没有任何记录。

审判在一种恐怖的气氛下进行，当时的罗马尼亚是一个新生的斯大林主义国家，注重扫除形形色色的意识形态对手。罗马尼亚对法西斯政权的犯罪本质有一种定调，但是和苏联一样，罗马尼亚并不太愿意将犹太人的屠杀作为一个独特的现象来对待。之后，在20世纪60年代，罗马尼亚共产党政权变得越来越民族主义，在齐奥塞斯库统治的四分之一个世纪里，大屠杀仍旧是一个禁忌话题。罗马尼亚大屠杀被沉默埋葬。

又过了一些年，在欧盟成员国的施压下，罗马尼亚政府开始承认该国在大屠杀中的角色。2004年，该国领导人第一次参加了纪念仪式。一座为大屠杀死难者设立的纪念碑在布加勒斯特树立起来，文化部成立了伊利·威塞尔国家大屠杀研究所。罗马尼亚于2007年加入欧盟，大屠杀如今出现在学校教科书中，但只是作为选修课程；这意味着学生毕业时仍有可能从未听说过罗马尼亚犹太人遭遇的大屠杀。

2010 年春天，阿德里安·希尔弗兰卡（自 2005 年起开始在雅西大学教授犹太人历史的硕士学位课程）和威塞尔研究所签署合同，开始编制雅西北部包括库扎沃达在内的村庄群的口述史。通过整理当地人的回忆和零星的档案，他希望至少能在当地找到那许多没有任何标记的坟墓中的一个。

村民们给希尔弗兰卡提供的信息出乎意料的详尽。年长的村民说，在1941 年夏天的数周里，每 20 至 80 人的犹太人群在罗马尼亚士兵的押送下经过。有的村民还能认出个别囚犯。囚犯们被带往乌尔图里和其他的树林里。尖叫声和自动步枪射击的声音随后响起。卡里格村的斯蒂凡·克里姆曾受聘于军队出售受害者衣服，目击者们称衣服多得必须用车来运输（据称克里姆 1945 年死在医院）。战争结束后，森林被非军事化，村民们无意中发现了一些坟墓。一个是位于克莱姆埃小山谷里的乌尔图里树林，那里甚至被当地人称为"犹太人的坟墓"。雅西大学考古学家的初步调查显示，那里的地面受过干扰。当希尔弗兰卡问当地人为什么从来不谈及树林里的坟墓，他们的回答是，因为从来没有人问起过。

1945 年 9 月，罗马尼亚当局曾指挥在距离乌尔图里 3 公里远的斯坦库 - 罗兹诺乌阿纽挖掘坟墓。自那以后，当局再没有对战时屠场进行任何严肃的调查。斯坦库 - 罗兹诺乌阿纽的三个大型坟墓里挖掘出了 311 具尸体。然而军事文件只承认有 40 人被杀害。希尔弗兰卡称："这警示我们，文件并非任何严肃调查的最终证据。"

乌尔图里"犹太人的坟墓"的报道意义重大是因为这场屠杀没有书面证据。它象征着以前从未记录或被官方压制的事件可以重见光明。

"据我们所知，制造斯坦库 - 罗兹诺乌阿纽大屠杀以及该区域其他屠杀的瓦纳托里埃第六军团，对乌尔图里的树林也有着管辖权。"希尔弗兰卡告诉我，"这是一支受命'清洗'前线地区的精锐部队。"

没有当地人的帮助，寻找乌尔图里将非常困难。如果步行，这块林地可以在一小时之内穿越，但是它涵盖了一系列小山谷，那些山脊和沟壑对于未经训练的人而言都非常相似，很难辨认。这片区域在战时曾经被军事化，在某个时间段是前线。地表被挖掘过，到处是土堆。金属探测器显示很多地方都有使用过的弹药堆。

有人说一位乌尔图里大屠杀的目击者现住在库扎沃达。2010 年一个潮湿的秋日，历史学家阿德里安·希尔弗兰卡和考古学家尼古拉·博洛汉去瓦西里·伊纳治家里拜访了这位老人。他们解释说希望在发掘之前请伊纳治确认大屠杀现场。

"历史研究？考古调查？那是什么？"伊纳治感到困惑。

伊纳治一直住在库扎沃达，从来没有远离过这个村庄。他一生大部分时间都生活在欧洲最专制最偏执的共产主义独裁政权之下，在那期间当局从来没有对他目睹的大屠杀有任何兴趣。然而时隔如此多年，竟有人要求他指出 17 岁那年所看到的屠杀现场，他对此表示非常不解。

乌尔图里树林的边缘距离瓦西里·伊纳治的家不到两公里。这两公里全是田野和山丘，然而道路却蜿蜒迂回长达八公里，最后一段是陡峭的山道，路况在潮湿的天气里变得更糟糕。

"我们陷在泥里"，希尔弗兰卡告诉我，"外面开始下起了雨，我们穿着非常鲜艳的雨衣，一个红色，一个蓝色，看着有点像一支特种作战小分队，场景和电影里一样。我们从吉普车上下来，他说想要方便一下，问我们是否可以转过身去。然后他飞快地奔向树林。我们越是追赶，叫喊'回来，不会有事的'，他越是跑得快并说'不要杀我！离我远点！'如果有人和我们一起并看到我们如此追赶这个老头……我们只好让他离开。"

伊纳治徒步回到家里。

"无论是当时还是后来，他都不明白我们在那里做什么。"希尔弗兰卡说，"他的解释是，我们是犹太人，回来报仇的。"

研究人员等了好些天才再次接近伊纳治。这次是在当地的一家公司，通过他女儿帕拉斯基娃来协调。他女儿终于说服他这些研究人员并没有恶意，帕拉斯基娃还要求在造访现场时，研究人员走在她父亲的前面。

"我们前进得非常缓慢，他指出那片坟墓的区域，正是我们初步调查所显示的区域。"

威塞尔研究所要求希尔弗兰卡和他来自雅西大学的团队开始挖掘。挖掘工作始于 2010 年 10 月 27 日。

"在瓦利－克莱姆埃有一个墓场，这我知道，"在挖掘开始时，伊纳治对一位当地记者说。

"有人想把他们挖出来，即便他们只剩下骨头了。但或许这些人的亲人或者爱人还活着。所以我再次回到了那片树林，告诉他们墓场在哪里。我和一个来自卡里格村的人一起带他们去的，确保没有人能够伤害我们。"

四

公诉人在墓场开挖当天获悉了这一消息。由于目击者还健在，乌尔图里不仅仅只是一个考古调查，还是一个犯罪现场。

最初，罗马尼亚当局并没有表现出太多兴趣。他们告诉研究人员将尸体放入袋中，完成后再通知他们。希尔弗兰卡说："这是好事，因为这意味着我们不用受到媒体和政府的压力，如果他们参与的话意味着他们将接管这一切……我们打算有控制的发布信息。"

发掘出来的遗骨包括孩子的，另外还有纽扣、皮带扣、女式鞋底、女士手表等。弹药是 1940 年和 1941 年出厂的供罗马尼亚军队使用的弹药。即使没有伊纳治的证词，所有这些都能明确地表明那是一场罗马尼亚军队针对平民的大屠杀。

尽管如此，雅西首席检察官科妮莉亚·普瑞西凯瑞却发表了如下声明：

"我想强调的是，在当前，我们无法知道我们面对的究竟是平民还是罗马尼亚士兵的遗骸。他们也有可能是俄罗斯或德国士兵的遗骸。该地区在二战期间处于战场前线。现在，我们不能肯定我们正在处理的是犹太人，也无法对他们确实是犹太人的声明作出任何评论……当下围绕这些残骸的各种评论没有任何科学依据。证人的证词需要科学证据支撑。就眼前的这一案例而言，我们所听到的只是证人童年的记忆，而且是对六七十年前发生的事情的回忆。"

虽然雅西的首席检察官做出如此评论，但是罗马尼亚军队参与杀戮的证据已足够将这一案件立即移交给军事检察官。军事当局允许部分研究人员留在原地，研究人员给军方提供了能够证明犯罪背景的文档和档案证据。

严冬马上要到来，挖掘工作又持续了两周。期间有一个犹太法学博士团体抗议挖掘遗体有违犹太传统。然而由于这一墓地已成为了刑事调查现场，宗教抗议便被压了下去。

到11月底，所有的遗骨都从坟墓中移出并放置在单独的袋子里。也有几袋"无法辨识的"骨头。实验室分析结果确定遗骸来自36人，其中包括12名儿童、9名妇女和15名男士。年龄最大的受害者有80岁，最小的是一个2—3岁的孩子。

在这一区域还有其他目击者的报告和书面证据，然而希尔弗兰卡一直未能获取许可和资金来进行进一步的发掘。

"直到最近，我才开始研究那些被裁定犯有战争罪的被俘罗马尼亚士兵案例，很多都来自参与乌尔图里屠杀的兵团——瓦纳托里埃第六军团，"希尔弗兰卡说，"我们有一些苏联1955年遣返被俘士兵的控罪书，它们对于史学家而言非常有价值，因为它们表明当时发生了很多这类小型屠杀——我的意思是，数十人或数百人规模的——这是我们从来都不知道的。我们今天才知道，有人因这些罪行被逮捕、接受审判、并被长期监禁。"

五

大屠杀研究史理所当然强调了德国的领头作用。这是因为德国档案非常全面而且很容易就能查阅，德国也有意愿面对自己的过去。与此相反，很多东欧国家在战后成了共产主义国家，并从不同程度上采取了否认大屠杀的政策；档案材料和证人证词被忽略甚至压制。尤其是罗马尼亚和苏联强调不要破坏民族主义叙事。在大多数欧洲犹太人生活和死亡的地区，他们却在最大程度上被遗忘了。那些老的民族主义历史叙事从未受到任何挑战，并持久地发挥效力。

2011年4月4日，乌尔图里大屠杀遇难者的遗体被改葬在雅西犹太人墓地。十一个月后的2012年3月5日，39岁的社会民主党发言人丹·绍瓦在接受罗马尼亚电视台采访时表示："在罗马尼亚境内，没有犹太人受到迫害，这都是因为我们有安东内斯库。"接着他还特别谈到了雅西大屠杀："不幸的是，有二十三四个罗马尼亚犹太人被德国士兵杀害……罗马尼亚没有参与雅西大屠杀。这是历史事实。"

丹·绍瓦是律师，2001 年在布加勒斯特大学获取了历史学学位。他所属的社会民主党并不是一个边缘党派，而是罗马尼亚最大的政治团体。在采访后的第二天，社会民主党的领导人维克托·蓬塔称绍瓦在采访中"严重失言"，已不再是该党发言人。此外，绍瓦还将被派往华盛顿大屠杀纪念博物馆参加一个短期课程来了解罗马尼亚历史。

在严重失言后，绍瓦发表了一份声明称，很遗憾他的评论被"误解"了。他从未想过要否认大屠杀，他想说的是罗马尼亚从未期待过这样的事情，罗马尼亚进行大屠杀只因被迫与纳粹德国结盟，是不得已而为之。

很明显，绍瓦如果进一步含糊其辞只会结束他作为主流政治人物的职业生涯，尤其是在这个向欧盟靠拢的政党里。在随后的公开声明，包括一封写给以色列大使的公开信中，他说了所有正确的话。自那以后他一直没有停止过道歉。

2012 年年底，当我第一次开始研究雅西大屠杀和乌尔图里挖掘时，我联系了历史学家拉杜·伊奥尼德，他著有关于大屠杀的最权威作品《Evreii sub Regimul Antonescu》(英文版名称为罗马尼亚大屠杀)。伊奥尼德在华盛顿大屠杀纪念博物馆工作，他自 2002 年起便以这样的身份向当局施压，要求对雅西大墓坑进行定位和检验。2010 年，他汇集了在乌尔图里进行挖掘的团队，并对罗马尼亚进行简短访问。我渴望见到他，想和他谈谈乌尔图里，并试图了解绍瓦是否真的去博物馆学习过。

伊奥尼德告诉我，社会民主党领导人蓬塔曾给他打过电话。他问我能否接受绍瓦。我说任何人都能自由地参观博物馆，绍瓦不需要特别的许可。绍瓦来了三天。我让人带他看了档案，尤其是雅西大屠杀的文档和照片。他看完后坐在我的办公室，我问他此前为何会得出如此疯狂的结论。他告诉我之前学的是布扎图的史学。

在齐奥塞斯库政权下，格奥尔基·布扎图是一位主流民族主义历史学家。

在齐奥塞斯库政权被推翻后，他继续从事讲学、写作和出版工作。他还曾在2000年至2004年期间，以极右翼大罗马尼亚党参议员的身份在议会里代表过雅西。在发表的作品中，他尊崇否定纳粹大屠杀的英国历史学家戴维·欧文为学术权威，而实际上后者是臭名昭著的虚无主义者。罗马尼亚2004年加入欧盟并第一次正式承认该国在大屠杀中扮演的角色之前，布扎图在学术界从未被边缘化。

伊奥尼德和我坐在布加勒斯特希尔顿酒店一楼的阳台上，俯瞰市中心。视野所能及的地方可以说是对罗马尼亚几个世纪历史的总结。我们可以看到皇宫（现在是艺术博物馆）留存了19世纪壮丽的巴尔干式风格。最后一位国王卡罗尔二世曾试图在1938年成为独裁者，却被法西斯主义边缘化最终被共产主义者废黜。街的对面是苏联式的块状建筑，那里曾是罗马尼亚共产党的总部（现在是内政部），齐奥塞斯库曾在阳台上做最后一次演讲。演讲过程中，人潮向他涌去，他从屋顶乘坐直升机逃走，三天后被捕，死于乱枪扫射。随后，共产党自身解散，有些人可能会说，更名为民主时代的"救国阵线"。救国阵线很快分裂成很多派，其中最成功的是如今绍瓦所在的社会民主党。就在绍瓦的华盛顿之行结束几个月后，社会民主党重回政府，维克托·蓬塔出任总理，并任命绍瓦为议会联络部长。在问及绍瓦访问华盛顿的经历时，伊奥尼德耸耸肩说："他犯了一个错误，然后承认了。我不认为你应该死抓这个错误不放。"我对绍瓦是否真的会悔改表示怀疑，他是否只是做做样子？我追问道。伊奥尼德再次耸肩，仿佛这已不重要："他只是个政客，时间会证明一切。"

当然，当我回去再研读绍瓦的博客时，我看见的的确是一个政治家。在全国大屠杀纪念日（10月19日）那天，绍瓦在博客上发表了一份类似剪刀加糨糊弄出来的政治家声明（"大屠杀的悲剧……我们有责任铭记那些逝去的记忆……这将永远不再发生"）。随后他宣布会参与一些"将历史教训传递给年轻一代的项目，这些是他们在学校里没有学到但对于一个文明国家而言却绝对必要的"。

很遗憾，绍瓦部长并没有解释齐奥塞斯库垮台22年以来，他为什么从未听说过罗马尼亚大屠杀。他的解释很有可能会告诉我们一些关于当代罗马尼亚的重要问题，可能会告诉我们在齐奥塞斯库之前就存在罗马尼亚民族主义毒株，这个毒株在齐奥塞斯库时期蓬勃发展，并延续至今。而我们现在看到的是，即便是在欧盟之内，从大屠杀的否认者摇身变为政府部长是一件如此容易的事情。这一转变仅需几个月的时间。

六

在 2012 年 11 月，我乘坐火车从布加勒斯特前往雅西。我与阿德里安·希尔弗兰卡约好了在雅西会合，然后一同去库扎沃达拜访瓦西里·伊纳治。我在午夜前抵达雅西，在冷清几乎空无一人的街道上走到我居住的酒店。

第二天，我在周围转了转，试图感知这个仅从书本上了解的城市。雅西是摩尔多瓦公国的首都。摩尔多瓦和瓦拉几亚公国于 1859 年合并，雅西曾在短时间内与布加勒斯特是新国家的联合首都。那时，雅西与布加勒斯特在城市规模和文化声誉上相当。如今，老的雅西仍然以某种形式流传，一些宏大的建筑例如文化宫、三王教堂和大学默默地回应着过去的辉煌。或许正因如此，更让人觉得当今的城市有一种奇怪的萎缩、枯竭，似乎没有足够的精力来重振老雅西的成就。

战后的几十年里，新的郊区建立起来，但是根基并不扎实。自从齐奥塞斯库垮台后，雅西的人口已经下降了近四分之一。现在的雅西像一潭死水。齐奥塞斯库失败后的重建受到其地理位置的影响。雅西位于罗马尼亚东部，地处过去苏联的边境，而罗马尼亚的贸易已经义无反顾地向西移。然而，我仍然忍不住去回顾 1941 年犹太人所占的人口比重。从波罗的海到黑海的这部分欧洲，谈起城市的扩展或商业、艺术的发展，就不可避免地谈到犹太人。犹太人曾经在链接欧洲各部分上扮演了重要角色。然而文明又反过来，杀气腾腾地毁掉了自身。

如果你特别感兴趣的话，可以研究以下犹太人在雅西的生活痕迹：犹太教堂的沉默墙，或者标志着曾是世界第一个意第绪语戏剧的小纪念碑。雅西除了是罗马尼亚最重要的犹太中心之一，同时也是最激烈的反犹太政治运动的摇篮，包括铁卫团。关于雅西城的衰落，可以说这个城市经历了一段不幸的历史。雅西最大程度地摧毁了自身，而这一切发生在1941年初夏那些血腥的日子里。

在去库扎沃达听瓦西里·伊纳治讲述故事的前一天，我去了雅西犹太人墓地。墓地在城市边缘的一个山坡上，沿路攀到墓地的大门前，你会发现整个城市在脚下延展。当我走近大门时，几只咆哮的狗将我团团围住，形势有点危急。一位老太太从破旧的门房出来呵斥了它们。我向她道明了来看乌尔图里死难者纪念碑的来意。她给我带路，嘀咕了一些捐赠的事。

我没有犹太小圆帽，她也没有借给我，似乎并不在意违反规定。我戴上兜帽，和她一起走向纪念碑，8—10条狗紧随我们的脚步。"它们不会怎样，"老妇人说，似乎对我的紧张有点恼火，"我们这里没有护卫，都靠它们了。"在墓碑的前面有36个相同的石头排在长板上，每块石头代表一名受害者。你无法辨认任何人，甚至不能确定他们来自雅西还是边远的小镇或者村庄。

乌尔图里大屠杀受难者的墓碑立在雅西大屠杀受难者的集体墓碑旁。纪念碑前的一排石棺是象征性的，因为这些死者的姓名都无从可知。

1941年6月20日，也就是大屠杀开始前的一个星期，一个强迫劳动营的负责人收到紧急指令，要求立即开挖两个犹太人墓地。该营有110名年轻犹太男子。6月26日，两个分别长30米和15米、宽2米、深2米的大坑挖掘完成。6月29日，警察局总部被射杀的遇难者有254名埋葬于此。他们的尸体由两辆卡车和24辆推车花了两天时间才运完。死者和正在死去的人同时被埋葬。我边走边阅读碑文，不知不觉离那位老妇人有些远。

那些狗决定发起进攻，从石棺顶部朝我扑来。最大的狗狂吠和咆哮着，打翻了蜡烛。蜡烛在石棺顶部翻滚，跌落在我脚边的草丛上。老太太跑过来呵斥那些狗。我捡起蜡烛放回原处。杂草和小树苗从纪念碑的夹缝中探出，在纪念碑后是雅西城。一串以色列的小国旗在寒冷的微风中飘扬，遮盖了纪念碑，看起来不太协调。是否很多访客都来自以色列？我问那位老太太。"哦，是的，那是在夏天。现在不是旺季。"

不，不是旺季。我们向大门走去，老的石头上刻着希伯来文字，墓地在山坡的草地上一字排开，一棵倒了的大树横在其间。墓地占地26公顷，老妇人说。

我想自己再慢慢转转，但这看起来不太可能。更多的狗出现了，可能有 20 来条。你拿什么喂它们呢？我问老妇人。她耸耸肩，"有什么喂什么。骨头。"我们走到了大门口，在这里，墓碑与狗窝交杂着被夹板钉在一起。我于是给了老太太一些钱。

一个剽窃者的自白

撰文：凯文·科派尔森 (Kevin Kopelson)

翻译：Jacqueline Wann

> 在《音乐的统一性》(Von der Einheit der Musik) 一书中，费鲁
> 西奥·布索尼用了将近两页探讨钢琴，标题为：敬重钢琴 (Man
> achte das Klavier)。在极其简洁完整的笔锋下，他对钢琴的特性描
> 述得如此清晰准确。我在不照搬的情况下，也只能写到如此。
>
> ——海因里希·纽豪斯《钢琴演奏的艺术》

　　我引用得太多了。给我个好句子，哦不，给我个好段子，就算是普鲁斯特的也行。无论那么么烦人，我都会把它塞进我的文章里。你看我上一本书，关于讽刺作家大卫·希德莉斯的。那里面不仅含有比你一生所想看见的更多的普鲁斯特，你还会碰到大量的希德莉斯——赤裸的、毫无更改的希德莉斯。

　　这并不是说我很懒。或者更确切地说，这不单只是因为我很懒。在希德莉斯一书中我除了引用还有很多其他的，并非光是"狂想"（用弗兰克·兰特里夏的话说）。我要分析他，要熔炼他，对他作马克思主义者和弗洛伊德所说的"症候式解读"。然而，在此之外，在所有文学理论家（包括兰特里夏）都需要做到的以外，让我来引用温顿院长：

亨德尔偶尔会罕见地将他人的作曲说成是自己的，不过相对更多的时候他会利用他人的想法作为跳板创作新的曲目。这两者之间的区别是很大的，不可同日而语。他需要这样去做似乎有点奇怪，但这的确不是简单彻底的盗窃，而涉及一个创造性的过程。

但真的有区别吗？ 温顿院长所提到的"创造性过程"和"简单彻底的盗窃"之间对于我来说，真的有区别吗？ 或者说，是在创造过程和并非那么简单的盗窃之间。又或者是，在过程与哎——"写出来！"（引用伊丽莎白·毕肖普的话）——抄袭之间。

答案是"没有"。 我提供以下的叙述（或自白）作为解释。我知道你在想什么。你想，所有这类自白都是骗人的。我在这儿引用杰罗姆·大卫·塞林格的话（一段已经不止一次被我其他文章所引用的话）：

可能从没有哪篇忏悔文在写下的同时不曾伤害其作者自甘抛下的骄傲。面对每个忏悔，我们真正应该关注的，是他没有坦诚什么。在他人生的某个时期（遗憾地说，往往是某个成功的时期），一个人可能突然感到他有权柄承认曾经在大学期末考试作弊过，他甚至可能选择揭露自己在二十二到二十四岁之间的性无能。然而这些英勇告白都无法让我们得知他是否在某个瞬间曾被自己的宠物仓鼠激怒，踩扁了它的脑袋。

但是，打个比方，我接下来正是要告诉你我是如何杀死我的那种仓鼠的。

这一切都始于 1968 年的秋天，我正在上小学四年级（PS 135，皇后区）。出于某种原因，弗勒利希太太大部分时间都在说法语，我就记得一句"Nous allons marcher ensemble"（我们会一起走）。然后她开始和工会里的所有其他人一起罢工。不再有法语了。也不再听到更多的"一起走了。" 家长们在我家附近的"改革派"犹太教堂里成立了一个临时学校。（然而我们作为"保守派"犹太人，即无神论者，选择了开车去离家一英里远的另一处。想想那个在荒岛上建立了整个小镇的犹太人，他建了一个图书馆，一个澡堂，一间犹太教堂，和第二间犹太教堂。"为什么要两间呢？"最终救他的水手们问道。"哦"，他说，"我们才不去那间呢"。）

我的新老师，也是第一个男老师，是个普通男青年。一年级：伯格太太（犹太人）。二年级：多尔西太太（天主教）。第三级：所罗门太太（犹太人）。四年级：弗勒利希太太（天主教）。五年级：天主教的基顿太太。六年级：天主教的凯利太太。

我不记得那个新家伙的名字了。我甚至不记得他大致长什么样了。事实上，我唯一记得的是，他某次要我们写一篇关于某个征服者的文章。我选择了埃尔南·科尔特斯。可能是因为，和济慈一样，我喜欢他的名字（当然了，济慈实际指的是巴尔博亚）。我知道这份作业不管我交什么上去都是不计分的，而且X先生比我还懒得管这个可笑的情况，所以我就抄了篇百科全书上的条目给他。（不是常说学生剽窃是为了让我们这些老师高兴，给我们他们认为我们想要而他们写不出来的东西吗？）但问题是，这不是本普通的百科全书，我抄的也不是篇普通的条目。这套我们买房时前屋主丢下的书，已经大致有一百年的历史了。关于科尔特斯那篇就有二十页长。很显然，这篇文章不会是那种八岁小孩儿能写出来的。就算他是个早慧的，或者爱装文绉绉的八岁小孩儿。所以当作业发回时，请想象一下我的解脱、惊喜、无所谓或鄙视，当我发现我毫未掩饰的盗窃获得了一个"A"。（"做得好！"X先生评论道。当然，除非他是在讽刺我，那么他很可能根本就没读我写了什么。这个懒惰的混蛋！）

在那之后，即使没有再抄袭，我在学校的成绩还是为我得到了哈佛大学和耶鲁大学的录取通知书。好吧，其实我的SAT考试结果也不错。而且我当时在布朗克斯科学高中的同时还在茱莉亚学院学钢琴。因为不想和我哥哥鲍勃去同一所学校，我选择了耶鲁大学，并像他一样，主修音乐。（作为一个比我好得多的钢琴家，鲍勃在1968年春天离开了哈佛。）

当时那儿的一位老师是音乐理论学家贝蒂（姑且这么叫她吧），她主要教我们18世纪那段。我忘记她那门课具体的名称了，但是我们当时把它称为"片尾鼓掌"。那门课就是那么可笑愚蠢。因此，当贝蒂要我们写一篇文章时，我偷了鲍勃之前在伯克利读研究生时写的一份研讨会论文。（我当时在家里，他写过的所有东西也都在那儿。）这篇论文的主题是"朱纳霍姆"协奏曲，它普遍被认为莫扎特的第一部杰作。这部作品应该是献给某位被鲍勃称作"神秘的朱纳霍姆小姐"的，其实到今天我也就只记得文章里的这句话了。在这儿引用一下维基百科（这不大好，但能怎么办呢）：音乐学家迈克尔·洛伦茨［证明］该女子是维克托娃·叶那美（Victoire Jenamy），莫扎特最好的朋友之一、著名舞蹈家让－乔治·诺维尔（Jean-Georges Noverre）的女儿。

这篇论文有五十页长，并有丰富的脚注，援引法语、德语和意大利语的材料。（除过其他的，鲍勃还精通多国语言。）需要补充的是，这些材料都还少为人知。那么，很明显，它不是那种一个 18 岁的青年可以写出来的，即使他会讲一点法语。然而再一次的，我得到了一个"A"。这要么是因为贝蒂傻到没有注意到（我当时就是这么想的），要么就是发现了，但是懒得告我。或者她根本不在乎。或者太善良。又或者，我现在意识到，她从来就没有读过那篇文章。

不消说，我并不为自己所做的感到骄傲。然而，用塞林格的话说，我为自己能够承认它感到骄傲（反正现在也没人能告我了）。那么，我为什么要那样做呢？除了对课程的讨厌以外，还有什么原因呢？因为我想成为鲍勃。因为我想和他"走在一起"，只是不在哈佛。（"我们不去那儿。"）也因为，在潜意识里，我想象着这种无耻的盗窃能让我达成愿望。

当然，熟悉我作品的读者已经知道这一点。引用我的文章《发声的镜子》(The Sonic Mirror)：

关于我，有一件事你应该知道，也许是最重要的一件。那就是，我没有一开始就想当一名英文文学的教授。我曾经想成为一名钢琴家。但直到我大约二十岁，我才不得不接受自己显而易见的局限性。我缺乏演奏家式的技术。对此我仍然小家子气地将它归罪于我的第一个钢琴老师，格拉太太。我还缺乏音感，但我都不能怪遗传基因。因为我的哥哥，罗伯特，就是一个成功的钢琴家。

或者，引用我的书《贝多芬之吻》：

在我的哥哥史蒂夫自杀以后，我的父亲让我去见了心理分析师，崔恩博士。他在确认我的母亲并非我成为同性恋的原因后认定，造成我性倾向的那个可怕的、主导性强大的女人是戴安娜·格拉。据他说，格拉太太让我深信自己无法满足她魔性的女性欲望，让我觉得自己完全没用。或者说至少不如我的哥哥鲍勃。鲍勃，那个真正的神童，那个拥有完美音感的鲍勃。令人伤心的是，我选择了相信他。

顺便说一下，上面这段话第一次的出现是在我写给文学教授和评论家韦恩·克斯坦鲍姆（Wayne Koestenbaum）的一封信中，他也是犹太人。韦恩也是我产生身份认知的人之一。（但这次是因为，他让我想起我的哥哥，史蒂夫。他不光是个出柜的同性恋，还是个真正的坏蛋。或者说，他让我想到的是那个我一直希望史蒂夫成为的那个好的哥哥。）

韦恩这么说过（以下似乎也解释了我为什么总是写到我的两个哥哥）：

任何人的生活，正如同任何科学发明，任何文学作品，不论雅俗，总被一组固定主题主导。任何的努力牵强都无法改变其性质或数量。它们的本质，若非排序，总是不可救药的稳定。

1979 年，我从耶鲁大学毕业。由于我的钢琴水平甚至都不够我进入医学院（我们专业是这么开玩笑的），我就去了法学院。而且是让我讨厌的哥伦比亚大学。（这完全是为了取悦我的律师父亲，加上我自己也不知道我还能干些什么。）史蒂夫在此之后不久去世。我同时也患上了厌食症；虽然这不重要，但我也顺便承认一下吧。然后我读了 D.M.托马斯的小说《白色旅馆》，一部反弗洛伊德的大屠杀小说。我爸妈买的。我记得奥涅金里关于信的那一段（女主角表演了塔蒂亚娜）。我还记得关于那段可怕的娘子谷大屠杀的段落，女主角在那里死去。事实上，很多我父母两边的亲人也是在此事件里死去的。后来，在这本书出版一年后，我们发现托马斯关于大屠杀的段落基本来自阿纳托里·库兹涅索夫（Anatoly Kuznetsov）的小说《娘子谷大屠杀》。我爸妈也有这本书。一些评论家并不认为这算是抄袭，他们称之为后现代主义。虽然我没什么立场判断，毕竟我从来没有看过库兹涅佐夫，但我对后现代主义还是略知一二的。我知道，比方说，任何此类引文，如嘲讽、讽刺，都应显而易见。形象地说，它应该是在引号内的。

1982 年，我从哥伦比亚大学毕业，开始正常吃东西了。就职于洛克菲勒中心一家糟糕的律师事务所。大卫·海德皮尔斯（David Hyde Pierce），顺便说一句，也作为律师助理在那里工作过。他之后在弗雷泽（Fraiser）中扮演莱泽·克雷恩（Niles Crane），以《窗帘》赢得了托尼奖，并为我的《希德莉斯》一书写了导语："从普鲁斯特到托尼丹扎，凯文巧妙而精致地抓住了阅读大卫·希德莉斯的愉悦与痛苦。"（另一位为我写导语的则说：如果我要读本关于大卫·希德莉斯的书，那就应该是这本了。）

我们第一年的律师也没什么重要的事情好做，而且事务所整体相当低迷。尽管我做了一些研究也写了一些备忘录（其中一篇是从法律评论学刊上抄的），我的大部分时间还是都花在了看普鲁斯特的英文版上（我把这些无法不可结算的小时称为"专业发展提高"），还有和另外一个新律师闲晃。艾伯丁·西莫（就叫她这个名字吧）是从……嗯就说伯克利大学毕业的吧。她在那儿还拿了一个法语硕士学位。（我们当时还尚未像普鲁斯特一样学得朴素谦逊一点儿，总是爱幻想，其实我们现在依然这么幻想：艾伯丁是盖伊·罗斯柴尔德，而我则是他的妻子，玛丽－海伦，想象着从事务所的生活中逃离出去。）

有一次，艾伯丁说（她揭露的事里比较有趣的一个）她曾将蒙田的一篇文章作为研讨会论文交上去。那位善良的教授未改文章直接还给了她，然后私下问："你嗑什么药了？"事实上，艾伯丁羞愧地告诉我，她交上去的是一篇关于蒙田的相当知名的论文《蒙田：自我的危机》。那位教授（叫他查尔斯吧）在私下跟她谈过以后也通知了她的父母，然后她就再也没有做过这样的事了，不像我。她最近的邮件是这么说的：

查尔斯首先是叫我去和他谈谈。事情有点不太对劲，他说，因为你不是那种人。况且把整篇文章照抄，不是一句句话，而是整篇，这完全是疯了！然后他给我父母打了个电话。事实上，这件事成了我自己生活中的"危机"。他们三人决定，看起来跟大麻的接触实在没什么好的，它影响了我的判断力。"你嗑什么药了？"是对整件事戏剧性的幽默释义而已。这期间的紧张感真的很强。我不高兴。父母不高兴。教授也不高兴。这肯定不算是我做过的什么特别好的事情之一。但是呢，我和查尔斯至今仍然是朋友。我可能会给他打个电话再探讨一下这件事。

1984年，我去了一家更好的事务所，总算有事做了。但我依然厌恶它。我意识到了我不适合做律师。我属于创意型的，或者说重创型的：我不是肖邦，而是那个演奏并扮演肖邦的人。考虑自己还能做什么，我参考了多位朋友的建议，包括阿尔贝蒂。"教大学"，他们说，"申请研究院，拿个文学博士。""嗯，为什么不呢？"我想。"也许我足够聪明。也许我会喜欢大学生。起码是耶鲁的学生。"也许，比起法律备忘录，我会更想写点其他东西。通过阅读桑德拉·吉尔伯特(Sandra Gilber)和苏珊·格巴不朽(Susan Gubar)的著作《阁楼上的疯女人》，我感觉自己的"他者性"足够让我为性别研究做出这两位合作者为女权运动做出的那种贡献。

但我不会去研究每一位男同性小说家，不会像她们研究了几乎每一位女性小说家一样。我只打算研究亨利·詹姆斯。詹姆斯，对我来说，是在普鲁斯特之后。而且他是用英语写作的。

但是有一个问题。我的成绩很好。我的GRE也很好，虽然我忘了"当紫丁香上次在庭院里盛开"的出处(当然是惠特曼)。但是所有的学校都要求某种，任何形式的研究论文作为写作样本。我一份自己写的都交不出来。作为一名音乐专业的学生，我唯一一篇这种类型就是交给贝蒂的那篇论文。因此，我再一次提交了鲍勃关于神秘的纳霍姆小姐的论文。"好吧，"我想，"至少我又不发表它。"但是这一次，我意识到，我离谱的盗窃（想要成为鲍勃）不能避免沾染文学评论家阿瑟．米勒所说的"一切应有的侵略性"。

我得到了哥伦比亚和布朗的录取书，但没有耶鲁，更没有哈佛。（一旦你拒绝哈佛，似乎他们就永远不会再让你回来。）我选择了布朗。那儿的课还行，起码是大部分的课。但是，讨论詹姆斯的课不算其中一门。教这门课的是一位很老且自大的教授，我们就叫他格罗弗·克利夫兰吧。尽管这门课是讨论型的，他却始终在背诵讲稿给包含我在内的三位学生听。从他的笔记快散架的样子看，起码二十年内都没有改过什么内容了。这太荒谬，太可鄙了。

所以当格罗弗让我们写文章时，我偷了一篇关于詹姆斯的文章，叫《衣橱中的野兽》。不只是一两句话，而是几乎整篇文章，不过我减去了它一些清晰而准确的描述，再加上了一点我自己的内容（但没有那么清晰，也不那么准确）。到目前为止，你可能会觉得，就算是我也应该知道要停止做这样的事情。你可能会认为，就算是我也该有些羞耻感了吧。但我仅是饶有兴趣地回味起了艾伯丁的蒙田的故事，心想："可是，为什么不呢。"况且我已经对该文的作者（伊芙·塞奇威克，一位犹太女性）产生了一种跨越性别和性意识的身份认同，尽管她不是同性恋。后来我在《像男人一样伪装》里专门探讨过这个。但这个女人在很快的将来，就会主宰性别研究。而我抄袭的那个章节则将会成为她的里程碑式著作《衣柜认识论》的核心章节。

我得了个"A"。克利夫兰先生的评语显示，他甚至还读了它。但事实证明，我意识到，我的确有感到羞愧的。事情是这么发生的。在这次抄袭后不久，我自己写了篇论文，为一门罗兰·巴尔特和奥斯卡·王尔德的研讨课。那门课的教授（鲍勃·斯科尔斯）建议我发表它，所以我把它寄给了《性别》。然后这份学刊给我安排了两位所谓的匿名读者。一位是阿瑟．米勒，而另一位则是伊芙。学刊在给我寄的评语中忘记了删除他们的名字。不过很高兴的是，他们的反馈都挺不错。我忘了伊芙说什么了，但不知道为什么，米勒形容我为"含蓄秀美"。或者引用他整句的话是："这是否一定要如此含蓄秀美，如普遍的研讨论文一样，当它只需一点修改便可以成为我们真正需要的那种文章？"但我没有修改。《王尔德，巴特以及真理的高潮》，我的第一篇见刊论文，维持了我递交作业给斯科尔斯教授时的样子。

1989 年我在耶鲁参加了一次会议。我参与的那个专家组是由在那里教书的韦恩组织的，我们也因此碰面了。我还见到了米勒，一个不屑于理我的帅哥，他当然完全没有让我触及任何"高潮"。我遇到了伊芙，是这个不可思议的女人带给了我那种感觉。她愿意帮我看看任何我想给她的并提供进一步帮助。可我该给她寄什么呢？到底寄什么呢？读者们、我的同胞、我的兄弟们，我把《衣柜里的野兽》寄给她了。

我显然是疯了。想象一下贝多芬宣称他写了纳霍姆协奏曲然后把它交给莫扎特。但不像艾伯丁，我不能把责任归罪在大麻上。像她一样，我肯定是羞愧于自己对鲍勃和伊芙的盗窃，因此潜意识才想要被暴露。被抓住并且被惩罚。让我的学术事业毁于一旦，只能夹着尾巴回去当律师。然而，和艾伯丁不同的是，我没有被抓到。据我所知，伊芙并没有读它。（想象一下万一她读了！）她没有看到她的作品上写着我的名字，也没有发现我的抄袭。但是，现在她会知道了。我想，鲍勃也会的。

我选择斯科尔斯（肯定是天主教徒）做我的论文导师的部分原因是他称自己是个装模作样的骗子。"我们中的大部分都是"，他补充说。我的论文主题不是詹姆斯，而是关于王尔德，巴尔特以及其他几个。 斯科尔斯，再一次地，建议我发表它。既然伊芙之前提出给予我更多帮助，我就请了她帮我发表这篇。她给斯坦福出版社写了封信。斯坦福在收到又一封正面的报告后，给了我一份合同。这一次我修改了。然后请伊芙和韦恩帮我写了导语，让这些我爱引用的人不得不阅读、引用我的文章。韦恩的部分导语是这样说的："处处都是妙言警句，伴随着律师特有的简洁，具大局观的精彩。凯文·科派尔森的声音证明文学批评可以是一种求爱，甚至是一种爱情的形式。"伊芙则谈到我"动人的格调以及令人兴奋的明晰度"，这可比"含蓄秀美"强多了。

获得该合同并发表《爱的连祷》帮助我得到了我现在还在做的这份工作。但我没在耶鲁。而是在某个中西部的公立学校。中西部的人，当然都很好。（巴尔特会说这句话是 doxa，即常识。如同说学生们是为了讨好老师而抄袭一样。）我也挺喜欢我的同事们。但是，那些学生们啊！或者说，那些英文文学专业的学生们啊！我们系是人文科里唯一不能设置最低录取分的专业。（我可以想象学校的管理决策者说："他们总得选个专业吧，起码他们会说英文啊。"）因此，大部分的时候，我们得到的学生都是最差的，GPA 在 2.0 以下的那种。（我不敢去想他们的 SAT 考试成绩。）如同那些学校的管理者一样，对文学和文学批评兴致缺缺的学生们。他们有些其他的视觉系的逃避方式（如魔兽世界）。我一个英文专业的学生在开始现代主义的研讨课之后问我："我不喜欢阅读，能选点什么另外的课替代吗？"我推荐了俳句或者警句课。另外一位我文学批评课的学生交上来的论文第一句写道："女权主义者认为女人应该获得她们缝的（reap what they sew）。"我在评语处问："你是说'缝上她们撕的吗（sew what they rip)？"另一个学生在关于忏悔的研讨课上交的论文是这么开始的："每个母亲都想给他或她的孩子最好的。"我写道："错得这么多这么离谱，我都不知道从哪儿开始说。"

那么。正如你所见，我对付这种荒谬的情况（和学生）的主要方式就是言语上的讽刺挖苦。但事情并不总是如此。一名非小说类课程即将上法学院的学生抄了一篇还不错的关于某个棒球选手的论文。我在两秒内就在网上找到了。依照学生抄袭是为了讨好老师的常识，我写道："你应该不是故意抄袭的。你可能只是不知道怎么写。在这种情况下，你应该来问我。"他之后是来找我了，并且是带着让人难以置信的十足火药味儿，表现得相当不屑。

讽刺挖苦最终从长远角度来看并没为我带来什么效果。也没给学生们带来什么效果。我意识到，他们想要的不是讨论，而是听课。他们需要学习，真正地学习。而不是某个中年教授把课程弱智化，装作是他们的朋友，鼓励他们假惺惺地探讨一些他们根本不懂的话题。我都快五十岁了。

但是有一个问题。好吧，三个问题。不是我懒，而是我根本就没有足够的智慧去即兴讲课。也没有那种所需要的记忆力。更没有时间去事先写这些。学术性的《爱的连祷》花费了我两年时间完成。同样的还有大众读物《贝多芬之吻》，学术兼大众的《希德莉斯》以及他们之间分别关于伊丽莎白·毕晓普和让·乔治·努瓦尔的两本书。（正在进行中的工作包括关于电视人物莱泽·克雷恩（Niles Crane）、小屁孩赫尔曼（Pee Wee Herman），以及斯维亚托斯拉夫·里赫特（Sviatoslav Richter）的诗歌创作。所谓诗歌，我指的是打油诗。）

以这个速度，我光一门课的准备时间就需要二十年。所以，如同大部分学者一样，我现在仅是大声"狂想"。我扮演、表演、背咏其他作者的成果。但这么做的同时，我并不会提到他们的名字。我不做任何正式的引用。当然，我在每门课一开始就以后现代的形式告诉学生，他们将要听到的课程内容并不算是完全原创。但他们似乎总认为它们是的，而我必须承认，这也的确是我的意图。

哪些其他作者？这份名单太长了，我恐怕很难在这里将他们全部列出。其中大致有伊芙·塞奇维克，但没有阿瑟·米勒。有杰西·马茨（犹太人），一位在另一个会议上认识（并理会了我）的帅哥，他让我想起韦恩·克斯特鲍姆和大卫·希德莉斯（非犹太人）。这份名单里还有弗拉基米尔·纳博科夫（非犹太人）。他自己的课稿（现已出版）其实就是由维拉，他的妻子写的，这也是为什么我提到他。

那么，我是否已经成为格罗弗·克利夫兰了呢？我会这样吗？也许吧。但不因为我对他产生了身份上的认知，起码不是有意识的。（今天是赎罪日，拉比打断崇拜，跪倒在约柜前呼喊道："哦，主啊！我什么都不是！"领唱者受到感染，也拜跪下来喊道："哦，主啊！我什么都不是！"这时，一个坐在会堂最后排的裁缝也站起来呼喊道："哦，主啊！我也什么都不是！"领唱者转过去对拉比说："看看那个以为自己什么都不是的人。"）这就是命运的嘲弄，如果我们不将它称为自我的危机。随着我在课堂上的种种"狂想"，或者，用人类身份理论来看，我对奇威克、马茨、纳博科夫等人的戏剧及言语型表演，在意识层面，我的身份认知不曾改变过。总会有这样那样的男女站上我哥哥的位子，还有我父亲的（比如斯科尔斯）。至于我无意识的认知嘛，我又有权利说什么呢。换句话说，我凭什么去对症解读自己呢？或者是，去这样对症地解读自己呢？

book review | 书 评

艺术摧毁了沉默

撰文：洪子诚

2017 年 4 月 1 日，俄罗斯著名诗人叶夫根尼·叶夫图申科
（Евгений Александрович Евтушенко）
因癌症在美国克拉何马州塔尔萨逝世，享年 84 岁。作为苏联六十
年代诗人群体的最后一位诗人，他的离去象征着一个时代的终结。
这篇写于 2015 年的文章，纪念这位最早打破苏联社会对纳粹屠杀
犹太人的沉默、曾在"解冻"时期用自己的诗歌给苏联年轻一代带
来巨大冲击以及对中国诗歌创作产生重大影响的诗人。

一、苏联"第四代诗人"叶夫图申科

《〈娘子谷〉及其它——苏联青年诗人诗选》，作家出版社 1963 年版，标
明"供内部参考"，属于后来说的"黄皮书"的一种。只有 131 页，定价人民
币三角四分，收入 30 年代出生的苏联诗人叶夫杜申科（1933—2017，现在通
译为叶夫图申科，或叶甫图申科）、沃兹涅辛斯基（1933—2010）[1]、阿赫马杜
林娜（1938—2010）[2] 的作品三十余首。60 年代中后期我读过的"黄皮书"有
这样几种：贝克特的《等待戈多》，凯鲁亚克的《在路上》，《艾特马托夫小说集》，

---

[1] 安德烈·沃兹涅先斯基（1933—2010），著有诗集《三角梨》《反世界》《镂花妙手》等。
[2] 阿赫马杜林娜曾是叶夫图申科的妻子，后与作家纳吉宾结婚。

西蒙诺夫的《生者与死者》《军人不是天生的》，收入阿克肖诺夫、马克西诺夫、卡扎科夫等八人的短篇的《苏联青年作家小说集》（两册），现在不大有人提起的姆拉登·奥里亚查（南斯拉夫）的长篇《娜嘉》，还有就是《〈娘子谷〉及其它》。

《〈娘子谷〉及其它》收叶夫图申科诗 14 首，前面有批判性的简介。说他1933 年 7 月出生于西伯利亚贝加尔湖旁的济马站[1]。1944 年随母亲迁至莫斯科。说他成为诗人之前，在农村、伐木场、地质勘探队工作过。15 岁开始发表作品。1953 年进入苏联作协主办的高尔基文学院学习，1957 年，由于为"反动"小说《不是单靠面包》辩护，被学院和共青团开除；但后来又重新加入，并成为学院共青团书记处书记。1953 年斯大林死后，大写政治诗。从 50 年代中期开始，他的作品紧密联系并直接触及苏联和世界的重要政治事件，包括对斯大林的批判，反对个人迷信，古巴革命，世界和平运动与裁军，以及苏联社会生活的各个方面。他的反斯大林的诗《斯大林的继承者们》，原先许多报刊都拒绝刊登，指责他是"反苏主义者"，他将诗直接寄给赫鲁晓夫，得以在 1962 年 10 月 21日的《真理报》刊出。除诗外，也写小说、电影剧本、翻译。叶夫图申科自己说，他和他的年青同行是"出生在 30 年代，而道德的形成却是在斯大林死后和党20 大以后的一代人"。[2]

在 60 年代到"文革"，中国曾掀起批判苏联修正主义的热潮。对叶夫图申科等"第四代作家"的批判，属其中的一个部分。由于江青《纪要》指示批判苏联修正主义要抓大人物（诸如肖洛霍夫），叶夫图申科等就不大有人提起，我也忘了这个名字。再次想起"娘子谷"这个诗集，要到 80 年代初；却不是由于重读，而是"朦胧诗"引起的联想。那时，读到舒婷那么多首诗写窗子，写窗前和窗下，祈请"用你宽宽的手掌／覆盖我吧／现在我可以做梦了吗"，就想起《〈娘子谷〉及其它》中阿赫马杜林娜的《深夜》：穿过沉睡的城市走到"你的窗前"，我"要用手掌遮住街头的喧闹"，"要守护你的美梦，直到天明"。从她们那里，后悔要没有早一点懂得窗子和爱情的关系。而江河《纪念碑》中"我

---

[1] 应该是贝加尔湖附近一个名叫"济马"的车站。

[2] 参见《〈娘子谷〉及其它》第 1—4 页。叶夫图申科的这一对苏联第四代作家的概括性描述，经常被评论者征引。中文有的翻译为"精神成熟于斯大林死后……"

就是纪念碑／我的身体里垒满了石头／中华民族的历史有多沉重／我就有多少重量／中华民族有多少伤口／我就流过多少血液"，更让我直接"跳转"到《娘子谷》：

> 娘子谷没有纪念碑，
> 悬崖绝壁像一面简陋的墓碑。
> 我恐惧。
> 犹太民族多大年岁，
> 今天我也多大年岁。
> ……
> 我也被钉死在十字架上，
> 如今身上还有钉子的痕迹。[1]

这当然不是在讲诗人之间的"影响"，而是一个读者的阅读联想。也许叶夫图申科曾为江河、杨炼当年政治诗的创作提供过部分支援，但总体而言，80年代青年诗歌群体即使是对于俄国诗歌，关注点也发生重要转移；人们更感兴趣的是诸如阿赫玛托娃、古米廖夫、茨维塔耶娃、曼德尔斯塔姆、帕斯捷尔纳克、布罗斯基这样的名字。因此，在"新时期"诗歌变革的一段时间，叶夫图申科关注的人不多。他的再次出现要到80年代中期。契机是1985年10月，作为苏联作家代表团成员访问中国，出席了中国作协和《诗刊》社联合主办的叶夫图申科诗歌朗诵会[2]。此后，就有他的多部中译的作品集面世。它们是：

> 《叶夫图申科诗选》，苏杭等译，漓江出版社1987年；
> 《叶夫图申科诗选》（"诗苑译林"之一），王守仁译，湖南人民出版社1988年；

---

[1] 张高泽译：《〈娘子谷〉及其它》第 22 页，作家出版社 1963 年。
[2] 参见《叶夫图申科诗选·后记》第 338 页，湖南人民出版社 1988 年版。

《叶夫图申科抒情诗选》，陈雄、薛复译，浙江文艺出版社1988年。

《浆果处处》（长篇小说），张草纫、白嗣宏译，上海译文出版社1988年。

90年代，花城出版社还出版了《提前撰写的自传》（1998年，苏杭译），收入他60年代写的五万字的自传，以及他评论俄国诗人（普希金、涅克拉索夫、谢甫琴科、古米廖夫、马雅可夫斯基、茨维塔耶娃、阿赫马杜林娜）的多篇文章；这部书被花城出版社列入"流亡者译丛"的系列。

二、"复出"的不同方式

80年代中后期，叶夫图申科再次在中国出现，已不再是负面、被批判的形象。他转而被誉为苏联，甚至是世界级的杰出诗人。评价上的颠覆性的变化。这种翻转，我们这里已经见怪不怪。因此没有人追问，反动、颓废的修正主义分子，转眼间为什么就成为正面形象。现在如果细察，可以发现这种断裂性的叙述，在叶夫图申科身上，采用的是"当代"常见的"去政治化"和"再政治化"的方式；这清楚显示在上面提到的几部诗选、论文集的编辑和前言中。

先看漓江版的"诗选"。这部诗选是多人合译，但苏杭起到主导作用，所以封面署"苏杭等译"[1]，长篇前言《苏联社会的心电图》也是苏杭写的。苏杭也是60年代《〈娘子谷〉及其它》的主要译者，推测那个批判性的简介也出自他之手。因此，前言在肯定他是"苏联著名诗人，也是当今世界诗坛上的风云人物"的同时，也述及他的诗在苏联和西方引发"毁誉参半"争议的情况，并借用特瓦尔朵夫斯基、西蒙诺夫的话指出他的不足。不过，他并没有提及中国60年代的批判，没有提起曾有《〈娘子谷〉及其它》这本书，也没有回收"反动""修正主义""颓废派资产阶级分子"这些帽子。前言只是语焉不详地说他不是首

---

[1] 苏杭，中国社科院外国文学研究所编审，主要译著有诗集《莫阿比特狱中诗抄》、《叶夫图申科诗选》（合译）、《婚礼》、《普希金抒情诗选》（合译）、《普希金文集》（合译），小说《一寸土》（合译）、叶夫图申科《提前撰写的自传》、茨维塔耶娃书信集等。

次在中国降落，说他的创作曾"引起我国文艺界和读者的关切"，"我国读者对他似乎并不陌生"，[1] 没有具体解释"关切""并不陌生"的具体情况。

湖南人民版的"诗选"是另一种情况。用一种现在时髦的说法。译者前言虽然长篇谈论叶夫图申科诗歌的思想艺术特征，却完全不谈他的经历、创作、评价与历史、与现实政治的关联，没有提及他的创作、活动在苏联内部，在东西方冷战中发生的争议、冲突，只是抽象地说他三十多年来的创作，"始终对社会政治的迫切问题密切关注，对人的内心和人的命运深入观察，从而创作出一系列脍炙人口的诗歌作品"，说他"侧重于言志抒情，善于汲取自身的生活经验，使诗作富有浓郁的生活气息。即使在平淡的生活和习见的景物中，他也能发现永恒的哲理。"[2]

与这种"去政治化"倾向相关的，是他的一些重要的，引发争议的作品不再出现在80年代选本中，如《斯大林的继承者们》等。而湖南人民版的选本，更是没有出现《娘子谷》。相信这不仅是艺术上的考虑。"他（指死去的斯大林——引者）只是装作入睡／因此我向我们的政府／提议：／墓碑前的哨兵——增加／一倍，两倍／不能让斯大林起来，／还有和斯大林相连的过去"。

"再政治化"的情形，则体现在90年代论文集《提前撰写的自传》的出版。前面说过，它列入"流亡者译丛"[3]。主编林贤治在《序〈流亡者译丛〉》中对"流亡者"有这样的界定："贡布罗维奇这样说：'我觉得任何一个尊重自己的艺术家都应该是，而且在每一种意义上都必然是名副其实的流亡者。'这里称之为'流亡者'，除了这层意思之外，还因为他们并非一生平静，终老林下的顺民或逸士；其中几近一半流亡国外，余下的几乎都是遭受压制、监视、批判、疏远，而同时又坚持自我流亡的人物。在内心深处，他们同权势者保持了最大限度的

[1] 漓江版《叶夫图申科诗选》第4页。
[2] 王守仁：《苏联诗坛的第13交响曲——叶夫图申科及其诗歌创作》。
[3] 花城版的"流亡者译丛"除《提前撰写的自传》外，还出版《追寻——帕斯捷尔纳克回忆录》、《见证——肖斯塔科维奇回忆录》、《人，岁月，生活》（爱伦堡）等，由林贤治主编。

距离。"[1] 按照贡布罗维奇[2]的说法,"流亡者"似乎过于宽泛,几乎所有的有个性,有严肃艺术追求作家都包括在内。而按照后面的补充,即使不能说叶夫图申科"不是"("流亡者"),却也难以简单地说他"就是";尽管苏联解体之后,叶夫图申科移居美国,但并非受到压制、迫害。显然,在对叶夫图申科的政治倾向描述上,中国 60 年代对他的批判和 90 年代"流亡者译丛"的处理,采用的是两种视角、方式。前者将他看作与"权势者"一体,也就是赫鲁晓夫的反斯大林路线的积极追随者,而后者却突出并夸大他与"权势者"(政治的和文学)的对立与冲突。

没有疑问,当时的苏联对叶夫图申科的言行、创作有许多争议,他受过许多批评、攻击,也确实受到政权当局和文学界权力机构的压制,特别是 1963 年在法国《快报》刊登"自传"这一事件[3]。他被攻击为"叛徒""蜕化变质分子",针对他发表许多挞伐文章,他在苏联作家协会特别会议和共青团中央全会上受到批判,他的朗诵会被禁止举行;也被迫做了检查。这样的压制持续相当一段时间;当时尚未被解职的苏共第一书记赫鲁晓夫在这一围攻中"起过不小的作用"[4]。

但也不是总遭受打压,他在苏联政治—文学界也有很高地位。《〈娘子谷〉及其它》中的简介曾有这样的叙述:

> 苏共二十大以后,他在1957年便发表了"反对个人迷信"的"诗"。……1960年1月赫鲁晓夫在最高苏维埃代表大会上做了裁军的报告,第二天在《文学报》上与赫鲁晓夫的报告同时发表了他的短

[1] 《提前撰写的自传》第 3 页,花城出版社 1998 年版。
[2] 贡布罗维奇(1904-1969),波兰小说作家。二次大战流亡阿根廷(1939~1963),后居住在法国(1964~1969)。
[3] 1963 年叶夫图申科在欧洲访问时,撰写了"自传",刊载于 2—3 月的法国《快报》。题目《苏维埃政权下一个时代儿的自白》为《快报》编辑部所加,后来以《早熟者的自传》题名在法国出版单行本。叶夫图申科回国后,受到严厉指责。据叶夫图申科的回忆,1962 年到 1963 年期间,因为这一事件他受到围攻。自传的俄文版本迟至 1989 年 5 月才刊登在《真理报》上,题名改为《提前撰写的自传》。花城出版社的《提前撰写的自传》一书,收入这两个不同版本。其中的差别,不仅是篇幅上的,也有措辞、观点上一些重要的变化。
[4] 参见《提前撰写的自传》第 48 页,花城出版社 1998 年版。

诗《俄罗斯在裁军》，鼓吹"没有炸弹、没有不信任、没有仇恨、没有军队"的世界。……苏联文学界和读者中间对叶夫杜申科的诗一直是有争论的……但他又受到很大的重视。他多次出国，访问过欧美、拉美、非洲等近二十个国家。《真理报》聘请他为自己的特派记者。1962年4月莫斯科作协分会改选时，他被选为莫斯科作协分会理事……

而且，在80年代，他还担任苏联作家协会理事和格鲁吉亚文学委员会主席，1984年因为《妈妈和中子弹》的长诗（中译收入湖南人民版"诗选"）获得苏联国家文艺奖金。

三、"艺术摧毁了沉默"

1961年的《娘子谷》是叶夫图申科最重要，也是影响最大的作品之一。娘子谷位于乌克兰基辅西北郊外，1941到1943年，在这里有几万到十万人——其中绝大部分是犹太人——遭到屠杀。这个事件，叶夫图申科说，"我早就想就排犹主义写一首诗。但是，直到我去过基辅，目睹了娘子谷这个可怕的地方，这个题材才以诗的形式得以体现。"他震惊的不仅是屠杀本身，而且是当局对这一历史事件采取的态度。他目睹这个峡谷成为垃圾场，对于被杀害的无辜生命，不仅没有纪念碑，连一个说明的标牌也没有。他刊登于法国《快报》上的"自传"说，"我始终憎恶排犹主义"，"沙皇的专制制度想尽办法把排犹主义移植到俄罗斯，以便把群众的愤怒转移到犹太人身上。斯大林在他一生的某个阶段，曾恢复了这种狠毒的做法。"[1]斯大林时代的反犹倾向，并未随着他的去世而终结。因此，造访娘子谷后回到莫斯科的当晚，他写了这首诗。真实性存在争议的《见证——肖斯塔科维奇回忆录》（伏尔科夫）书中，引述肖斯塔科维奇读《娘子谷》之后的感受：

---

[1] 《提前撰写的自传》第251页。

这首诗震撼了我。它震撼了成千成万的人。许多人听说过娘子谷大惨案，但是叶夫图申科使他们理解了这个事件。先是德国人，后是乌克兰政府，企图抹掉人们对娘子谷惨案的记忆，但是在叶夫图申科的诗出现后，这个事件显然永远也不会被忘记了……人们在叶夫图申科写诗之前就知道娘子谷事件。但是他们沉默不语，在读了这首诗以后，打破了沉默。艺术摧毁了沉默。[1]

被震撼的肖斯塔科维奇加入了以艺术摧毁沉默，让历史不致湮灭的行动，为此，他在 1962 年谱写了《第 13 交响曲（娘子谷），作品 113》。与叶夫图申科一样，对这一事件的关切，是基于人道、和平、精神自由的道德立场。这部交响曲不是通常的奏鸣曲式，而是声乐和管弦乐的回旋、变奏。原本是单乐章，后来扩展为五个乐章，分别采用叶夫图申科的《娘子谷》《幽默》《在商店里》《恐怖》《功名利禄》五首诗 [2]。其中第四乐章中的《恐怖》一首，是应肖斯塔科维奇之约，专为这部乐曲撰写。男低音独唱和男声合唱穿插交织。为了达到震撼的效果，采用三管的庞大编制，有近 80 位弦乐手，大量的打击乐器，以及近百人的男声合唱团。慢板的第一乐章"娘子谷"：

音乐以阴暗的 b 小调开始，宛如沉重的步履，之后合唱团唱出犹太民族的悲哀，有不详的第一主题不断重复，随后男低音接唱。象征法西斯暴行的第二主题以极快的速度冷酷地出现，合唱与独唱也交织进行。第三主题代表纯洁无辜的受害小女孩安娜，她遭遇的悲剧在此透过管弦乐悲伤地回忆着，音乐逐渐进行到强烈的高点，导入最后的挽歌。独唱者与合唱轮番为每一个在巴比雅被射杀的人抱

---

[1] 伏尔科夫：《肖斯塔科维奇回忆录》第 225 页，北京，外文出版局《编译参考》编辑部 1981 年版，叶琼芳译，卢珮文校。

[2] 这五首诗的中译，已分别收入苏杭、王守仁翻译的《叶夫图申科诗选》中。

屈、愤怒。……[1]

　　巴比雅（Babi Yar）即娘子谷；安娜是二战期间躲避纳粹杀害，写《安娜·弗兰克日记》的德国犹太小女孩。无论是诗的《娘子谷》，还是交响乐的《娘子谷》，当年在苏联发表、演出的时候，都冒着风险，也确实引起很大风波，成为政治事件。《文学报》1961 年 9 月 19 日刊登这首诗时，编辑已做好被解职的准备。叶夫图申科受到许多攻击，但是他收到的三万多封来信中，绝大多数站在他这一边。在乐曲首演问题上，政权当局施加压力，迫使原先应允参加首演的乐队指挥和几位独唱家相继退出。指挥家穆拉文斯基与肖斯塔科维奇是挚友，他们的友谊开始于在音乐学院学习时。1937 年指挥列宁格勒交响乐团首演肖斯塔科维奇第五交响曲之后，肖氏的大部分作品首演指挥都由穆拉文斯基担任（交响曲第五，1937；第六，1939；第八，1943；第九，1945；第十，1953；第十二，1961）。这次原本也由他执棒，后来却也宣布退出，显然是受到当局的压力。自此，他们交恶，长期亲密、互相支持的友谊破裂[2]。这是 20 世纪无数因政治、意识形态问题导致友谊、爱情受损、破裂的一例。最终乐曲首演指挥由康德拉辛[3]担任。

　　基于音乐处理上的需要，《娘子谷》的"歌词"对"诗"有一些改动，尤其是独唱与合唱上的分配：这增强了对话、呼应的戏剧性。其中值得提出的重要不同是"犹大"和"犹太人"的问题。原诗是这样的：

　　　于是我觉得——

---

[1]　赖伟峰：《降 b 小调第 13 交响曲（巴比雅），作品 113》，《发现：肖斯塔科维奇》第 107 页，台北，国立中正文化中心出版。
[2]　穆拉文斯基（1903—1988），苏联杰出指挥家。30 年代开始担任列宁格勒爱乐乐团（现在的圣彼得堡交响）常任指挥 40 多年，提升该乐团水准而跻身世界著名乐团之列。特别擅长指挥柴科夫斯基、肖斯塔科维奇的作品。DG 出品的双张柴可夫斯基 4、5、6 交响曲（编号 419　745-2），几乎是柴可夫斯基这三部交响曲的权威，难以超越的经典版本。
[3]　康德拉辛（1914—1981），苏联指挥家。1938 到 1943 年任列宁格勒马林斯基剧院乐队的首席，1956 起成为莫斯科爱乐乐团首席指挥和艺术指导。1979 年在荷兰巡回演出时寻求政治庇护，开始任职于荷兰皇家音乐厅乐团。

> 我仿佛是犹大，
>
> 我徘徊在古埃及。

歌词却是：

> 我觉得现在自己是个犹太人。
>
> 在这里我跋涉于古埃及。[1]

多种歌词译文，诗中的"犹大"都成了"犹太人"。我感到困惑，一个时间怀疑诗的中译是否有误，便请教汪剑钊[2]。他的解惑是：诗的原文就是犹大，犹大和犹太人在俄文中是不同的两个词，翻译不致出错。他认为，诗人既把抒情主人公当作受害者，同时认为在施害中他也负有责任，觉得"自己"就是犹大，被同胞唾弃，内心受到谴责，没有归宿感而游荡在古埃及土地上。

当然，现在我也还没有明白这个不同产生的原因。爱伦堡在听了肖斯塔科维奇的《第 8 交响曲》之后说："音乐有一个极大的优越性；它能说出所有的一切，但是尽在不言中。"的确，多层次的、复杂交织的情感思绪，它的强弱高低起伏，它的互相渗透的呈现，文字有时难以传递；但是深层思想的揭示能力，音乐也有稍逊的时候。也许难以表达这里"犹大"所包含的复杂思想情感，才有这样的改动？汪剑钊的解说是对的。叶夫图申科《娘子谷》的震撼力，既来自感同身受（"我就是德莱福斯"；"我是安娜·弗兰克"；我是被枪杀在这里的每一个老人和婴孩）地对民族毁灭性暴行的批判，也来自这种不逃避应承担责任的勇敢自谴。

---

[1] 邹仲之译，见《爱乐》2005 年第 5 期，三联书店出版。台北《发现：肖斯塔科维奇》一书的歌词翻译是："我觉得现在——／我是犹太人／在这里／我横越过古埃及"（赖伟峰译）。

[2] 汪剑钊（1963—），诗人、翻译家、俄苏文学和中国现代诗歌研究者。北京外国语大学外国文学研究所教授，中国社会科学院外国文学研究所研究员。著有《中俄文字之交——俄苏文学与二十世纪中国的新文学》《二十世纪中国的现代主义诗歌》，翻译《阿赫玛托娃传》。这里引述他来信大意，他还发来他新译的《娘子谷》。

四、政治诗的命运

叶夫图申科多才多能，它不仅写诗，也写小说、电影剧本、诗歌评论，主演过电影。就诗而言，题材、形式也广泛多样。不过，说他的主要成就是"政治诗"，他是 20 世纪的政治诗人，应该没有大错。这也是他的自觉选择。他曾说，斯大林逝世前他"一直隐蔽在抒情诗的领域里"，"解冻"之后"要离开这个避难所"了 [1]。《提前撰写的自传》中也说过相似的话："内心抒情诗在斯大林时代几乎是禁果"，现在"开始冲破了堤坝，充满了几乎所有报刊的版面"；不过，在"发生的巨大的历史进程面前，内心抒情诗看起来多少有点幼稚。长笛已经有了……如今需要的是冲锋的军号"[2]。因此，在当年苏联的诗歌界，他被归入着眼于重大政治题材，诗风强悍的"大声疾呼"派（相对的是"悄声细语"派。这两个"派别"，中译有的作"响"派和"静"派）。

20 世纪多灾多难，也曾经充满希望和期待。战争，革命，冷战，专制暴政，殖民解放运动……这一切在具有"公民性"意识的诗人那里，孕育、诞生了新型的政治诗体式。路易·阿拉贡将这种诗体的源头，上溯到 16 世纪意大利诗人彼特拉克，叶夫图申科则将它与普希金、莱蒙托夫、涅克拉索夫、惠特曼连接。但是他们也都认为，马雅可夫斯基是当代"政治诗"的创始人 [3]。叶夫图申科也将自己纳入这个诗歌谱系。他赞赏这位开拓一代诗歌的"硕大无比"的诗人的伟力：

> 马雅可夫斯基比任何人都更痛切地认识到："没有舌头的大街却在痛苦的痉挛——它没法子讲话，也没法子叫喊。"马雅可夫斯基从淫乱的内室，从漂亮的四轮马车中拉出来爱情，把它像一个疲倦的受

---

[1] 《〈娘子谷〉及其它》第 1—2 页。

[2] 《提前撰写的自传》第 40 页。

[3] 路易·阿拉贡 1951 年说："对于我们来说，马雅可夫斯基首先是当代政治诗的创始人，这个事实是谁也不能从历史的篇章上抹掉的。"（《从彼特拉克到马雅可夫斯基》，见《法国作家论文学》第 363 页，北京三联书店 1984 年版。叶夫图申科的观点，见《彪形大汉却无力自卫》。）

骗的婴孩一样捧在那双因绷紧而青筋暴露的巨大的手上，走向他仇视而又可亲的大街。[1]

20世纪政治诗的首要特征，是处理题材上敏锐而固执的政治视角，特别是直接面对、处理重要政治事件和问题。写作者有自觉的代言意识，抒情个体自信地将"自我"与民族、阶级、政党、人民、国家想象为一体。惠特曼那种"我"同时也就是"你们"的抒情方式（《自我之歌》："我所讲的一切，将对你们也一样适合，因为属于我的每一个原子，也同样属于你……"）在20世纪政治诗中得到延伸，并被无限放大。这种诗歌不单以文本的方式存在，诗人的姿态也成为重要组成部分。它的传播，也不仅限于室内的默读和沙龙、咖啡馆的朗诵，而是面向群众，走向广场、街头，体现了它的公共性。政治诗诗人常以自己的声音、身体作为传播的载体，他们是演说家和朗诵者：这方面突出体现在马雅可夫斯基、叶夫图申科身上。马雅可夫斯基"希望诗歌能回荡在舞台上和体育场上，鸣响于无线电收音机中，呼叫于广告牌上，号召于标语口号，堂而皇之登在报纸上，甚至印在糖果包装纸上……"[2] 这种政治诗不像象征主义那么"胆怯"，不害怕在诗中说教，在政治诗人看来，害怕说教，可能会让道德变得模糊，并失去对群众动员的那种必需的质朴。

政治诗在当代中国，也曾经风光一时。三四十年代，特别是"当代"的前30年。它的最后辉煌，是"文革"后到80年代前期这段时间，几代诗人（艾青、白桦、公刘、邵燕祥、孙静轩、叶文福、雷抒雁、曲有源、张学梦、骆耕野、江河、杨炼……）合力支持这个繁盛的，让诗歌参与群众社会生活的局面。不过，诗人西川后来说，80年代诗人"错戴"了斗士、预言家、牧师、歌星的"面具"。其实也不全是错戴，那个时代的政治诗人就是斗士、预言家、牧师和"歌星"（就其与受众的关系而言）。

但这是落幕前的高潮，日沉时的最后一跃。舒婷1996年写道："伟大题

---

[1] 《彪形大汉却无力自卫》，《提前撰写的自传》第133页。
[2] 《提前撰写的自传》第143页。

材伶仃着一只脚／在庸常生活的浅滩上／濒临绝境／救援和基金将在许多年后来到／伟大题材／必需学会苟且偷安"（《伟大题材》）。中国政治诗的式微，开始于80年代中后期，1988年公刘在《文学评论》第4期发表的《从四个角度谈诗和诗人》，以深切的忧虑揭示了政治诗消退、淡化的事实。[1]

50年代初，法国诗人阿拉贡抱怨人们将16世纪的彼特拉克只看作爱情诗人，而忘记了他同时，甚至更主要是政治诗人，中国学者滕威抱怨90年代的中国只高度评价聂鲁达的爱情诗，而冷落了他重要的革命、政治诗歌[2]——他们的抱怨虽然正确，却难以扭转这一趋势。在一个物质、消费主导的时代里，人们记忆的筛选机制不可避免发生重要改变；他们难以再热情呼应那种政治说教。况且在今天，诗人面对的政治、社会问题和事件，已不像革命、战争年代那样能够明晰地做出判断。复杂化的"政治"，已经难以在诗中得到激情、质朴的明确表达，它更适宜置于学院的解剖台上，为训练有素、掌握精致技能的学者提供解剖对象。那些严肃、试图面对重要事件和问题的诗人，因此变得优柔寡断，犹豫不决。

> 讨论桌上，两个来自
> 极权国家的民主斗士在畅想
> 全球化如何能够像天真的种马一样
> 在他们的国土深处射出自由，而
> 一个来自民主国家的左派
> 却用他灵巧的理论手指，从
> 华尔街的坍塌声中，剥出了一个
> 源自1848年的幽灵。
> ……[3]

---

[1] 公刘：《从四个角度谈诗和诗人》，《文学评论》1988年第4期。
[2] 《"边境"之南——拉丁美洲文学汉译与中国当代文学（1949—1990)》，北京大学出版社2011年版。
[3] 胡续冬：《IWP关于社会变迁的讨论会》，《旅行／诗》第49页，海南出版社2010年版。

来自世界不同城市，有着不同世界想象的知识分子，聚集在1933年纳粹党人焚书的柏林百布广场，讨论着诸如"全球化经济有助于民主／还是更巩固了独裁？""在现今的世代里／勇气是什么意思？"诗人梁秉钧对此的回应是：

回答得了么，历史给我们提的问题？

对着录音的仪器说话，有人可会聆听？

太阳没有了，户外的空气冷了起来

能给我一张毛毡吗？

六个小时以后，觉出累积的疲劳

能给我一杯热咖啡？[1]

"累积的疲劳"是一种时代病，炽热的热情和内在的力量变得罕见。

政治诗衰落的原因也来自它自身。叶夫图申科在《彪形大汉却无力防卫》中，对马雅可夫斯基赞赏、辩护之外，也指出他"付出的代价是昂贵的"。"他经常为争取诗歌的整体功利性而战斗，为此他失去了许多东西——要知道，任何艺术功利性都注定结局不妙。"他情愿，或不得不牺牲某种他并非不拥有的"艺术"。另一方面，"瞬间性"是这种过度依赖时间的诗歌的特质。政治诗人对此应有预想，如马雅可夫斯基写下的，当他下决心进入这一政治诗的领域，就要同时宣布："死去吧，我的诗，像一名列兵，像我们的无名烈士在突击中死去吧。"当然，另一个可能也并非不存在，"瞬间性"也可以转化为"永恒"，如果诗人既能深刻触及现实的"瞬间"，又有足够的思想艺术力量超越的话。

今天，当我们重读叶夫图申科这样的诗人的作品，将会得到什么样的启示？20世纪马雅可夫斯基创始的政治诗是否还能给我们提供精神、艺术上借鉴的资源？我们是否也会如舒婷那样，期待着"救援和基金将在许多年后来到"？也和叶夫图申科在1978年那样，对这种政治激情的诗歌的未来充满信心？——

---

[1] 《百布广场上的问答》《东西—梁秉钧诗选》第99页，中国戏剧出版社2012年版。

有时候觉得，根本不是从过去，而是从朦胧的未来……传来冲我们开来的轮船发出低沉的汽笛轰鸣声：

请听听吧，后辈同志们……

大航海时代以来最惊心动魄的大国博弈

撰文：陈铁健

　　战略，是一门追求实现"可能"的科学与艺术，是在各方竞争对抗过程中，谋求对己方相对最有利的权利关系，最后赢得胜利。大战略则涉及外交、内政、军事、地缘、经贸、文化诸多方面，实行多重而非单一的、长远而非短暂的、全局而非局部的指导，从而达致国家的长远目标。

　　第二次世界大战结束七十年来，研究大战的著作浩如烟海，似乎没有必要再添新著。然而，探索大战的种种隐情尤其是涉及战略思维的深层问题，仍然吸引思想者剖析其中的奥秘。二战参战国众多，最后形成以美英苏法中为一方，德意日为另一方，同盟国与轴心国双方的大战。如果从 1939 年德苏两国密谋瓜分波兰，揭开大战序幕算起，这些大国之间长达六年的博弈，充分显示了战争的复杂与曲折。

　　青年学者王鼎杰新著《二战大牌局——七强国的战略博弈》（以下简称《牌局》）指出：

　　　　大国博弈史，其实并非单一导演主导下的单一剧情模式，而是存

在很多个导演，很多剧本和很多种结局，最终究竟走向哪一种，是多边竞合的结果。（《牌局》引言，第4页）

谁能最后一个参战，谁就保持了最大的战略自由，获得了结盟的最大主动；谁能在最关键的时刻将力量投送到最关键的地点，谁就扣住了敌军和友军的命门，握住了最终胜利的枢纽。于是，这就形成了整个二战历史，乃至自大航海时代以来世界霸权争夺史中最隐秘、最高深，也是最惊心动魄的博弈。（《牌局》第254页）

一、德国

德国希特勒是全世界最狂妄的好战者、纵火犯，高唱建立世界政治经济新秩序，挑起第二次世界大战，横扫欧洲，闪击苏联，令举世震惊。然而，德国从1938年兼并奥地利开始的"鲜花进军"，到1945年苏军攻克柏林与盟军会师，第三帝国幻梦结束，客观上成为其他强国特别是美苏两强崛起的清道夫。

希特勒在战争前期的成功，是军事与外交结合的杰作。德军率先利用内燃机，打造新型装甲师，快速突击，横行一时。又以其外交骗术，促成苏德同盟。斯大林当时绝不相信，希特勒会在英国苦撑关头，突然转身先发制人闪击苏联。

对于德国的军备建设，希特勒先是重视戈林的空军，置于军备资源第一优先地位。1939年秋，德波战场的赫赫战果，使希特勒看到装甲部队的作用。随后，又在六周内以装甲集群横扫卢、比、荷、法四国。敦刻尔克战役后，他便把装甲部队看作百战百胜的利器，过度追求装甲数量，浪费军备资源，大损国家长期战力，这无异于用兵种战术替代军事战略，又用军事战略替代国家战略。1941年6月，德军装甲铁流冲过苏联西部边境，长驱直入势不可挡时，固然汹汹不可一世，但随着斯大林格勒的惨败、北非的失陷、库尔斯克会战的溃败，越来越多的人看到了在苏美英三大强国夹击中，德国败亡的末日。随着时间的推移，德国军队的后勤补给越来越弱，直至一败涂地。

德意志第三帝国独特的政体，具有超强的宣传机器。希特勒被吹成"国家救星""政治能人"，一时成为"民意代表"。戈培尔宗奉"谎言重复千百次，就可以变成真理"的宣传神效。不过,"宣传和民意是一把双刃剑,一旦失控,就会自我毁灭。在国际政治的牌局中,一个国家如果丢失了适可而止的'止',就很难正确使用得寸进尺的'进'。像希特勒这个骗术天才固然了得,可方向错误,南辕北辙,手段越强,反弹力度就越强。……行非其道则国危,用非其人则道亡。古今一贯,中西莫外。"(《牌局》第101—102页)

二、意大利

意大利国穷民弱,掌国者墨索里尼不谋强军理政,却好大喜功,异想天开。一贯以法西斯世界的思想创始者精神导师自居。总想左牵西班牙的佛朗哥,右擎德意志的希特勒,以我为主宰,不待自己出手,国际大势自在掌控之中。

墨索里尼最初保持中立,试图调停英德冲突,后来按捺不住投机心理,趁火打劫。1935年出兵埃塞俄比亚;1936年签订《德意议定书》《反共产国际协定》;1938年后又先后调解德国与英法关系、德英关系。既想扮演调停者,又思入伙分赃渔利,终于在英国远征军从敦刻尔克撤退六天后,于1940年6月10日,对法国宣战,企图索取科西嘉、突尼斯、法属索马里,以及罗纳河以东大片领土。可惜,不仅法国拒绝,连希特勒都觉得荒唐可笑。意军侵入法国后,连法国一支孤立无援的边防军都对付不了。如果不是德军的胜利和希特勒的赏赐,意大利休想坐在对法战争的战胜席上。

1940年8、9月,《苏德互不侵犯条约》、《德意日三国同盟条约》相继签订后,墨索里尼加速向德、苏靠拢,以为未来世界大势将由德意日苏四边同盟执掌。殊不知希特勒是以苏德联手为棋子,向轴心阵营各国"吸金融资",征苏之后,再攻英国。墨索里尼未解希特勒真意,竟向东非、北非与巴尔干全面扩张,设想以地中海为内湖,向西打通大西洋航路,向东打通印度洋航路。贸然向东非、北非与巴尔干出兵,结果全败,沦为德国附庸。苏德战争爆发后,意军参战,依然溃败。1943年,意大利向盟军无条件投降后,倒戈的意大利军政势力未能配合盟军,意大利竟为越过阿尔卑斯山的德军占领。精神狂人墨索里尼被意国民众吊悬于街头曝尸示众,在残酷的二战博弈中为后人的调侃和奚落,留下一桩可悲的笑料。

三、日　本

日本在二战史上扮演了重要角色。本书严肃地指出，日本是"最让中国人欲语还休的国家"。"因为（与日本）利害太深，感情太强纠缠太久，所以国人在研究二战时，最难理性说清的就是日本的国家战略。……事实上，日本在二战中的失败，决不能用'失道寡助''多行不义必自毙'来轻描淡写地定论。"（《牌局》第130页）作者援引戴季陶百年前的说辞，告诫中国学者：要像日本人研究中国那样，把日本二战史放到解剖台上解剖千百次，装在试管里化验千百次，绝对不可等闲视之。

日本明治维新后，先是吞并琉球，继而挑起中日甲午战争，获得巨额赔款，强占中国台湾等战略要地，一举成为东亚第一强国。又与英国结盟，在中国领土上发动日俄战争。为对抗美国，又与俄国改善关系，在中国划分势力范围。第一次世界大战期间，日本出兵西伯利亚，在中国东北、山东地区扩张利权。一个区区岛国，逐渐步入海陆二元的超级强国。本书说日本是"东方土豪"，忽略了它"脱亚入欧"改革后的洋味。

英美两国意识到日本行将成为太平洋上的劲敌，遂有1922年九国华盛顿会议的海军大裁军，把日本逼入死角。日本实行战略退让，韬光养晦，待机再起。跳出"大炮巨舰论"束缚，把航空母舰提升到与战列舰并驾齐驱地位；不断研发用远程陆基航空兵攻击军舰、军港的装备，改进战术；大力发展巡洋舰、潜艇，以弥补主力舰不足。面对日本军事实力任意增长，美国连续召开两次海军缩减会议，把限制范围扩大到航空母舰、巡洋舰和潜艇。

东亚陆上大国，中国自清朝末年即陷入持续动荡。日本实行以华制华方略：政府支持清政府，民间社团则支持革命，使中国内乱永不停息。清亡，孙中山与袁世凯一度和解，日本则插手中国各派势力之间，不断挑起事端，加深中国社会的分裂和内战。

日本既然长期保持国家战略的成功运作，按照常理，它在二战中应有杰出表现。然而，"拖后腿的制度内伤"，却"形成了'明治辉煌'与'昭和迷乱'的种子"。(《牌局》第136页)《大日本帝国宪法》规定："陆海军直接隶属于天皇"。"统帅权独立"传统，使军事体系与文官政府形成平行关系，势必导致军大政小，军事战略凌驾于政治战略，军事战略取代国家战略的格局。昭和天皇无法有效统御军政体系，内阁逐渐沦为军队的行政、财政助理，军人外交与政府外交对立。第一次世界大战后，原敬首相试图扩大内阁权限，由文治长官代表天皇管理军队，卒致被刺身亡。

日本陆军与海军，双峰并峙，矛盾重重，陆军主北进攻苏，海军主南进打美。对此，天皇与内阁束手无策，只好两不得罪，宣称"帝国战略"：确保东亚大陆同时，向南方海洋发展。以美苏为对手，兼防中英。既无统一的国家战略，也无统一的军事战略。即使军队内部，也以恶性竞争为准则，陆军参谋部与陆军省，海军军令部与海军省；陆军皇道派与统制派，海军条约派与舰队派，均极端对立，互视对方为"国贼"，不惜动用暗杀手段予以清除。海军名将山本五十六，也不时面临死亡威胁。

陆军中的狂人石原莞尔，堪称鬼才战略家。他预计未来战争将具全球性，速决战的"最终兵器"即将出现。日本应在"最终兵器"出现前，向东亚大陆扩张，控制"满洲"，分割中、蒙、苏，整合大陆资源，实现"国防国家"建设大计。"满洲"到手后，应适可而止，充分吸收消化扩张成果，避免全面陷入对华战争，等待有利时机，再冲出美苏包围圈。石原预计，1970年前后才是与美国在太平洋战场进行总决战的时刻。懂得地缘政治的石原，深知日本长远的战略目标与自身有限的国家资源之间的巨大差距，不敢贸然突进，可谓知己知彼之明。

不谙世事，鲁莽狂野的少壮派军官，无法理解石原的战略理念。悍然发动九一八事变，吞占中国东北，进军热河，冲击长城，制造卢沟桥事变和上海事变，终于深陷中国泥潭中。1940年3月，日本陆军高层决定：如果日军不能在1940年内结束中日冲突，则应于1941年初断然进行战略收缩。到1943年除"满洲"外，关内应仅保留上海周边地区和华北蒙疆地区。然而，1939年冬季至1940年春季，中国军队在正面战场，北起太行山脉，南至昆仑关，发起反击攻势。1940 年夏秋冬,敌后战场发起百团大战,迫使日本增兵扫荡。至此,日军在中国战场已无法实施战略收缩计划,越陷越深。

几乎与此同时,被称为"石原莞尔式"的松冈洋右,在其外务大臣任内促成德意日三国同盟(1940 年 9 月 27 日),缔结《日苏中立条约》(1941 年 4 月 13 日)。松冈深知日本资源匮乏,国力有限,不能只靠军事力量取胜。他认为,"日本压服中国,进而控制南洋资源地带,而美苏两强均不干涉"。"控制亚太的日本将致力于内部发展,并静待时变(待苏德或德美、美苏冲突),以冲刺最高的桂冠"。(《牌局》第 156 页)松冈外交得到首相近卫文麿的支持,断然抛弃亲英、美路线,力求形成德、日、苏,或德、意、日、苏大同盟。对此,斯大林予以热烈支持。但是,松冈此举,与德国希特勒肢解英国、攻击苏联的战略恰恰相反。在德、意、日三国同盟签订之后,希特勒已暗定攻击苏联的战略,并于同年 12 月 8 日正式发布"巴巴罗萨"作战令。半年后,1941 年 6 月 22 日,苏德战争爆发。可见,松冈外交路线从一开始,就是一厢情愿。

1941 年 7 月,美国宣布冻结在美日本资产。26 日,英国采取同样措施,并终止日英、日印、日缅通商条约。同日,菲律宾宣布冻结日本资产。28 日,荷兰宣布冻结日本资产。8 月 1 日,美国宣布对日石油禁运。面对美、英、荷的经济封锁,尤其是石油禁运,日本陆海军陷入恐慌,遂动死里逃生、险中取胜邪念,妄图以突然袭击手段,夺取关岛、威克岛、菲律宾、马来西亚、新加坡、印度尼西亚、缅甸及南洋的橡胶、石油资源,然后构建坚固防御体系以自保。日本如此构想,又是大错特错。第一,日本严重低估了美国的物质实力,尤其是美国运用物质实力的创造力。美军的两栖作战能力和远程运输补给能力,成功地跨越空间障碍,使得日本劫后自保的战略构想彻底失败。第二,日本陆海军之间的矛盾加剧,互相掣肘。海军讳败为胜,隐瞒真相。中途岛海战大败,连首相东条英机都被蒙在鼓里,遑论其他。本书指出:"从珍珠港到巴丹半岛,日本实现了成本低廉的崛起。从中途岛到瓜岛再到塞班岛,日本又上演了一出代价惨重的崩解。"(《牌局》第 165 页)

值得关注和警惕的是日本在战后的再崛起,它在战败的逆境中尚能保持冷静窥伺、反手一击的能力,这固然得益于美国的扶持,更重要的是它自身的战略构想。本书注意到安倍晋三在2006年所著《走向美丽之国》一书，内中呼吁美、日、澳、印四国在亚太地区组建四边同盟，复活二战中美国主导的亚太包围圈，筑成东海、南海、马六甲、印度洋大封锁圈，截断中国发展所需的战略资源。中国倘若以战争突破包围，必将引发中美之战，日本便可在中美两败俱伤中乘机崛起，成为东亚一霸，重温当年"大东亚共荣圈"的旧梦。棋经有云"善败者不乱"，此之谓乎！

四、英国

英国号称"日不落帝国"，竟走上日落之路，其遍布全球殖民体系的瓦解，是二战的重大结局之一。

英国依靠海权崛起，铁路出现，陆权复兴，海权衰落。随着陆上资源的整合，美国崛起，德国统一，苏俄复兴，英国主导的世界体系备受冲击，其海外领地的离心力越大，国内民众普遍厌战，和平主义思潮弥漫。德国希特勒上台，以其超强的宣传机器，对内煽动国民复仇情绪，对外以和平攻势瓦解敌国抵抗力量，取得巨大宣传攻效。英国张伯伦内阁，实行"绥靖政策"，希望德国祸水东引，在欧洲让德苏两强碰撞，在远东让美日、苏日矛盾激化，英国便可作壁上观。张伯伦低估了希特勒和斯大林的智力。慕尼黑会议结束，希特勒对于"在欧洲不会再提出领土要求"的承诺不到一年，德苏即结盟瓜分波兰，德军兵锋指向北欧和西欧，英军敦刻尔克大撤退时装备损失殆尽。丘吉尔指挥的英法联军在北欧连连败北。张伯伦独承战败责任，请辞首相职，建议由海军大臣丘吉尔组阁，得英王准允。本书充分肯定"这种'薪尽火传、相濡以沫，不互相推诿、内讧掣肘'正是大英帝国以多党政治称雄世界数百年的核心精气神。"（《牌局》第25页）并非过誉之辞。

丘吉尔临危受命，出任首相仅七周，法国、荷兰、比利时、卢森堡四国皆战败，只剩英国独对德国。英国少数主和者坚守谬见：以法国沦陷、英国妥协为代价，让德国无后顾之忧，挥师全力东进攻苏。丘吉尔坚决反对议和，力主抗战到底。号召帝国子民持干戈卫社稷，锱铢必较，转守为攻。1940年11月，丘吉尔下令出动强大的轰炸机群，夜袭柏林。迫使希特勒在征英征苏之间做出抉择，化被动为主动。希特勒原本以为英国不易对付而联苏，现在又认为英国之不易对付原因全在苏联，打垮苏联即可消除英国对苏联的幻想。柏林遭英军空袭一个月后，希特勒决定启动"巴巴罗萨"计划，准备攻苏。大英帝国终于度过最艰难岁月，开始与美苏并肩作战，共御强敌。自由画师出身的希特勒，有着浓厚的艺术家气质，更多依赖直觉与灵感，而少有理性思考和精密计算。精熟史事，深通人性的丘吉尔，对付希特勒这样的敌手，实在游刃有余。

不过，从 1942 年开始，英国已为战后格局预作打算。丘吉尔鉴于英国自身的脆弱性和苏美两强的威力，故而在远东和欧洲都取避战策略，保存实力，坐视中、美、苏、日四方明争暗斗。既要利用中国牵制日本，又时刻防范中国复兴。在缅甸战役中，英军快速撤出战场，闭关自保，陷中国远征军于被动。不仅拒援中国，而且坚拒美国在印度训练十万中国新军计划，并出售军火给"藏独"势力，以防战后蒋介石插手印、缅事务。在欧洲，丘吉尔尽量拖延在法国西海岸大举登陆开辟第二战场的反攻日期，蓄意让苏德互相消耗。本书指出："在第二战场问题上，表面是三大强国的军事专家在争论登陆的地点、登陆的时间和登陆的方法。实际上却是政治家们在争夺战后格局的塑造权。美苏第一次进行了战略联手，彻底打败了孤立无援的英帝国。"（《牌局》第 44 页）

然而，有着丰富的全球治理经验和独特软实力资源的英国，虽受强国挤压，仍能在困境中维持与美国的关系，成为维护美国霸权的重要纽带；英国女王至少在名义上还是英联邦十六国的共同元首。"固然，这个元首已经只具有象征性，但是，时移境迁，谁能说帝国一定不会复活？"（《牌局》第 48 页）

五、法国

法国是衰落中的国家，继普法战争惨败于德国，第一次世界大战侥幸惨胜后，在二战中也难逃厄运。

法国与德国毗邻，是天然的地缘竞争对手。从黎塞留到拿破仑一世，从塔列朗到拿破仑三世，法国中欧政策的基石是保持德意志的分裂，使法国能以全力在西线及海外与英国争雄。1870 年普法战争德国统一后，德军可随时挥师攻法。法国遂行传统要塞防御战略，营造德法边境上马其诺防御工事。其目的在于改变德国的扩张方向，阻挡德军西进，只能东向与苏联相撞。不料，德军却避开马其诺防线，取道阿登山区，突破默兹河，疾速直冲法国腹地，扫荡英法联军后方，将法国腰斩为二。（《牌局》第 116 页）马其诺防线，成为可笑的摆设。

法国战败，贝当元帅向希特勒投降，建立屈辱的维希政权，残余法军助德军对盟军作战。戴高乐将军流亡伦敦，收拢爱国者，誓为自由法国而战。自由法国战士先后在空袭德国鲁尔工业区、坚守北非比尔哈基姆（利比亚沙漠绿洲之地）苦战，在巴黎起义中，捍卫了法兰西的荣誉，成为举世瞩目的英雄。在外交领域，戴高乐周旋于美、英、法三强之间，获得丘吉尔、斯大林援手，使法国跻身于世界五强。诚如本书所赞：

> 这个没落中的昔日欧洲霸主，虽然身体衰老，但智慧却丝毫没有衰减，其大衰落中的战略设计能力和大败局下的战略纠错能力，无不给后人以深远启迪。（《牌局》第104页）

这就是法国式的智慧。一如他们当初设计马其诺防线时的暗藏玄机。这是一个长期搏斗在大国争霸第一线的老牌帝国应有的战略底蕴。谈史至此，人们正该抛开成见，丢下陈说，细察其中之刚柔相济、存亡之道。（《牌局》第 129 页）对后一段话，除开"设计马其诺防线时的暗藏玄机"一句，没有找到满意答案外，其余之论，笔者完全赞同。

六、美国

美国以其绝佳的地理优势，最好的战略选择机遇，构成了二战之后长期称霸世界的基石。

当 1941 年 4 月，《苏日互不侵犯条约》签订，日本外相松冈洋右在莫斯科受到斯大林敬酒时，美国突然惊觉，苏联已在推促日本南下，对美国构成威胁。总统罗斯福与陆军参谋长马歇尔，以空前未有的力度重整军备。1939年9月，马歇尔上任时，美国陆军仅有195000人，飞机210架。罗斯福主张建设大海军、大空军，马歇尔等人力劝总统速建强大陆军，以应日后的万里远征。到二战结束时，陆军达到830多万人，后勤体系可延伸至6万英里之遥，拥有129000架轰炸机、4000艘舰艇、250万辆吉普车、1800百万步枪和两颗原子弹。(《牌局》第263—264页) 罗斯福尤其重视外交领域，力排众议，坚持援助不被幕僚们看好的英国和苏联，打乱希特勒的战略部署，使自身获得战略主动权。

日本发动对美作战之时，确信德国不败，可以牵制苏联，吸引美英军力。日本可与苏联维持友好关系，趁机南进攻美，夺取南洋石油、橡胶等战略资源，维持自给自足，然后转入防御。远隔重洋的美国无法进行有效的反击作战，日本即可静待美国战争意识消沉，用谈判结束战争。日本的这种战略构想，严重低估了美国运用物质实力的创造力。美国海军陆战队的两栖作战，高速航母特混舰队，潜艇绞杀战术，B29战略轰炸机，海军工程队等战力有效协同，成功地跨越空间障碍，使日本无法利用南洋地区的战略资源，战力有耗无补，其战略构想彻底破产。

二战期间，美国寄希望于中国的顽强抗日，以减轻自身压力。但在战争结束后，美国却抛弃中国而看好日本。美国设想，倘与苏联争夺中国，陷入大陆战争，苏联地面装甲部队居明显优势；承担帮助中国现代化转型，则付出太多。如果立足日本、中国台湾、菲律宾，进行岛链遏制，美国可以发挥海空军优势，抵消苏联的陆上优势。同时，可以借助日本固有的工业基础、科技人才，迅速整合抗苏资源，从而立于不败之地。

当然，美国在变幻莫测的战争迷雾中，时而低估或高估对手，难免发生战略误判。例如，日本"神风特攻队"自杀式攻击战术，令美国恐惧，急于获得苏联助力，分担对日作战重担。斯大林窥此，利用美国误判，遂有雅尔塔会议，美国牺牲中国利益换取苏联远东出兵的结局。不过，美国的战略纠错能力，战略设计、落实能力很强。早在20世纪初，来自外籍的移民学者，如来自英国的麦金德、菲尔格里夫，来自德国的豪斯霍费尔、汉斯·摩根索。后起的战略家，如基辛格、布热津斯基、卡根、入江昭等，则分别来自德国、波兰、希腊、日本。（他们何以选择移民美国而非其他国家，令人深思）在战争后期，一些战略家即开始思考全球形势走向，预谋未来对策；随时判断各国力量对比的变化，灵活调整外交政策。摩根索创设的国际政治学，秉持经世致用原则，立足于"权力界定的利益"核心理念，力求接近客观实际，理性剖析国际关系行为造成的政治结果。如此，才可能在信息有限、竞争激烈、形势复杂的情况下，趋利避害，迅速形成超越对手的国家政策。在雅尔塔会议后，美国立即进行战略调整，在短短数月之内形成全新的对苏外交和全球战略部署。先是争取大战胜利，次是安排战后规划。即使是在罗斯福猝然逝世后仓促登台的杜鲁门，也能应付裕如，发起冷战，陷苏联于被动。如此先发制人的战略运作，确保了战后美国的全球地位。

本书说："美国在二战的胜利，首先是大战略的胜利，其次是综合国力的胜利。"（《牌局》第 280 页）"对美国来说，二战的本质，其实是美国发挥大战略优势，利用了两个陆军战役学强国（苏、德）的意识形态冲突，和两个海权大国（英、日）之间的较量，趁机击败日德，肢解英国，削弱苏联，渗透中国，进行全球性大战略布局，抢夺战略要点，打造为其服务的世界性组织。"冷战爆发后，美国"创新形成当时最先进的大战略决策制度，从而在国家竞争中获得巨大优势"。"苏联的解体，归根结底是大战略全局竞争失败，而非军事、经济、文化等某个具体领域的失败"。（《牌局》第 284 页）这最后一句话，似乎过于绝对。苏联的解体，更要从其自身即从根本政治制度中寻找答案吧。

七、苏联

苏联在二战中的国家战略，实即斯大林个人的战略，本书作者这样论断，大体符合实际，因为苏联是一个领袖独裁的国家。

1930 年代初，斯大林即预判一战留下的隐患太多，二战的爆发已经进入倒计时，苏联身处国际反苏联盟的包围中，必须以最快速度发展经济，发展工业领域中对保障国防和战时国家经济稳定起主要作用的部门。注重在东部地区建立新的工业体系，使这些基地在战时处于敌机航程之外。斯大林强制推行农业集体化、实行以重工业化为核心的五年计划、以军事导向引领工业化、急剧扩张苏联红军等等，迅速把苏联带入军事大国行列。

利用列强之间矛盾和冲突，摆脱孤立无援，两线受敌的困境，进而使英法德日美陷入类似的困局，是斯大林外交策略的重点。列强之间的冲突越持久，确保苏联置身事外，就越对苏联有利。在远东，苏联以中国牵制日本，又以日本牵制美国。在欧洲，利用英法与德国之间矛盾，两面接触，待价而沽。对于德日等国际反共产协定，苏联则以世界反法西斯统一战线来应对。斯大林洞察日本在远东的扩张企图，通过堵死日本的北进攻苏之路，迫其南下与中、美发生冲突。

苏联与中国一度交恶，围绕中东铁路归属权引发军事冲突。九一八事变，日本侵占中国东北，对苏构成威胁。苏联更需要一个抗日的中国，中国也亟需苏联从内陆方向提供援助。由此中苏关系迅速改善，苏联不仅促成国共第二次合作，更在七七事变后，长期成为中国抗战主要的外援国。1939 年 5 月，幻想与德军两面夹击苏联的日本关东军，挑起诺门坎事件，遭到苏军痛击，死伤惨重，溃不成军。全胜的苏军，出人意料地收兵停战。

在苏日诺门坎武力冲突的同时，德国与英法都尝试改善同苏联的关系。苏联抓住时机，与德国联手瓜分波兰。1939 年 8 月 19 日，苏共中央政治局会议，讨论苏联与英、法、德签订条约、决定和战问题。斯大林在会议发言中说：

> 战争还是和平的问题，对于我们来说，已经到了关键时刻。如果我们同英、法签订互助条约，德国将放弃波兰而开始寻求接近西方大国的办法，那么战争可以避免，但后来的事变发展对苏联十分危险。如果我们接受德国建议，德国当然会进攻波兰，英、法势必干涉……那我们参战就对我们有利了。
>
> 近二十年的经验证明，在和平时期，欧洲不可能发生强大到足以夺权的共产主义运动，只有打一场"大战"，才能建立起一个党的专政。我们要做出自己的选择。选择什么，这是清楚的。我们应该接受

德国的建议并且礼貌地把英法代表打发回去。波兰的亡国，将是我们得到的第一个大好处。（[俄]安·鲍·祖波夫主编《二十世纪俄国史》，莫斯科阿斯特出版社，2008年俄文版，下册第9页，李玉贞选译。又见陈铁健主编《简明中国新民主革命通史》，上海人民出版社2011年版，导言第19页。）

四天后，1939年8月13日，斯大林与希特勒的代表签订《苏德互不侵犯条约》，鼓励德国把战火烧向英法，同时双方达成瓜分波兰秘密协议，苏军占领波兰治下的西乌克兰和西白俄罗斯地区，继而出兵芬兰，夺得战略要地。苏德瓜分波兰，自然就关闭了英法和德国化敌为友的闸门，德国祸水只能向西。希特勒如果背信弃义，转而东向攻苏，便会遭遇两面作战困境。然而，希特勒利用斯大林这一"盲点"，不到两年就发动对苏联的闪击战。

与德国一样，苏联具备高超的宣传手段。卫国战争爆发后，苏联对内宣传，摆出一副自力更生姿态；对外宣传则不断渲染德军强大、苏联危急，偶尔透露些许苏德秘密议和的信息，弄得英美一夕数惊。为示好美国，斯大林主动解散共产国际，与西方列强和平共处。这些举措，换来了丰厚的外援。战时美国援苏物资1715万吨，其中825万吨经由远东输入。但对美国援华物资，苏联却坚拒通过苏联境内。一来暂维日苏友好关系，二来阻美援华，不使中国强大。斯大林的底牌是：日本不能过早战败，中国不能轻易崛起。（《牌局》第237页）雅尔塔会议，美国为换取苏联尽快对日出兵，竟向苏联转让中国利权，使苏联成为最大受益者。然而，美军的两颗原子弹，令日本宣布无条件投降后，苏军在斯大林督促下，匆忙进兵中国东北和朝鲜。即使日本军使手持白旗求降，苏军指挥部仍故意延缓停战，以求抢占更多地区。于是，在朝鲜半岛便有"三八线"，把朝鲜肢解为二。在中国东北，苏军以大量军备暗助中共部队，使"小米加步枪"变为"玉米加大炮"；苏军撤离城市时，事先密告中共部队接管，于是东北根据地迅速成为中共夺取全国政权的可靠基地。苏军占领的东欧乃至德国东部，先后变成苏联的卫星国，而苏联则成为战后唯一可与美国抗衡的超级大国。

结语

二战大国博弈，复杂曲折，波谲云诡。

英法老大帝国，衰落中不失深谋远虑，放缓身段，乱中求稳，终能逢凶化吉。

德、意、日三凶，狂野高调，自不量力，东突南奔，引火烧身，一败涂地。

苏联由逆境转入顺境，一赖军事强斗，二赖外交圆活，在沉沦中崛起，在战火中涅槃，成为战后强国。

美国持"有限中立，待机参战"原则，先是坐山观战，援英、援华、援苏，继而被迫宣战，西打德国，东击日本，得天时、地利、人和之助，进退自如，攻防两便，终成战后世界第一超强大国。

战胜国，并非一帆风顺，没有战略失误。苏联被希特勒的天才宣传与外交骗术，弄得心智蒙蔽，神经失灵，导致战争初期一溃千里。幸有莫斯科、列宁格勒保卫战、斯大林格勒防守反击战、库尔斯克大会战，得以反败为胜。美国战前低估日本军事实力和狡诈本性，一度准备牺牲中国安抚日本，以形成美、英、日海军联盟对抗德、苏、意联盟的格局（《牌局》第 264 页），以致酿成日军突袭珍珠港的惊天剧变后，才从梦里惊醒。美苏两国都是在战争初期受挫后，迅速纠正战略失误，由被动转为主动，进而设计和落实新战略，重操战争主导权，获致最后胜利。

本书论二战大国战略得失，而未及于中国。

中国自明末以迄近代，持续落后于世界大潮，即所谓盛世也多半是特权集团受益，自我欣赏自然陶醉。中国农业时代传统战略的智慧，未能及时转型为工业文明时代现代化的战略。外交敏锐性和战略思维逐步退化，竭力谋求多国博弈中的道德制高点，而忽视军事、地缘、文化、教育、科技等方面的制高点。故而长期未能建立大战略学说及相关研究机构，更缺乏相应的人才储备。论军言战者，无非游移于两个极端，或充好战的"愤青"，或示"和为贵"的仁弱。作为二战重要组成部分的中国抗日战争，贡献巨大。中国正面战场"以空间换时间，以时间换空间"，在强敌之下"苦撑待变"，争取国际支援，进行持久消耗战，最后赢得"惨胜"，却已元气大伤。敌后战场以游击战为主，动员群众，拓地、扩军、建政、兵民，进行持久战。抗敌同时，高悬战后夺权建国的长远目标。两个战场，相辅相成。国共双方领导者，在地广人众、敌强我弱境域中，都深谙以弱抵强、以小成大的博弈，堪称近代中外战争史上不可或缺的特殊重要篇章，宜大书而特书。

本文所评之书：《二战大牌局——七强国的战略博弈》，作者王鼎杰，上海人民出版社，2017 年 6 月第一版。

阿列克谢耶维奇：倾听被历史"骗走"的一代

撰文：奥兰多·费吉斯

翻译：陶小路

当斯维拉娜·阿列克谢耶维奇获得 2015 年诺贝尔文学奖时，多数作品只在白俄罗斯以及苏联地区以俄语出版的她在其他国家没有多少知名度。她的几本当时已经被翻译成英文的作品也都只在几家小出版社出版过。她得奖的消息

斯维拉娜·阿列克谢耶维奇，2012 年 11 月于斯德哥尔摩

传出后，各家报纸开始争先恐后地搜寻有关这位白俄罗斯作家的信息，收集有关她的作品的专业意见。"她复调式的写作堪称纪念我们时代苦难与勇气的一座丰碑。"瑞典学院常任秘书长萨拉·丹尼尔斯（Sara Danius）在宣布阿列克谢耶维奇获奖时对她的作品这样评价道。诺贝尔奖的授奖词称阿列克谢耶维奇创造了一种新的文学体裁："情感的历史写作"——她将采访中记录下来的谈话"精心组织在一起，在此基础上写成一部作品"。她的口述历史作品（是的，她的作品是口述历史的作品）以一个个独白的形式呈现出来；这些作品关心的不是历史见证者怎样记录历史事件，而是他们对这些事件给自己的生活所带来的影响有怎样的感受。

无论是《切尔诺贝利的回忆：核灾难口述史》（该书的英文版书名为 Voices from Chernobyl：The Oral History of a Nuclear Disaster，出版于 2005 年）中所记录的灼热的个人讲述，还是在《锌皮娃娃兵》中她与苏联士兵、他们的母亲以及他们的遗孀就 1979—1989 年的阿富汗战争所做的采访，读来无不令人动容。它们都是极富原创性并且很有力量的重要作品，它们通过个人的叙述来重新讲述历史，用人类真相的力量瓦解了苏联所制造的神话，将记忆的声音以一种文学形式记录了下来。但作为口述历史的作品，它们似乎并没有像诺贝尔奖评审委员会所认为的那样独辟蹊径。

口述历史在苏联的发展比在西方要缓慢，在西方国家，口述历史的记录者长期使用访谈的方式来探明他们的对话者对一些事件有着怎样的思考。口述历史作为一门学科从来没有受到苏联科学院的认可，因此它无法成为专业的历史研究的一部分。苏联政府对历史实施了严格的控制。它通过政治宣传、媒体、教科书以及各种纪念活动塑造了人们的集体记忆，以此来支撑官方版本的苏联历史，即：苏联人民在苏联共产党领导下做出了壮烈牺牲并取得卓越成就这个宣传神话。被批准出版的回忆录的作用是为这样一种历史叙述增添一些"主观"内容。20 世纪 20 年代，一些参与了十月革命的老兵的口头回忆被记录进了苏共的官方历史之中。但是口述历史那种属于普通人的凌乱的、不受控制的且具有潜在的颠覆性的回忆则无法见容于官方历史。

在苏联，最早尝试做口述历史的人是从 1941 年到 1945 年之间发生的战争之中活着归来的士兵们。他们的战争经历完全不同于苏联官方所炮制的"伟大卫国战争"的神话。其中一位是白俄罗斯作家阿列西·阿达莫维奇（Ales Adamovich），阿达莫维奇十几岁时便加入了白俄罗斯的游击队抗击德国军队。苏联作家丹尼尔·格拉宁（Daniil Granin）之前是靠近列宁格勒的卢加河前线作战的一名老兵，阿达莫维奇和格拉宁一起编写了一本名为《列宁格勒大围困》（A Book of the Blockade）的书，记录了从1941年持续到1944年的列宁格勒围困战。整本书由个人讲述、日记以及与幸存者的访谈组成，书的一部分于1977年刊登于苏联的自由派杂志《新世界》上，但直到1984年，这本书的完整版才得以出版。

阿达莫维奇对阿列克谢耶维奇的影响很大，阿列克谢耶维奇称他为自己的导师。但阿历克谢耶维奇的访谈方法与他的并不相同。阿达莫维奇会在访谈中加入自己的评论，阿列克谢耶维奇则让受访者表达自己，不在中间发表自己的观点。无论她是否意识到，80年代初她开始做记者的时候，她的访谈方法已经成了当时西方国家口述历史的标准方法：口述历史的访问人员需要接受培训，他们需要意识到，他们对受访者所施加的任何干扰不但会影响而且有可能会"污染"受访者的叙述。玛莎·格森（Masha Gessen）发表在《纽约客》上的一篇写阿列克谢耶维奇的文章中有这样的一段：

> 她想去除掉作者的声音，去除掉惯常的对年代和背景的介绍。她希望受访者能够表达出类似于她童年时听到的话语：夜晚时分，村里的女人们聚在一起讲有关二战的故事。

女性对事物的记忆往往与男性不同，这个性别上的差异心理学家和口述历史学家都注意到了。她们比男性更善于回忆自己的感受。她们比男性能够更自在地谈论自己的感受，男性则会更多把注意力放在自己的一些行为以及事件发生的顺序上面，而当被问及给他们带来创伤的事件时，即使那些事件发生在遥远的过去，他们也可能会变得沉默寡言起来。因而，女性的声音在阿列克谢耶维奇的作品占据主要位置也就不奇怪了。

她的出版于 1985 年的第一本书《我是女兵，也是女人》（英译名 War's Unwomanly Face）便是由许许多多女人的独白组成，她们是被卷进 1941 到 1945 年的卫国战争中的女兵、医生、护士、游击队员、母亲、妻子和寡妇。她们的牺牲和勇气的故事与有关痛苦、恐惧和混乱的黑暗记述混合在一起，而正是这些黑暗的记述毁掉了苏联的宣传神话。1985 年出版的这个版本只是一个节本（该书的英文版也于 1985 年出版），在苏联推行改革的几年中，这本书一共卖了二百万册；但是直到苏联瓦解以后，这本书的全本才得以出版。

阿列克谢耶维奇在她所有后来的作品中都采用了第一本书里所使用的方法，包括《二手时间》这本在她获得诺贝尔文学奖后出版的第一本书。《二手时间》是阿列克谢耶维奇至今为止最雄心勃勃的一部作品，她从 1991 年到 2012 年间进行了数百次专访和谈话，她希望以此为基础来对苏联体制的崩溃给普通人生活所带来的影响做一番全景式研究。这本书的题目暗示着苏联解体给人们造成的困惑和错位感，如阿列克谢耶维奇在她的前言"参与者笔记"中所说明的：

> 在 1917 年革命前夕，亚历山大·格林就曾写道："不知怎么，未来并没有站在自己的位置上。"一百年过去了，未来又一次没有到位。出现了一个二手时代。

【注：上面的引文部分来自中文版《二手时间》，译者吕宁思】

阿列克谢耶维奇在《二手时间》中所访问的大部分人认为自己人生中最好的时光是在苏联体制中度过的，其中有四分之三是女性。阿列克谢耶维奇承认，她所选择的人属于这样一代人（她认为自己也属于这一代人）：他们在苏联的生活方式中沉浸了太久，在这样一种生活方式突然消失以后，他们一直在苦苦寻找一个新的身份：

> 我找的是这样一些人，他们永远地和"苏联观念"绑在了一起，它深深地钻入进了他们的内心，以至于你无法将他们与这个观念分隔

开来：国家已经成为他们的整个宇宙，它挡住了其它的一切，甚至挡住了他们的生活。他们不能就这样远离历史，他们无法将历史抛诸身后，也无法学着过没有历史的生活……

他们无法适应资本主义的生活方式，资本主义的生活方式没有伟大的理念，没有由国家规定的属于集体的目的，只有一个"正常的"个人的存在。

对于这些最后的苏联人来说，苏联在 1991 年的崩溃给他们的时间观念造成了一种令人困惑的断裂。他们和阿列克谢耶维奇谈论起苏联最后的几年时，就好像是在谈遥远的过去："虽然不是很久以前，但它就像发生在另一个时代……发生在另外一个国家的事情。"他们把自己当成是那个已经消失了的家园的流亡者，这是一个如神话般的苏联，他们怀念它的确定性，人与人之间的亲密无间以及并不存在的消费品。新的俄罗斯对他们来说很陌生。安娜 M. 是一名建筑师，她在苏联孤儿院长大，她在接受阿列克谢耶维奇采访的时候只有 59 岁，但是她无法或者不愿意适应新俄罗斯。她用苏联政权惯用的语言谴责这个新俄罗斯：

我们的生活怎么样？你走在一条熟悉的街上，看到法国精品店，德国精品店，波兰精品店——所有商店的名字都是用的外语。外国袜子、衬衫、靴子……饼干和香肠……你没法在任何地方找到任何属于我们自己的，属于苏联的东西。我整天听到的声音就是：生活是一场战斗，弱肉强食，这是大自然的规律。你要长出利角和铁蹄，要穿厚铠甲，没有人再需要弱者。无论你走到哪里，都要有强壮的臂肘，臂肘，臂肘。这是法西斯主义，这就是纳粹！我很震惊……和绝望。这不是我的世界！这不是我要的！［陷入沉默。］

对于这一代人来说，20 世纪 90 年代是一个灾难。他们失去了一切：熟悉的生活方式；保证安全的经济体系；能够给他们道德确定性，或许还有一些希望的意识形态；一个拥有超级大国地位的庞大帝国，一种可以弥合民族差异的身份；苏联在文化、科学和技术上所取得的成就给人带来的民族自豪感。阿列克谢耶维奇记录了许多人为所有这些损失所发出的感叹，他们中的大多数人都抱怨，在苏联解体这个问题上，没有人征求他们的意见（对苏联进行解体的决定的确没有经过民主表决）。我们几乎可以在书中的每一页读到人们那种感觉自己被背叛的感觉以及幻灭感：

> 他们放弃的是什么样一个国家啊。是一个帝国啊！一枪未发就放弃了……我不明白的是，为什么没人问我们？我穷其一生都在为建立一个伟大的国家而奋斗。他们告诉我们要建立一个伟大的国家的。他们做过承诺的。
>
> 我们付出终生所建立的企业，结果现在要眼看着它被贱价出售。他们把我们骗了……

许多人谈论起 20 世纪 90 年代的高通胀将其一生的积蓄掠夺殆尽时的羞辱感，他们只能靠自己的工资或退休金（国家常常还不给）勉强养活自己。一名建筑工人回忆自己如何变成了一个卖烟蒂的人——他的岳父、岳母在街上收集烟蒂，而他们以前是大学教授。生活水平的大幅下降让人们对资本主义的"自由"和"民主"失去了信心——人们无法理解这些抽象术语的含义（他们没有在一个自由受到法律保护的国家生活过），他们只想要更自由、更民主地获得物质产品。正如书中一位不愿透露姓名的受访者所解释的那样：

> 人们梦见成吨的香肠会以苏联的价格出现在商店里，政治局成员也要和我们其他人一起排队买香肠。香肠就是我们生存的标杆。

《二手时间》里没有多少青年人。阿列克谢耶维奇对他们不感兴趣，虽然她的最好的一章"与幸福很相似的孤独"写的是她在火车上偶然遇到的一个叫阿丽莎的 35 岁广告经理的故事。这个故事突显了如阿丽莎这样能够在莫斯科的商业世界中生存下来的、年轻且足够坚韧的人与像阿丽莎的父母（她的父母在罗斯托夫当老师，他们的价值由书本决定）那样的苏联知识分子之间存在的道德上的差异。她的美貌显然帮了她不少，在和一些寡头们来往多年之后，阿丽莎准备安定下来，决心要靠自己的能力赚钱，不依赖男人的帮助：

> 我讨厌在贫困中长大的人，讨厌这些带着穷光蛋心态的人；金钱对他们来说太重要了，你不能信任他们。我不喜欢穷人，不喜欢被侮辱与被损害的人[费吉斯注：这个说法来自陀思妥耶夫斯基的小说《被侮辱和被损害的人》]……我不信任他们！

她的母亲想放弃教书，因为当她告诉她的学生们关于索尔仁尼琴的作品时，他们提不起兴趣。孩子们这样对她的母亲说，"我们没有梦想过要建立丰功伟绩，我们只要好好活着。"他们读完果戈里的《死魂灵》以后，把小说中的反面人物乞乞科夫看作模范，而非一个骗子、坏蛋。

年轻人在本书涉及自杀的许多故事里显得很突出。书中至少有十多个这样的故事：一个14岁的男孩没有明显的原因上吊身亡；一个女人被歹徒骗离自己在莫斯科的家，后来她卧轨自杀；根据官方记录，一名车臣的低级女警员开枪自杀，但是她的母亲通过调查发现，自己的女儿因拒绝受贿而被醉酒的同事杀害。许多人谈及自己曾经尝试过自杀。阿列克谢耶维奇长期以来一直对自杀这个主题感兴趣。1993年，她出版了《死亡的召唤》，这本书由一篇篇短文组成，每一篇文章都写到一起企图自杀的事件，而这些事件都与苏联解体所引发的个人危机有关。这其中的一些事件在《二手时间》中重新出现，阿列克谢耶维奇在"参与者笔记"里写到了这点，她选择一些访谈是为了对这种经历做出说明。

这本书所描绘的当代俄罗斯是极其黑暗的：在这块荒凉的土地上，生活着贫穷、意志消沉的、被侮辱的人们；种族战争制造的无家可归的难民，遭受伤害的他们满心怨恨；还有罪犯和杀人犯。这里没有太多可以容纳希望或者爱的地方。毫无疑问，有些俄国人会觉得不快，他们会说该书缺乏积极一些的故事，或者指责阿列克谢耶维奇兜售一些恐俄者的刻板印象。针对她获得诺贝尔文学奖的消息，俄国官方媒体对其大加讨伐，声称她算不上一个作家，她获奖的原因仅仅是因为她发表过反对普京的观点。这让人想起此前几次以反苏观点著称的俄罗斯作家获得诺贝尔奖时，苏联政府所作出的反应。这四位获得诺贝尔奖的作家和获奖时间分别是：伊万·蒲宁，1933 年；帕斯捷尔纳克，1958 年；索尔仁尼琴，1970 年；布罗茨基，1987 年。

我对本书所存的主要担忧与它的黑暗无关，我有一种不安的感觉，那就是阿列克谢耶维奇选择许多故事的原因是因为它们的戏剧性和轰动效应。书中收入了一些非常离奇的故事，其中一个关于叶莲娜·拉兹杜耶娃的故事尤其令人惊奇，有一部纪录片就是以她的故事为题材。37 岁的女工叶莲娜·拉兹杜耶娃放弃了自己的一切，抛弃了自己的好丈夫和三个孩子，离开家，长途跋涉到俄罗斯的另一端，只为见一个她不认识的人，一个被监禁的杀人犯。那部纪录片的导演说：

> 这就是典型的俄罗斯人，陀思妥耶夫斯基笔下的俄罗斯人，他们像俄罗斯土地一样宽厚。社会主义没有改变他，资本主义也不会改变他们。

这完全可能就是陀思妥耶夫斯基的小说里的故事，但它在这本书里的作用还不是很清楚。是为了给这本黑暗之书增添一点光明来补救吗？还是为了反思所谓的"俄罗斯灵魂"？

阿列克谢耶维奇称她的作品为"话语中的小说"。在《二手时间》中，她宣称自己的目标是：

> 将生活，将日常生活转化为文学。我在每次谈话（无论一般还是私人谈话）中都寻找可以转化为文学的内容。有时候，我的警惕性会放松，一个"文学的片段"可能会在任何时刻、甚至在最意想不到的地方进入我的视线之中。

阿列克谢耶维奇通过仔细聆听和编辑，将采访笔录转化成了一部口头文学作品，其中所承载的真相和情感力量堪比一部伟大的小说。但最引人注目的故事并不总是最有代表性的。也许，这就是为什么这本书以"一个小人物的附录"来收尾，这篇仅一页篇幅的内容可能是阿列克谢耶维奇与苏联数百万农村女性中的任何一位所做的采访所萃取得来。

我对本书完全没有作者介入这点还是要提出几点异议。不间断的独白会发展成内容不断重复的叫嚷。我认为，关于受访人的背景信息应该给的更多些（只有名字、年龄和职业信息还不够），访谈发生的地理位置也需要提供（莫斯科和俄罗斯各省之间的差别巨大）。虽然书中的访谈是按照十年的时间进行分组（分别是 1991—2001 和 2002—2012），但是具体每一篇文章却没有注明日期，读者只能去猜测谈话可能是在什么时候进行的。这是一个严重的缺陷，因为，苏联在 2001 年的人们眼中和它在 1991 年苏联的支持者眼中非常不同。在口述历史中，一场访谈处于怎样的政治环境这一信息一直都很重要。

但这些问题都没有减损这本书所取得的非凡成就。阿列克谢耶维奇让这个感觉被出卖、被历史"骗走"了自己生活的迷惘一代获得了表达自己的机会。通过倾听这些被侮辱和被损害的人所讲述的故事，我们可以学会去尊重他们。

英译本:

Secondhand Time: The Last of the Soviets
by Svetlana Alexievich, translated from the Russian by Bela
    Shayevich
Random House, 470 pp.

中译本:

《二手时间》
吕宁思 译，中信出版社

奥兰多·费吉斯 (Orlando Figes)，英国人，剑桥大学三一学院博士，现为英国伦敦大学伯贝克学院历史学教授。他的一系列解读沙俄及苏联历史的著作——《耳语者》

《娜塔莎之舞》《人民的悲剧》等，取得了非凡的成就，是当今英语世界俄罗斯研究的一流学者。

本文选自《纽约书评》2016 年 10 月 13 日刊，东方历史评论受权译介。

自由主义的宗教渊源

撰文：大卫·马昆德（David Marquand）
翻译：张舒

纵观西方世界，政治自由主义已经不可避免地堕入黑暗时代。在美国，伍德罗·威尔逊、富兰克林·罗斯福、约翰·F·肯尼迪信奉的政治原则成为一种人们不敢明言的罪恶。2013年的德国大选中，自由民主党——最能体现这个国家自由主义传统的党派，也是二战以后在联合政府长期稳居第二的党派——在普选中只赢得了少于5%的选票，在联邦议会中不再获得分配的席位。2011年加拿大的大选中，几十年来一直处于支配地位的自由党遭遇了灾难性的失败。左派激进党，在当今法国最接近自由主义的政党，在主流政治中也不过是沧海一粟。英国的自由民主党——劳合·乔治、凯恩斯和贝弗里奇自由党的继承者，已经走上通往市场原教旨主义的保守党之路，民众支持率也有严重的下滑。

就像埃德蒙和拉里以多种方式展现的那样，政治自由主义的节节退败反映出自由主义的世界观面临的严重危机。大致来说，自由主义到底意味着什么不再清晰明白。它的核心价值是自由，即不受限制的个体为自己选择的自由。然而自由又是一个声名狼藉的狡猾的字眼。作为人类繁荣之源泉的自由是一回事；无视公共利益，去剥削他者的自由又是另一回事。积极自由或者说"去做……的自由"和消极自由或是"免于……的自由"截然不同。1905—1915年英国伟大的自由党政府就是通过约束特权阶级的消极自由，以此促进被剥夺者的积极自由。

在选择和个体的问题上情况类似。选择可以是坏的，也可以是好的。个体既可以是具有血肉之躯、被现存的传统和共同的历史塑造的个体，又可以是我们时代新自由主义正统观点所设想的，抽象的、自我中心的、空洞的个体，这两者完全不同。然而，如今的自由主义者好似非常不情愿在好的选择和坏的选择中做出区分，不愿弄明白如何去面对真实的个体，或是对个体自由和公共利益之间的关系进行界定。

法国大革命早期，伟大的辉格党政治家和思想家埃德蒙·伯克宣称，他支持的是"自由壮丽的光辉"，而不是"孤立的、无关联的、个体的、自私的自由，就好像每个人只要以自己的意志来规范他的全部行为即可"。他以一个富有深意的词来描述他所认为的自由，那就是"社会自由"。

沿着相似的思想脉络，70 年后，约翰·斯图尔特·密尔论述道，个体性（让人类变得"高贵"的品质）只能在公共环境中通过持之以恒的努力获得成长。福西特匠心独运的历史从拿破仑战争之后，西班牙的自由主义者(liberales)首创这一概念开始，处理了一系列自由主义者们信奉的概念和实践，这部历史可谓自由主义兴盛与衰亡的一部精彩指南。

福西特的历史提示我们，在 19 世纪全盛时期，自由主义是一种乐观、热情，充满强烈道德信念的政治理念。自由主义的支持者虽然没有使用特定的术语，但他们的观念都与伯克的社会自由，以及密尔有关人类高贵性的图景不谋而合。在法国，克列孟梭等激进主义者甚至率领武装，反对极端保守的天主教廷和丑陋的反犹主义潮流，为不公正被投入狱的将军德莱弗斯，一名来自阿尔萨斯的犹太人进行辩护。在英国，格莱斯顿从极端托利派转向了自由主义弥赛亚，因为他开始相信，大众比阶级人士更加高贵，也更有德性。

21 世纪的自由主义不过是 19 世纪前辈苍白的影子罢了。尽管也有为数不多值得尊敬的思想，但是原本的激情和乐观不见踪影。当代的克列孟梭和格莱斯顿无处可寻。事实上，伯克关于社会自由的设想不再为自由主义者所铭记；如今也极少会有人去回应密尔有关持之以恒自我完善的召唤。简而言之，对于今天的自由主义者而言，个人就是随处漂泊、缺乏历史、无拘无束的社会原子，而不是他们的前辈所预设的有根基、血肉之躯的个体。这一预设常常带来的明显后果是，过去坚实的道德信条已经枯萎，退化成为一种牢骚满腹的自以为是，带有强烈的道德相对主义的味道。

这一切为何如此？西登托普的研究就在尝试对这一问题进行解答。这是一部出色的作品，既是知识分子的历史，心理学的历史，也是精神的历史。几乎每一页都彰显出涉猎的广度，整本书的字里行间中充满了富有感染力的热情，核心论点极富原创性，通篇调用了丰富的情感性力量——真的很难去判断作者在哪一个方面做得更了不起。

西登托普带领着我们，踏上了一段跨越两千年的旅程。这段旅程开始于遥远得令人难以置信的古代世界的城邦国家，结束于文艺复兴时期。在旅行过程中，他颠覆了许多（或者可以说是大多数）我们这个时代的公众文化中存在的偏见——这些偏见也是我在阅读他的作品之前想当然的。《创造"个体"》绝不是无趣地翻翻故纸堆，也不是当下历史学中流行的自娱自乐。西登托普的目标，是要实现一个开创性的壮举：通过向我们展现"我们从哪里来"，说服我们来询问自己"我们是谁""我们要到哪里去"。本书的结尾发人深省，它向我们表明，这些问题的答案可能并不令人乐观。

西登托普瞄准了最具隐蔽性的错误观念，这种观念源于 18 世纪启蒙运动时期专横的理性主义。伏尔泰、狄德罗、大卫·休谟和爱德华·吉本等人倾向于认为，从西罗马帝国的衰落到文艺复兴，这漫长的几个世纪是一个充斥着迷信、愚昧、轻信、教权主义和顽固的泥淖。"僧侣"或"修道士"在当时都是骂人的字眼；欧洲中世纪那些伟大心灵的神学思考也被当作是空洞之词草率对待。尽管不是所有启蒙思想家都赞同伏尔泰"踩碎败类"的提议（"écraser l'infâme"，败类指的是教廷），但是这句话所包含的情绪是普遍共有的，在法国大革命晚期，这种情绪和嗜血的野蛮行为被一道表达出来。

然而，启蒙时代关于过去的图景也不总是晦暗的。启蒙思想家想象，在中世纪的黑暗之前，也就是前基督教的古代世界，涌现出大量理性和自由的范例。在描摹 18 世纪身着罗马托加袍政客的雕塑作品中，在雅克·路易·大卫这位革命时期最具代表性的法国画家的绘画作品中，前基督教时期的诱惑一再地得到证实。启蒙思想家们把中世纪看作是人类上升阶段的一个间歇——只是间歇，而不是完结。就像他们所设想的那样，他们这一代人的任务，就是恢复古代业已开始的旅程。

西登托普相信，这种观念模式的实质依旧存在，并且导致了毁灭性的后果。他论述道，有鉴于此，我们对于现代性的理解被严重地扭曲了。我们把自己看作是启蒙运动的孩子，并且依据启蒙运动的观念，把自己理解成古希腊和古罗马的孙子、曾孙。我们会谈论犹太－基督教传统，但是我们往往会忽略掉，从某些至关重要的层面来说，犹太教和基督教是对立的两极。总之，我们误解了古代世界的真正本质，也误解了基督教的兴起在社会和意识形态上带来的缓慢却深刻的革命。这种误解的后果是，我们失去了与我们文化表层之下的道德传统的联系——我们不再知道我们是谁，所以说，我们也无法建立起西登托普所说的"人类的对话"。

西登托普表明，真正的古代世界和启蒙运动对它的理解一点也不一样。它根本不是滋养自由的土地——不论是积极自由还是消极自由。它的文化中处处充斥着由遗传获得的在地位、机会和预期上的不平等。各种社会角色是被严格约束的，实际上，也是不可挣脱的。从城邦逃脱意味着自我放逐，它形同某种活着的死亡。

父权制是社会秩序的基石。它是由家族神　任命的。家族族长的职责是供奉它们，并从这一角色中获得他的权威。城邦是家族而不是个人的联合体，每个家族都有自己的宗派信仰。家族首领（从定义来看这是一群男性）既是祭司，也是城邦公民。另一方面，女性、奴隶和在外邦生的人，既不是公民，也没有希望获得公民权；设置在城邦广场中央的演讲和辩论的公共场所也不是为他们提供的。在雅典这个在古代世界最出名的城邦国家，拥有完全公民权的人也只占总人口的十分之一。

西登托普接下来的论点是极具爆炸性的。他表明，给古代牢不可破的实践和信仰网络掘墓的，正是被启蒙思想家蔑视的基督教启示。历史上的耶稣信仰什么，或是教导了什么，我们不得而知，不过显而易见的是，他认为这个世界即将完结，那些位于社会边缘的穷人至少能像富人和有权势的人那样，获得一个进入天国的机会。耶稣一生真正的重要之处体现在他的死亡，以及他的死亡带来的影响。西登托普坦言道，基督的受难和复活对坚信他的追随者们是一场"道德地震"，一个"介入历史的戏剧性事件"。对于真正将基督教打造为一种宗教的圣保罗来说，这个介入从一开始就是平等主义和个人主义的。上帝的父亲身份意味着男人的兄弟关系和（更具革命性的）女性的姐妹关系。

无须考虑他们的社会角色，所有的个体——包括奴隶也包括自由人，包括女人也包括男人——在上帝的眼中都是平等的。诸如仪式、遗传和约束这些凝聚古代城邦的外在的不平等因素被一切位于"基督的躯体"的平等主义大联邦取代。上帝的恩典是向每个人开放的，甚至包括罪人：因为灵魂是平等的。

在一段令人动容的篇章里，西登托普认为，绘制在中世纪教堂墙壁上的基督的受难和复活作品"证明了现实最重要的组成部分不是不朽的家族，而是不朽的灵魂"。道成肉身的信条在基督教的平等主义中居于核心位置。神性不再像犹太教的耶和华那样遥远且令人生畏。上帝就在我们每个人中，"我们"意味着我们每一个人。

对于信奉这种世界观的人来说，统治犹太民族日常生活的那些复杂的、上帝赐予的禁忌不但毫无意义，而且令人不悦。上帝不再只是种族的，而是普世的。异教希腊和罗马的多种本土化的神 在这种普世性之下被吞没。就此而言，公元5世纪击垮日益衰颓的西罗马帝国的蛮族入侵者的各类神 情况也相类似。

西登托普以优雅简练的笔触描述了"道德地震"，它是一个跨度时间久远的事件。基督教启示的核心——平等的个人主义并没有立刻传播开来（确实，时至今日它也没有完全得到普及：不平等激增，父权制依旧存在）。异教的习俗和传统同时存在；不过有时是以基督教的扮相出现的。比如说，冬至日的庆典被重新装扮，成为圣诞节；向当地的圣贤和遗迹祈祷的实践也是对异教崇拜的模仿。

在公元 4 世纪君士坦丁大帝皈依基督教之后，主教大多来自城镇的权贵阶层，这不禁让人联想到异教时期统治城邦生活的达官权贵。自此以后，主教和修道院院长常常会把自己看作是世俗的领主，偶尔甚至会前往战场带兵打仗。有时教会的职位也可以用金钱加以买卖；在罗马，教皇职权成为"贵族家族的玩物"。教会的统领诸如有权势的主教或是富裕的修道院的院长和普通的教职人员之间存在着天壤之别。

尽管如此，西登托普所说的"道德地震"彻底改变了欧洲的思维方式和情感方式，改变了在塑造一种文化中最根本的深层次习俗。在中世纪教会法学家，也就是教士等人的努力下，僵化的、前基督教的自然法观念让位于不断在演变（迄今仍然是革命性的）的自然权利观念。中世纪教会的集中化培养了一系列主张改革的教皇法学家，对催生民族国家做出了贡献。大学的产生，从多个角度来看，都算是欧洲中世纪最为人瞩目的成就。它的出现带来了"一个新的社会角色，即知识分子"，并且为变革性的思考、演讲和辩论提供了一个保护空间。

就像约翰·威克里夫，英国宗教改革的"启明星"，一度是牛津贝利奥尔学院的研究生。西登托普写道，在 15 世纪早期，哲学家和教会法学家们建立了"自由主义的渊源"：……他们相信，一种根本意义上的平等状态才是司法系统的有力基石；他们相信，强制地推行道德实践在概念上是自相矛盾的；他们反对个体自由，宣称根本的或是"自然"的权利；他们得出结论，对一个基于道德平等的假设的社会而言，一个具备代表制形态的政府才是恰如其分的。

这些思想渊源由教士们栽种下来，并加以辛勤培育。它们传达出圣保罗的时代以来基督教最重要的信息———一种平等主义的道德直觉。关键问题在于，这些直觉能否滋养 21 世纪的世俗化社会？

在西登托普看来，答案是肯定的，不过前提是我们愿意认清世俗主义和基督教拥有一个共同的祖先：它们之间能够，也应该成为同盟，而不是对手。如果不能成功意识到这一点，如今的自由主义就将面临着双重的威胁，无法抵御：

一边是空洞无物的功利主义，另一边是孤立的个人主义。最起码，自由主义是具备迎接这些挑战的潜力的。

Larry Siedentop , Inventing the Individual: the Origins of Western Liberalism, Belknap Press, 2014

Edmund Fawcett , Liberalism: the Life of an Idea, Princeton University Press, 2014

2015 年，通过“开始众筹”平台，我们为“重思近代变革的三部曲”发起众筹，社会反响热情之高令人深受感动。以下诸君通过众筹，参与了本书的出版，共同为之贡献了力量，诸位与我们的共同前行，是比出版更令人鼓舞的事情。 在此我们衷心表示感谢，并对图书因故延迟表示诚挚的歉意。

A （五万）

名誉联合发行人：于成

B （一万）

王瑛
张洁平
左志坚

C （两千）

赵屹松
Jixin Amoureux
jiakai
Geshuaiye
wanghui
沈尼可的理想
偶偶风
王厚
秦霞
毛毛 -789
鑫莹 @ 王大米说说
Bird
山鬼子
王小源
Zhong Bei
丁筱
L 罗丹
许志学
蒋晓捷
东善桥
白雪

D （三百）

lilinghua
驯鹿望月
子不语
品观网陈攀
evolymho
于成 .
天涯（周惠）
ziggy
深圳知元知识产权
榕禧
Xueqing_lin
粗人
苏合
靖哥哥
黄国明
老宋
sailor
理智之年
萌萌妈妈 2012 的夏天
LI 路遥
newnew
何佳憶 001
唐浩新
文为民
国泰民安
chinesepoet
饶展
付春媛
大佐你好
当笑草遇上芦苇
缅甸蔡峥霖
法厄同
廉彦
czphappy
马屎咖啡
双
苍天蓝耀
澹舟
丽竹 · 白
李唐辙
正火哥
付春媛
苏芮
wkx0317
zhuxysh
诚信男孩
温馨
huangbin
zbl
马宁
Joan Z
梓乡牧羊人
虎皮蛋
令狐茂林
四月之光
禾 ^^ 隐隐
最好别年
王鹏宇
陆红宇
书虫子 2010
云山小馆
Claire
PATO
沈阳易水书阁
CandyDuke
定定
许凯
红脚猫
愿意担当责任的青年
大王
苏印
muzer
袁欣
施伟达
沁沁河边草
张家宁
年少轻狂客
wmy1959
高小龙 .
woo
Kevinact
张八叉
蘇海川
杨伟礼
杨森
刘虹
麦苗青青
irishcreamsh
Wyrd
小资书虫
咪咪鱼
Amy Jiao
小凡子
请叫我 elane
从深高到暨大的 Mr.Lai
AnD
高巍
张洋
赵浩
荒野的呼唤
叶笑了之
warii
Hello, Superman
卧荒虎
TONY
卢真
Evateng
张晓磊
杨钊
黑炭
swarmai
许乐
焦阳
along
Yizao
花俘雨 ly
卓吾
carljung
赵金强
龚海冰
一颗滚石
Cwei000
源德居士
丁伟
jjlee
阎峰
任雷
叶荫 YeYin(Anne)
Vivianwei
手机用户 1409364402
祁
典
张灿坤
纪小城
印子
Leilei

BYF	周洋	姚骏	胡晓清
土三轮	焦建	子午 CPA	常伟常行
小小窗儿	汪杰	左小鹤	凡高
nhanny	楊聘	张老汉	嗯哼
choo	青山	海鱼儿	笑阳
nightraide	告别的年代	易泊花	燕麦片
阿凯	赤小豆	阿森 ASUM	kokoni
jame99	墨海云天	张堃 Raymond	李伟
婉约土豆	sahara	L.R	潇湘
Tony Ouyang	mingming	孔祥瑜	宋家泰
茶马古道	载酒观花	A 数码电通	我思，故我然
侠客	文	李润雅	YH 好鱼
敏子	张小翔	蓝血	渐之
吴健伟	唯一选哲	刘阿娟	ljw 的剩闲身
Tonng	洁平	向凌云	小志
三诗	AmoKang	贾晓涛	故事蓓蕾
古木	程志	johnnyzyw	Jeddy
GQ.Wang	龚海瀚	贡确多吉	A^O^Fly
David Wang	小雅妈妈	林纪庆	左右左
胡洋	この海の出逢えた·某红	乐驰互联吴建荣	贡永峰
李燕红	果	缦瑾	珍珍豆
sevenyears1212	morning	麦客北北	ZhuLi-David
plus	陈烨 成功减肥人士	Selinalolo	张晓莹
Floyd Yu	黑名单	马行者	少年游
杨红	三车和尚	花开东天	涓在表达
其让.鲁.雅克	秦廷瑞	刁媛媛	Masha Gao
陈炜 Joshua	jacky	荒儿	XO
绮她	刘 33	王贰佰	真正自在
刘正赫	立勇	朱南	xxz
teng	lijian	董瑞	老崔
32 摄氏度	nt	YU 小鱼	齐国静
王玉萍	alicewang	农民唐忠	吴方军
西岛	Whyya	TINA	大明鼎鼎
宁馨 Tony Xie	赵明	oscar	奥芸儿~
汤同学	沉寂狼	Sammie 蓓蓓	何必。
why22	雨门	李稳	梦夕林
陶之	ARata	海上来	晓宇
lee	venicecoco	去尘远	倪小倪
我家蚊子辈	e 婉	swita	硒水锶源
云淡风轻 531	厉揭	朱妞妞	ccddzh
yzfx123	Evon	追风老爷	C E
跑步管理学	mxn	跑焦	阿杰威武
孤鸿	童狗儿	王静妍	尉进耀
东哥 0108	糖	肖李	海员 311
BIAN	王鹏鸣	散兵游勇	杨帅
王霄	青山如是	Lockezhang	微生
灰姑娘	勇敢的心	Past_vistor	一笑黄
丁云	ZJY 瑾艳	祝玉飞	张孟岭
Bati	爱和	理想主义 _2012	小天
式小姐	东东	谷光昭	Mia 荔芋火鸭扎
Feiyi	丁晓峰	海天一色	柯桦龙
poison	曹晓钢	客家张小戈	amadeus

BIG 雪糕	LJ	hu_lake	将相征程
张文政	Hongyu	qiwbaby	hdx
CD 心情	签签君主	旻	逍遥游 770
感觉不错	吴维民	云中君	家有壮壮
李寻坤	Somerset	黄海峰	卖小徐的器械
浪漫紫竹	京京	很随便	阿郎 v5 小小公益
九九归真	王灏君	西子 2010 世界	廖春兰
心田	guofeng-6-9	上班需要一小时	张书亭
李雨聪	王吉陆	陈新杰安防监控	球儿
是 me	v63sam	高峰的泥上指爪	田路 2015
goodman 何	通庆	龙珠	Jill
Ethanwu	老苗	知行客	我很黑!
夏夜的风 009	钱建江	Allen	武~
Barcelona	yaoyao	warmthinker	刘力兴
卡卡西（LXX）	东山郎	WXAngel	Gnosis
yiyi_sunny	不良人洋葱	三亩地	大勇
mjh8611	小逃气的妈	陈四根	李晓明
风雨彩虹	南岭小学生	宅女 s	武夫
西行西	愤怒的怪蜀黍	晨说陈语~陈子蔚	苏武新牧
Cannon	sml	乔	zhangzhang
冠冠	银翘解毒	影子和光	黄小川
严志刚	gavingle	年轻的世界	夜，还是来了
妖怪瓶	Lixian	黄苹	nilvke
李繁华	丰之余	周雪梅	植
我是谁	法米蓝瓷	黯夜天堂	日月同辉
尹凡	平静的坏心情	Gideon Hope	skyyawh
中建东孚长跑队	达达杀猪菜	刘平	Firepassor
不二	塔西伯里克	黯夜天堂	向日葵 well
陈楠	wensikate	tigerliao	Kelvin-Ureal
蜜丝阿格蕾	宝慧慧	想飞的沙枣花	章孜凡
冥夜亚伦 htx	Cindy 周	黄新忠-仕道金略	vanyar
ccbabe	乔晨	11 铁蛋	MayLiu
Song	陶晓明	linhui	郜章银
gjjmba	潘顺卓	宏豪	A- 蒋委员长
zincho	x	齐文鲁化	Faith
平建树	Christina 仁真拉姆	夏灏	寻常的蓝
Wei wei	夏锋	润行	吃太多
吴丽霄	七七	赵龙	老友
慢刀	TRISH 刘子	wenwen	李征
疾风知劲草	路压君	德彪东	亮伯
知行合一	朱岳琳	Lightcaller	哪吒三太子
郑卫忠	建周 1975	王春玲	ZHOU QING_ 太保安联
一路风景	岑淼	贝壳白	nelsonma2015
柳建国	陈良程	风之子	蒋嘉麟
高国昌	得分后卫	禾予	黄钰
小哲	张三胖	karlmarx	红狐
Kongwu	自由胜旭	毛小贱	You Raise Me Up
糖果	许晓辉	coldhan	了了了染
海	林宇	林俊丰 Henry	朝亮
墨墨	沈阳青云	王玮	franklin
林铁力	黄洲承	葡萄酒小皮	everice
赵老汉	方墅	NewMeAt2012	kasim

Contributors

林启彦
香港浸会大学历史学系副教授，主要研究中国现当代政治思想，近代中国思想文化史，中日关系等，著编译有《中国人留学日本史》、《三十三年之梦》、《近代中国启蒙思想研究》、《有志竟成——孙中山、辛亥革命与近代中国》、《严复思想新论》等。

谭璐美
1950 年出生，中国共产党早期领导人之一谭平山的侄女。日本庆应义塾大学讲师，中山大学客座讲师，著有《日中百年群像：尚未完成的革命》、《成立中国共产党的十三人》等。

徐静波
复旦大学副教授、复旦日本研究中心副主任，主要研究中日文化关系、中日文化比较，著有《近代日本文化人与上海（1923–1946)》、《日本饮食文化——历史与现实》等。

徐显芬
浙江龙泉人，华东师范大学历史学系青年研究员，主要从事东亚国际关系史及日本政治外交史研究，著译有《日本对华援助外交：利益、权力与价值动力论》、《中日关系——从战后走向新时代》等。

尹敏志
自由撰稿人，出生于浙江台州，现居北京。北京大学历史学系硕士在读，研究兴趣包括明清传教士、科技史及中华民国史。

斯蒂芬·格林贝特（Stephen Greenblatt）
1943 年出生，美国文学评论，理论学者，哈佛大学人文学系教授，普利策奖获奖者，主要研究莎士比亚、早期现代文学文化、旅行探险文学等，著有《大转向：看世界如何步入现代》、Shakespeare's Freedom (2010) 等。

凯文·科派尔森 (Kevin Kopelson)
1960 年出生，美国文学评论家，爱荷华大学英语系教授，主要从事 20 世纪文化研究，著有 Confessions of a Plagiarist (2012)、Sedaris (2007)、Neatness Counts (2004) 等。

吉尔·莱波雷 (Jill Lepore)
哈佛大学美国历史教授，《纽约客》撰稿人，近期主要从事证据和隐私的科技历史研究，著有 The Secret History of Wonder Woman (2014)、三部曲 The Name of War：King Philip's War and the Origins of American Identity (1998), New York Burning：Liberty, Slavery and Conspiracy in Eighteenth–Century Manhattan (2005), Book of Ages：The Life and Opinions of Jane Franklin (2013).

史蒂芬·曼斯菲尔德 (Stephen Mansfield)

英国摄影记者、作家，旅居日本多年，著有 Tokyo：A Cultural and Literary History (2010) 等。

大卫·马昆德 (David Marquand)

1934 年出生，前英国工党议员，前牛津大学曼斯菲尔德学院院长。著有 Britain Since 1918：The Strange Career of British Democracy (2008)、Decline of the Public：The Hollowing Out of Citizenship (2004) 等。

菲利普·欧奇耶勒 (Philip O Ceallaigh)

1968 年出生，爱尔兰短故事作家，现居罗马尼亚，精通六国语言。曾获鲁尼爱尔兰文学奖，著有 Notes from a Turkish Whorehouse (2006) 、The Pleasant Light of the Day (2009) 等。

彭慕兰 (Kenneth Pomranz)

1958 年出生，著名汉学家，美国芝加哥大学历史系教授，两次费正清奖得主。主要研究中国经济史，著有《大分流：欧洲、中国及现代世界经济的发展》、《腹地的构建：华北内地的国家、社会和经济》、《贸易打造的世界》等。

王国斌 (Roy B. Wong)

加州大学洛杉矶分校历史系教授、亚洲研究所所长，主要研究 18 世纪以来中国政治、经济、社会转型，著有《转变的中国》、Before and Beyond Divergence：The Politics of Economic Change in China and Europe (2011) 等。